"十四五"职业教育国家规划教材

经全国职业教育教材审定委员会审定
国家精品在线开放课程配套教材

——慕课版——

写作与交流
XIEZUO YU JIAOLIU

杨　晖　主编

主　编　杨　晖
副主编　黄晓丹　张国军　陈佳冀　胡智丹
参　编　（以姓氏笔画为序）
　　　　王　靖　田良臣　史应勇　刘桂秋　孙　虹
　　　　孙子文　杨　延　张凌浩　陈　平　罗兴萍
　　　　徐兴海　高　侠　黄明明

南京大学出版社

图书在版编目(CIP)数据

写作与交流 / 杨晖主编. —— 南京：南京大学出版社，2020.7(2024.9重印)
ISBN 978-7-305-23300-5

Ⅰ.①写… Ⅱ.①杨… Ⅲ.①汉语－应用文－写作－教材②汉语－口语－语言表达－教材 Ⅳ.①H152.3 ②H193.2

中国版本图书馆 CIP 数据核字(2020)第 085577 号

出版发行	南京大学出版社
社　　址	南京市汉口路 22 号　　邮　编　210093

书　名　写作与交流
XIEZUO YU JIAOLIU
主　　编　杨　晖
责任编辑　刁晓静　　　　　　　编辑热线　025-83592123
助理编辑　高　军
照　　排　南京南琳图文制作有限公司
印　　刷　苏州市古得堡数码印刷有限公司
开　　本　787×1092　1/16　印张 14　字数 320 千
版　　次　2020 年 7 月第 1 版　2024 年 9 月第 3 次印刷
ISBN　978-7-305-23300-5
定　　价　38.00 元

网址：http://www.njupco.com
官方微博：http://weibo.com/njupco
微信服务号：njuyuexue
销售咨询热线：(025) 83594756

* 版权所有，侵权必究
* 凡购买南大版图书，如有印装质量问题，请与所购
　图书销售部门联系调换

前 言

习近平总书记在中国共产党第二十次全国代表大会的报告中指出:"教育、科技、人才是全面建设社会主义现代化国家的基础性、战略性支撑。必须坚持科技是第一生产力、人才是第一资源、创新是第一动力,深入实施科教兴国战略、人才强国战略、创新驱动发展战略,开辟发展新领域新赛道,不断塑造发展新动能新优势。"培养创新型人才,是深入实施科教兴国、人才强国、创新驱动发展等战略的重要路径,培养具有社会责任感、创新精神和实践能力的专门人才是高等教育的任务,而如何实现这一任务一直是各高校努力探索的课题。社会高速发展,对人才综合素质的要求也越来越高,扎实基础与创新精神兼备的人才受到社会各界的普遍欢迎。而现实却令人担忧,特别是大学生的写作与交流能力并没有随着社会的发展而得到相应的提高。教学改革势在必行。

为进一步推进教学改革,提升人才的综合素质,由江南大学制作的慕课"写作与交流"于2017年9月25日正式在"中国大学MOOC"平台推出,并于2019年1月8日教育部发布的《教育部关于公布2018年国家精品在线开放课程认定结果的通知》中被认定为国家精品在线开放课程;2020年11月,又被教育部认定为国家级一流课程。课程为江南大学学生开放SPOC(Small Private Online Course 小规模限制性在线课程),已有5 000多名学生获得学分。同时向社会学习者开放,至今已开设10期,上网参与课程学习者超过40 000人。为了进一步满足教学的需要,我们以慕课"写作与交流"课程为基础,编写了这部配套教材。由于编写的基础是慕课课程,在教材的体例与编写方式上不同于传统教材,以知识点为呈现方式来架构课程框架,体现了慕课课程的特色。

《写作与交流》是一部针对当前社会的人才需求,以提高大学生综合素质为目标而自主设计的大学通识教育教材。教材确立了以"写作"与"交流"为中心的课程结构,设计了"国学经典""应用文写作""创意写作""口语交际"等四个相互关联的模块。

在浩如烟海的传统经典当中,"国学经典"部分选取哪些作家、哪些作品是很难确定下来的;同时,选择的讲授对象如何切入并以知识点的方式,在有限的时间内更好地呈现也面临着挑战。就前者,我们精选出十五讲,展示出国学经典的冰山一角,将极具代表性的诸子散文、历史散文,以及诗词、小说的代表作品融于一体。就后者,因所选择的经典内容十分丰富,如《论语》、苏轼诗词、《红楼梦》等,都不是几节课能说得清楚的,为此,我们选择作家或作品的某一角度,打开一扇窗,以引导学习者进一步深入探究。既勾勒出经典的基本线索,又在某一方面有比较清晰的表达。

在"应用文写作"部分,我们以学习者能规范而通顺地写出工作与生活中的实用性文体为目标,针对各种媒体报道的当下大学生"无法表达自己想表达的思想""论文缺少

逻辑""不会写总结""不会写纪要"等现象,选择他们经常会碰到的文体,如求职信、调查报告、计划、总结、新闻、会议纪要等进行讲解,力求指导学生写出规范的应用文。

"创意写作"是我们特意引进的一个新兴的教学模块,它旨在培养学生的创意写作能力,提高学生对文学创作与文案策划的感悟力、想象力。与传统的应用文写作相比,创意写作更重视激发人的潜能,体现了创新的时代特征。这部分内容旨在通过对创意写作的发展过程、内涵的变迁、创作潜能的激发、思维训练与自我突破、过程写作与要素训练、类型规约与个体独创,以及创意写作工坊等的介绍,向学习者展示创意写作这门学科的基本内容,并介绍如何进行创意写作,把创意写作最新的研究与思考引入课程。

口语交际的能力是知识修养和实践技能的结合,是大学生应该具备的基本素养之一。口语交际能力的培养,重在理论知识指导下的技能训练,理论知识的学习只能起到引领的作用,却不是能力本身。口语交际能力是一个有着内在规律、值得探索的技能系统,这个系统的组成元素、构建层级、形成过程具有一定的复杂性,与这个系统相关的任何一种编排体例和阐述方式都难以做到面面俱到、缜密无缺。所以,我们在编写中努力结合富有启发性的实践案例,做精要的讲解点评,使理论传授尽可能地指向实践训练,增加学习者在知识学习中实践应用的体验。我们选取了口语交际中最主要的几种形式构成板块,试图搭建口语交际能力系统的一个最基础的框架,努力在简明性和完整性之间寻求平衡。

以上四个模块,"国学经典"部分重在提高学生的人文素养,为写作与交流实用性知识的学习打下较为厚实的人文基础;"应用文写作"与"创意写作"作为重要的传统写作和新形态写作样式,是构成当代大学生写作素养的"两翼";口语交际是交流的主要形式,和书面写作一起构成了当代大学生自我表达的完整渠道,四者相辅相成。

本教材既可以与"中国大学MOOC"平台上的"写作与交流"课程配套学习,也可以单独作为大学通识教育教材。按国家精品在线开放课程认定的要求,"写作与交流"慕课将长期在"中国大学MOOC"平台上,每年春秋两季定期开放,每期大约12周时间。在开放期间,将有总时长为640分钟的60多个视频供学习者在线学习。学习者可以参加在线答疑等互动环节,还可以获取平台上的相关数字资源,以更好地完成学习任务。

本教材以引导为主,鼓励学习者尤其是高等职业教育院校的学生自主学习,提高自身的人文素养,比较好地处理日常工作中碰到的各种应用文体的写作,充分发挥自己的创意潜能,并能在口语交际中流畅表达。因此,在教学中,要特别注意在学习的基础上突出实践,学习者要敢于下笔写作,敢于开口说话,在学习与实践的过程中提高自己的写作与交流的能力。同时,在注重学生技能训练的基础上,突出价值引领,在正文和"问题与讨论"模块,适时插入主流价值观元素,呼应教育"立德树人"根本任务,助力学生成长成才。

《写作与交流》编写组
2022年11月10日

目　录

第一部分　国学经典 ··· 1
- 第一讲　国学经典概论 ·· 3
- 第二讲　《礼记》 ··· 9
- 第三讲　《论语》 ··· 13
- 第四讲　《孟子》 ··· 16
- 第五讲　《庄子》 ··· 22
- 第六讲　《诗经》 ··· 26
- 第七讲　《楚辞》 ··· 30
- 第八讲　《史记》 ··· 34
- 第九讲　陶渊明 ·· 39
- 第十讲　王　维 ·· 44
- 第十一讲　李商隐 ··· 50
- 第十二讲　李　煜 ··· 54
- 第十三讲　苏　轼 ··· 58
- 第十四讲　《水浒传》 ··· 62
- 第十五讲　《红楼梦》 ··· 68

第二部分　应用文写作 ··· 75
- 第一讲　应用写作 ··· 77
- 第二讲　求职信 ·· 82
- 第三讲　调查报告 ··· 87
- 第四讲　计　划 ·· 92
- 第五讲　总　结 ·· 98
- 第六讲　新　闻 ·· 104
- 第七讲　会议纪要 ··· 109
- 第八讲　毕业论文的写作 ··· 115
- 第九讲　PowerPoint 演示文稿 ·· 120

第三部分　创意写作 ·· 125
- 第一讲　创意写作入门 ·· 127
- 第二讲　创意写作的学科体系 ··· 130

第三讲　创意写作的发展历程 ………………………………… 133
第四讲　创作潜能的激发 ……………………………………… 137
第五讲　思维训练与自我突破 ………………………………… 140
第六讲　过程写作与要素训练 ………………………………… 143
第七讲　类型规约与个体独创 ………………………………… 147
第八讲　创意写作工坊（一） ………………………………… 151
第九讲　创意写作工坊（二） ………………………………… 155
第十讲　突破作家障碍 ………………………………………… 159
第十一讲　发展个人心思 ……………………………………… 162
第十二讲　戴着镣铐跳舞 ……………………………………… 166
第十三讲　提升创意品味 ……………………………………… 169
第十四讲　从成规上路 ………………………………………… 171
第十五讲　尽善尽美 …………………………………………… 174

第四部分　口语交际 ………………………………………… 179

第一讲　口　才：现代青年的人生资本 ……………………… 181
第二讲　普通话：社会交往的通用语言 ……………………… 184
第三讲　方　言：个人身份的永久印记 ……………………… 187
第四讲　朗　读：书面文字的有声创作 ……………………… 190
第五讲　演　讲：声情并茂的强烈感召 ……………………… 195
第六讲　辩　论：思想交锋的语言呈现 ……………………… 199
第七讲　交　谈：无处不在的交际形式 ……………………… 204
第八讲　体态语：此时无声胜有声 …………………………… 210

参考文献 ……………………………………………………… 214

后　记 ………………………………………………………… 217

第一部分

国学经典

第一讲　国学经典概论

一、本讲介绍

最近几年,"国学"开始变得很热门。不同读者对"国学"的理解和需要,可以划分为三种类型:第一类认为"国学"的传承与每个中国人的民族认同有关,只有受到充分的国学教育,才能"不忘本""活得像一个中国人";第二类认为"国学"与国民道德水平有关,并举出"毒奶粉"等现代社会道德沦丧的例子与过去时代做比较,认为过去时代,社会道德水平比较高是"国学"的功劳;第三类则认为"国学"有助于提升个人的文化修养,使受教者外在的气质、内在的品性及谈吐行文都获得提升。不同人所说的"国学"似乎并不是同一回事,因此我们不得不首先厘清"国学"的定义。

二、概述

1. "国学"概念之由来

"国学"概念产生于20世纪初,私立江南大学首任文学院院长钱穆在《国学概论·弁言》中明确写道:

> 学术本无国界。"国学"一名,前既无承,将来亦恐不立。特为一时代的名词。其范围所及,何者应列国学,何者则否,实难判别。本书特应学校教科讲义之需,不得已始采梁氏《清代学术概论》大意,分期叙述。于每一时代学术思想主要潮流所在,略加阐发。其用意在使学者得识二千年来本国学术思想界流转变迁之大势,以培养其适应启新的机运之能力。时贤或主以经、史、子、集编论国学,如章氏《国学概论》讲演之例,亦难赅备,并与本书旨趣不合,窃所不取。

钱穆这段话其实讲了三个人对于"国学"定义的不同看法。按照钱穆的理解,章太炎认为"国学"是指"经史子集"的四部之学;梁启超认为"国学"是相对于西方学术的本国传统学术;而钱穆自己认为,"国学"是一个尴尬而临时的概念。对钱穆的说法略加推演,也许可以大胆地说,以前的中国人自认为本国是天朝上国,并不在意西方学术,因此以为本国学说乃是"天下之学";近代之后中西方文化得到充分融合,"学术本无国界"成为共识,"国学"与"西学"合并为"真理之学",无论姓东姓西,均以真理作为衡量的标准。钱穆对"国学"概念的质疑其实是对命名的质疑,是担心这个静态的命名不能描述中国学术正在经历的分化与重组。章太炎对"国学"概念的定义,其实是对其外延的定义,即

"什么属于国学"。照理这二人在讲不同层面上的事,本来是吵不起来的,但钱穆的质疑在于,章太炎从外延来定义"国学"忽视了"变"。正如赫拉克利特所说:"人不能两次踏进同一条河流",对于某种正在(而且一直都在)经历巨大变化的文化,仅有静态的描述是不可能准确的。因此,钱穆的《国学概论》着眼于"变"字,阐发"二千年来本国学术思想界流转变迁之大势",试图以此还中国学术以生命,使其能贡献于"无国界"的真理之学。

2. 当今"国学"概念的诸种含义

在当今的语境下,专业学者与大众文化中对"国学"概念的使用,其实是有差别的。专业学者使用"国学"这个词,基本是延续着钱穆、梁启超或章太炎的定义。很多学者认为,传统的"四部之学"已经经历了现代转型,按照现代学术逻辑,重组为"七科之学",所以"保存国故"或"抢救绝学"的事,让少部分专业人士去做就好。而普罗大众使用"国学"这个词,则主要泛指在中国古代社会曾广为流传并在大部分时候被视为正统、富有教化意义的文本。由于标准并不明确,所以在使用中,有时"国学"包括佛经、道教经典,有时仅指儒家经典。本课程名为"写作与交流",希望在提升大学生对传统经典的理解的基础上,更多地训练他们的语言表达能力,因此在取材上也有所偏重。本课程中的"国学经典"部分主要选取"四部"中经部的《礼记》《诗经》《论语》《孟子》,史部的《史记》,子部的《庄子》,但还是更多地选取了属于集部的古代著名文学作品,如屈原、陶渊明、王维、苏轼等文学大家的作品。

同样阅读这些文本,本课程既然区别于传统文化概论课和中国古代文学课,自然就会有教学重点的变化。在本课程中,国学经典文本主要作为文学鉴赏和写作方法的学习对象存在,教师将带领学生观察、分析、重塑文本,并按思维进展的一般规律,经历熟悉、理解、思考和重构的学习阶段,最终将从国学经典中获得的养料,使用到学习者的日常写作与表达中去。

3. 阅读国学经典中文学类文本的方法

依照中国古代的传统,国学经典中文学类文本的阅读和批评,主要有两个基本方法:知人论世和以意逆志。

"知人论世"出自《孟子·万章下》中的"颂其诗,读其书,不知其人,可乎?是以论其世也"。意思是,朗诵那些作者的诗,阅读那些作者的书,但对于这个作者的生平、时代都没有了解,又怎么能真的理解作品呢?因此,当我们阅读这些文学作品时,应当联系时代背景、社会思潮、作者的个人经历等内容来进行解析。由于当代学术体系庞杂、门类众多,在讲解这些文学作品时,除传统政治史、思想史的角度,历史地理学、历史生态学、性别史、物质文化史、情感史等领域的研究成果和研究思路也会加入对这些文学作品的阐释中,这是现代学术对于"知人论世"的批评方法的发展,也符合大学文化水平读者的智性需求。

"以意逆志"语出《孟子·万章上》中的"故说《诗》者,不以文害辞,不以辞害志;以意逆志,是为得之"。意思是读《诗经》这样的文学作品时,不要拘泥于一字的含义,而损害了整句的诗意;也不要拘泥于一句的含义,而损害了整体的意旨。要用自身的经历去接纳原作所要传达的深意。因此朱自清在《诗言志辨·比兴》中说:"以意逆志,是以己之意迎受诗人之志而加以钩考。"对于传统读者而言,以意逆志不是随心所欲地对文本进行猜想,而是借助一整套校、注、笺、评的文献和批评手段,在对文本的大意甚至每句句意有了基本共识的基础上,再以自己的理解、经历为基础去体察文意。对于现代读者而言,由于接受美学的产生,读者在某些时候甚至可以完全另起炉灶,进行颠覆性的阐释,但其前提依然是了解阐释传统和经典读法。

在本课程中,以上两种解读方法都将被介绍给同学们,所配例题也将帮助同学们快速掌握以上方法。

4. 国学经典与现代人的困惑

经典承载的不是外在的知识,而是存在于我们内部的生命体验。一旦有机会以鲜活生动的方式与经典建立连接,不同性格、不同年龄的人就都能积极地、富有创造性地使用它。

在我的教学生涯中,从来没有一个同学来问:"老师,你说我是应该先背《大学》还是先背《中庸》?""老师,你说杜甫这首诗的中心思想是什么,李白那首诗的段落大意是什么?""老师,《诗经》的文学史价值有哪三点?"学生们关心的问题永远是关于他们自身的。他们想要知道自己到底擅长什么,想要追求什么;想要知道当遇到挫折时怎样让自己振奋起来;想要知道怎样与别人相处才会让自己和别人都舒服;想要知道社会是不是会公平地对待他;想要知道怎样协调理想和现实。文学经典之所以会激起学生对自我的思考,是因为古往今来的严肃文学都是在讨论这些问题,所有的人文经典也都是在讨论这些问题。

学习经典离不开理性思辨。首先经典很多,每一部的观念都不一样。两部观念完全相反的经典,从逻辑学上来说,其命题不可能全部为正。其次,经典中有一些内容只适合经典问世的那个时代,而不适合之后的时代。面对这些纷繁复杂的信息,如果只吸收不分辨,那读经典读得越卖力,脑子就会越混乱。

总之,学经典是为了让我们在当下活得更好。至于"好"是什么意思,是丰富、幸福、正义还是符合道德,这些价值是否互相冲突、应该如何取舍,古往今来的经典中有无数论述,读起来不但可以极大地满足求知欲,而且能激起灵魂的震撼。

经典只是一个载体。人们阅读经典,不是让自己置身事外,单纯替经典鼓掌叫好,而是把经典作为一种资源,来帮助自己处理生活中遇到的问题。通过阅读、讨论、思辨、践行,让经典与我们的真实生活产生联系,让古人的智慧激起我们自己的智慧,经典阅读的意义才得以彰显。

三、文本

1. 钱穆《国学概论·弁言》

学术本无国界。"国学"一名,前既无承,将来亦恐不立。特为一时代的名

词。其范围所及,何者应列国学,何者则否,实难判别。本书特应学校教科讲义之需,不得已姑采梁氏《清代学术概论》大意,分期叙述。于每一时代学术思想主要潮流所在,略加阐发。其用意在使学者得识二千年来本国学术思想界流转变迁之大势,以培养其适应启新的机运之能力。时贤或主以经、史、子、集编论国学,如章氏《国学概论》讲演之例,亦难赅备,并与本书旨趣不合。窃所不取。

本书为便学课诵览,凡称引所及,以及辨证论难,均散入小注,而正文仅为纲要。读者须兼观并览,始得尽其意趣。

本书于民国十五年夏开始编著,随讲随录,成七章;以兵乱辍讲而止。后三章于十七年春续成。前七章讲于无锡江苏省立第三师范,后三章讲于苏州江苏省立苏州中学。以后迄未增改。疏漏错失,为病实多。若蒙海内学人,赐以商订,极所乐闻。

本书于第十章论最近期,特为中学生指示大体。于并世贤达,叙述恐多失误,疏漏尤甚,敬表歉仄。

本书于编纂第三、第四章秦廷焚书及两汉经学时,友人施君之勉,通函讨论,前后往返十余通。开悟良多。讲学之乐,积久不忘。至今回忆,犹有余甘。特此附书,志永好焉。

2. 梁启超开列的国学书目①

○《论语》《孟子》

《论语》为二千年来国人思想之总源泉。《孟子》自宋以后势力亦与相垺。此二书可谓国人内的外的生活之支配者,故吾希望学者熟读成诵。即不能,亦须翻阅多次,务略举其辞,或摘记其身心践履之言以资修养。

《论语》《孟子》之文,并不艰深,宜专读正文,有不解处方看注释。注释之书,朱熹《四书集注》为其生平极矜慎之作,可读。但其中有堕入宋儒理障处,宜分别观之。清儒注本,《论语》则有戴望《论语注》,《孟子》则有焦循《孟子正义》最善。戴氏服膺颜习斋之学,最重实践,所注似近孔门真际,其训诂亦多较朱注为优,其书简洁易读。焦氏服膺戴东原之学,其《孟子正义》在清儒诸经新疏中为最佳本。但文颇繁,宜备置案头,遇不解时或有所感时,则取供参考。

戴震《孟子字义疏证》,乃戴氏一家哲学,并非专为注释《孟子》而作。但其书极精辟,学者终须一读。最好是于读《孟子》时并读之,既知戴学纲领,亦可以助读《孟子》之兴味。

焦循《论语通释》,乃摹仿《孟子字义疏证》而作,将全部《论语》拆散,标举重要诸义如言仁言忠恕……等列为若干目通观而总诠之,可称治《论语》之一

---

① 梁启超有《国学入门书要目及其读法》一文,其中开列的许多书籍对当下本科生尤其是非中文专业的学生来说太过艰深。为降低阅读的难度,本文将梁氏《最低限度之必读书目》中所开列的书籍与《国学入门书要目及其读法》中提到的相应读法拼合成新的书目,故与梁氏原文存在出入,特此说明。

良法,且可应用其法以治他书。

右两书篇叶皆甚少,易读。

陈澧《东塾读书记》中读《孟子》之卷,取《孟子》学说分项爬疏,最为精切。其书不过二三十叶(?),宜一读以观前辈治学方法,且于修养亦有益。

○《易经》

此书为孔子以前之哲学书。孔子为之注解,虽奥衍难究,然总须一读。吾希望学者将《系辞传》《文言传》熟读成诵;其《卦象传》六十四条,则用别纸钞出,随时省览。

后世说《易》者言人人殊。为修养有益起见,则程颐之《程氏易传》差可读。

说《易》最近真者,吾独推焦循,其所著《雕菰楼易学》三书(《易通释》《易图略》《易章句》)皆称精诣。学者如欲深通此经,可取读之。否则可以不必。

○《尚书》

内中惟二十八篇是真书,宜精读。但其文佶屈赘牙,不能成诵亦无妨。余篇属晋人伪撰,一浏览便足。(真伪篇目,看启超所著《古书之真伪及其年代》,日内当出版。)

此书非看注释不能解,注释书以孙星衍之《尚书今古文注疏》为最好。

○《诗经》

希望学者能全部熟读成诵,即不尔,亦须一大部分能举其词。注释书,陈奂《诗毛氏传疏》最善。

○《礼记》

此书为战国及西汉之"儒家言"丛编,内中有极精纯者,亦有极破碎者。吾希望学者将《中庸》《大学》《礼运》《乐记》四篇熟读成诵,《曲礼》《王制》《檀弓》《礼器》《学记》《坊记》《表记》《缁衣》《儒衣》《大传》《祭义》《祭法》《乡饮酒义》诸篇多浏览数次,且摘录其精要语。

若欲看注解,可看《十三经注疏》内郑注孔疏。《孝经》之性质与《礼记》同,可当《礼记》之一篇读。

○《左传》

《左传》宜选出若干篇熟读成诵,于学文甚有益。读《左传》宜参观顾栋高《春秋大事表》,可以得治学方法。

○《老子》

道家最精要之书。希望学者将此区区五千言熟读成诵。注释书未有极当意者。专读白文自行寻索为妙。

○《墨子》

孔墨在先秦时两圣并称,故此书非读不可。除《备城门》以下各篇外,余篇皆宜精读。注释书以孙诒让《墨子间诂》为最善,读《墨子》宜即读此本。

《经上下》《经说上下》四篇,有张惠言《墨子经说解》及梁启超《墨经》两书可参观,但皆有未精惬处。《小取篇》有胡适《新诂》可参观。

梁启超《墨子学案》，属通释体裁，可参观助兴味；但其书为临时讲义，殊未精审。

○《庄子》

《内篇》七篇及《杂篇》中之《天下篇》最当精读。注释有郭庆藩之《庄子集释》差可。

○《荀子》

《解蔽》《正名》《天论》《正论》《性恶》《礼论》《乐论》诸篇最当精读。余亦须全部浏览。注释书王先谦《荀子注》甚善。

○《韩非子》

法家言之精华，须全部浏览。（其特别应精读之诸篇，因手边无原书，胪举恐遗漏，他日补列。）注释书王先谦《韩非子集释》差可。

○《战国策》

宜选出若干篇熟读，于学文有益。

○《史记》《汉书》《后汉书》《三国志》

《史记》《汉书》《后汉书》《三国志》，俗称"四史"。其书皆大史学家一手著述，体例精严；且时代近古，向来学人诵习者众，在学界之势力与六经诸子埒。吾辈为常识计，非一读不可。吾希望学者将此"四史"之列传，全体浏览一过，仍摘出若干篇稍为熟诵以资学文之助，因"四史"中佳文最多也。（若欲吾举其目亦可，但手边无原书，当以异日。）"四史"之外，则《明史》共认为官修书中之最佳者，且时代最近，亦宜稍为详读。

○《资治通鉴》（或《通鉴纪事本末》）

此为编年政治史最有价值之作品。虽卷帙稍繁，总希望学者能全部精读一过。

若苦干燥无味，不妨仿《春秋大事表》之例，自立若干门类。标治摘记，作将来著述资料。（吾少时曾用此法，虽无成书，然增长兴味不少。）

王船山《读通鉴论》，批评眼光，颇异俗流，读《通鉴》时取以并读，亦助兴之一法。

○《宋元明史纪事本末》

○《楚辞》

屈、宋作，宜熟读，能成诵最佳。其余可不读。注释书，朱熹《楚辞集注》较可。

○《文选》

择读。

○《李太白集》

○《杜工部集》

○《韩昌黎集》

○《柳河东集》

○《白香山集》

延伸阅读

请参考梁启超所列书目。

问题与讨论

1. 请论述"国学"一词的来源。
2. 传统的"四部之学"指什么?
3. 中国古代文学批评中的术语"知人论世""以意逆志"出自哪本典籍?分别是什么意思?
4. 如何理解钱穆说的"'国学'一名,前既无承,将来亦恐不立"?
5. 你所在的学校或兄弟学校有"国学社"吗?请做个小调查,了解一下"国学社"包含哪些学术、艺术或技术门类。

第二讲 《礼记》

一、本讲介绍

《礼记》的内容可分成两大类,第一类阐述和记载儒家的政治制度设计、哲学观念、道德伦理和学术思想等;第二类专门讲礼学思想、礼仪制度和人们言行的礼仪规范。本讲介绍这两大类内容的读法及需要重点把握的内容。

二、文本

1. 《礼记·学记》(节选)

善学者,师逸而功倍,又从而庸之。不善学者,师勤而功半,又从而怨之。善问者如攻坚木,先其易者,后其节目,及其久也,相说以解。不善问者反此。善待问者如撞钟,叩之以小者则小鸣,叩之以大者则大鸣,待其从容然后尽其声。不善答问者反此。此皆进学之道也。

2. 《礼记·儒行》(节选)

儒有委之以货财,淹之以乐好,见利不亏其义;劫之以众,沮之以兵,见死不更其守;鸷虫攫搏不程勇者,引重鼎不程其力;往者不悔,来者不豫;过言不再,流言不极,不断其威,不习其谋:其特立有如此者。

儒有可亲而不可劫也,可近而不可迫也,可杀而不可辱也。其居处不淫,其饮食不溽,其过失可微辨而不可面数也:其刚毅有如此者。

3.《礼记·大学》(节选)

大学之道,在明明德,在亲民,在止于至善。知止而后有定,定而后能静,静而后能安,安而后能虑,虑而后能得。物有本末,事有终始。知所先后,则近道矣。

古之欲明明德于天下者,先治其国;欲治其国者,先齐其家;欲齐其家者,先修其身;欲修其身者,先正其心;欲正其心者,先诚其意;欲诚其意者,先致其知;致知在格物,物格而后知至,知至而后意诚,意诚而后心正,心正而后身修,身修而后家齐,家齐而后国治,国治而后天下平。自天子以至于庶人,壹是皆以修身为本。其本乱而末治者,否矣。其所厚者薄,而其所薄者厚,未之有也。此谓知本,此谓知之至也。

4.《礼记·曲礼上》(节选)

《曲礼》曰:毋不敬,俨若思,安、定辞,安民哉。

凡为人子之礼,冬温而夏清,昏定而晨省,在丑夷不争。

夫为人子者,出必告,反必面,所游必有常,所习必有业,恒言不称老。年长以倍,则父事之;十年以长,则兄事之;五年以长,则肩随之。群居五人,则长者必异席。

从于先生,不越路而与人言。遭先生于道,趋而进,正立拱手。先生与之言则对,不与之言则趋而退。

毋抟饭。毋放饭。毋流歠。毋咤食。毋啮骨。毋反鱼肉。毋投与狗骨。毋固获。毋扬饭。饭黍毋以箸。毋嚃羹。毋絮羹。毋刺齿。毋歠醢。客絮羹,主人辞"不能亨"。客歠醢,主人辞以"窭"。濡肉齿决,干肉不齿决。毋嘬炙,卒食,客自前跪,彻饭齐,以授相者。主人兴,辞于客,然后客坐。

三、导读

中国自古以来就是礼仪之邦。在儒家经典"十三经"中,讲"礼"的典籍就有三部:《周礼》《仪礼》和《礼记》,合称"三礼"。可见在儒家的思想体系中,关于"礼"的部分占据了很重要的地位。在"三礼"中,《礼记》取得经典地位最晚,但它对后人的影响却最大。

流传至今的《礼记》一共有四十九篇,篇幅近十万字。这四十九篇的目次,好像没有一个有序的逻辑结构,内容也比较驳杂。正因为这样,后来的研究者对它做过各种各样的分类,也曾根据读者不同的需要,对哪些篇目要精读、哪些篇目可略读、哪些篇目可基本不读提出过不同的建议。

这部书的名字叫作《礼记》,其实它也并不是专门讲"礼"的。它实际上是一部早期儒家思想的汇编。从它是不是在讲"礼"的角度,我们可以把它的内容分成两大类:第一类,阐述和记载儒家的政治制度设计、哲学观念、道德伦理和学术思想等;第二类,专门讲礼学思想、礼仪制度和人们言行的礼仪规范。

那么,在第一类中,有哪些篇目,可以去重点阅读呢?像《礼运》通论礼的本原和礼制的演变,其中有孔子关于大同世界的论述,展示了儒家理想的蓝图,反映了我们祖先对美满而公正的社会的向往。《乐记》是儒家对音乐理论的经典性论述。《学记》是我国最早的系统论述教育问题的文章,提出了一系列重要的教育命题,一直到今天都有很强的现实意义。《儒行》通过孔子与鲁哀公的对话,从各个方面描述了一个真正的儒者应具有怎样的德行。《中庸》一篇中阐述的"中庸"思想,儒家将其看成是一个最高的道德标准,也是解决一切问题的最高智慧。还有《大学》篇,这里的"大学"指的是要广泛地学习的意思。《中庸》和《大学》两篇后来被单列出来,与《论语》《孟子》合称为"四书",与"五经"并行。这些都可以作为推荐阅读的篇目。

前面提到的这些篇目,每篇从整体上看都很重要,阅读学习可以帮助我们了解早期儒家的思想,继承吸收其中一些有意义、有价值的内容。另外,在这些篇章中,还有许多精粹的格言,说的都是关于学习、教育、生活、修养心性和为人处世的道理,意味隽永,启人心智,千百年来广泛流传。例如《大学》的开篇说:"大学之道,在明明德,在亲民,在止于至善。"意思是多多学习的目的,在于彰明内心美善的德性,在于使人自新,在于使人处于最美善的道德境界。江南大学校训"笃学尚行,止于至善"的后面四个字就是从这里来的。《大学》中说:"君子必慎其独",这是说君子哪怕是独处时,对自己的行为也要谨慎不苟。《中庸》中说:"凡事预则立,不预则废",这是说凡事预先计划好就能成功,不预先计划就将失败。又说:"博学之,审问之,慎思之,明辨之,笃行之",这是说要广博地学习、审慎地提问、慎重地思考、明确地辨别、踏实地行动。《学记》中说:"教学相长",这是说教和学是可以互相促进的。

第二类,专门讲解礼学思想、礼仪制度和礼仪规范的具体内容。像《冠义》是讲加冠礼也就是成人礼的;《昏义》是讲结婚礼的;《丧服四制》等篇是讲丧礼的;《祭法》等篇是讲祭礼的;《射义》是讲射礼的;《燕义》是讲宴饮之礼的。这些篇章就基本涵盖了古代从国家、社会到个人一生的重大礼仪活动。

那么,除了上面所说的"重大礼仪活动",《礼记》中有没有专门讲一个人日常言行举止的礼仪规范的篇目呢?实际上,《礼记》开头两篇《曲礼上》和《曲礼下》,就是讲这方面的内容的。有人解释"曲礼"的意思就是专门讲礼的"小节杂事",这两篇和后面的《内则》篇,对人们日常生活中的言行举止必须保持怎样的基本礼仪有着详细的规定。

中国古代礼仪文明,系统比较庞大,内容丰富而具体,有时甚至具体到了比较烦琐的地步。成语中就有一个词专门形容礼仪的内容过于复杂琐碎,叫"繁文缛节"。另一方面,自古至今,经过一两千年的发展演变,现代人的生活情境和古人也有了很大的不同,再加上现代生活节奏越来越快,我们就没必要、也不可能全盘照搬古代礼仪的所有内容。所以,我们在阅读这些篇章的时候,要一边读一边思考,哪些内容对我们今天还是有用的,是可以为我们所吸收借鉴的。这里举一些《曲礼》里的例子。《曲礼》篇一开头就说:"毋不敬,俨若思,安、定辞。"意思是凡事不能不严肃诚敬,神情庄重若有所思,

说话要态度安详、言辞确定——这实际上是在宏观上提出了一个重要的理念,就是一切礼仪须出于诚敬。《曲礼》中又说:"凡为人子之礼,冬温而夏凊,昏定而晨省","夫为人子者,出必告,反必面"。意思是做子女的,要使父母冬天感到温暖而夏天感到清凉,晚上为父母铺好枕席,早上要向父母请安;出门前要禀告父母,回来后也要面见父母——这是讲做子女的孝父敬母之道,孝敬父母要从每天的饮食起居等小事做起,同时所作所为要让父母知道,不让他们为自己担忧。"从于先生,不越路而与人言。遭先生于道,趋而进,正立拱手。"意思是随从先生时,不可跑到路边同人说话;在路上遇到先生,应快步跑到先生那里,向先生立正拱手致礼——这是讲学生后辈尊敬先生长辈之礼。"毋流歠。毋咤食……毋反鱼肉……毋刺齿",意思是吃饭时不要大口喝汤如流,吃饭时不要发出"咤咤"的声音,已经拿起的鱼肉等食物不要再放回食器中,不要在吃饭时剔牙——这是讲饮食之礼的。

上面提到的这些内容,有不少其实是从小时候起,父母长辈就教我们这么做的。这正说明中国的文明礼仪,从古到今都是一脉传承的。这些礼节看似都很细小,甚至有点琐碎,但讲文明、讲礼仪,正是要从这些小的方面做起,从一点一滴做起,才能慢慢把我们培养成一个彬彬有礼的人。

在新中国成立后的一些时期里,特别是在"左倾"思潮泛滥的时候,在讲以阶级斗争为纲的时候,都把古代的文明礼仪归入"封建礼教"中加以批判。为什么我们今天又要来谈学习借鉴、吸收传承古代文明礼仪中优秀的、有价值的部分呢?

《礼记·冠义》篇中说:"凡人之所以为人者,礼义也。"《论语·季氏》篇中说:"不学礼,无以立。"讲"礼"与否,实际上体现了人与动物的区别,体现了文明与野蛮的区别。同时,文明礼仪也是人际交往的必要方式,是一切社会活动的外在准则。古人又说,"礼也者,理也",就是说礼是理的外在表现,理是礼的内涵实质。像忠孝廉耻、仁爱诚信等优秀文化元素,都要通过"礼"来彰显光大。虽然古代的礼仪制度,有过于烦琐的地方,也有糟粕的部分(如有的是为了强化等级制度,维护上层集团利益),但剔除这些部分,其中仍有许多优秀的、有价值的内容需要我们来学习、借鉴、传承。还有一个背景就是,新中国成立后的历次运动,尤其是"文化大革命",对包括古代礼仪文明在内的传统文化破坏得很厉害,其结果之一就是现在有不少人言谈举止显得粗俗,缺乏必要的礼仪教养。所以我们今天要在这里推荐阅读《礼记》,要在这里介绍古代的礼仪文化。

延伸阅读

1. [清]孙希旦:《礼记集解》,沈啸寰、王星贤点校,中华书局,1989。
2. 王文锦:《礼记译解》,中华书局,2001。

问题与讨论

1.《礼记·曲礼上》和《礼记·曲礼下》多记述日常生活中言行举止方面的基本礼

仪。请阅读这两篇,说说其中哪些内容仍可为我们借鉴继承?

2. 我们今天应该怎样认识和看待中国古代的礼仪文化?

3.《礼记·曲礼上》:"从于先生,不越路而与人言。遭先生于道,趋而进,正立拱手。先生与之言则对,不与之言则趋而退。"这一段说的是学生对待师长之礼。你认为现在学生对老师、后辈对长辈还应遵循一些怎样的基本礼仪?

第三讲 《论语》

一、本讲介绍

孔子可以说是中华民族的精神导师,他是与释迦牟尼、苏格拉底并称的东西方几大文明板块的奠基者。虽然孔子在世时历尽坎坷,但后世两千余年,中国人始终举着孔子这面旗帜。近代虽有过"打倒孔家店"的运动,但时隔百年,孔子学院又遍布世界各地。事实表明,孔子的精神价值不容轻视。而《论语》是孔门后学对孔子言论、思想最集中的记录,它一直是中国人案头必备的经典,因此它对于中国人的文学写作、思想阐发有着恒久的影响力。在传统文化复兴的今天,了解孔子其人,阅读《论语》这部经典,自然是大学生必须完成的基本任务。本讲的主要任务是引导大家了解孔子其人,以便更好地阅读《论语》一书。

二、文本

《论语》流传于世的版本非常多。对于初学者而言,选择合适并可靠的版本作为学习的底本很重要。从出版社角度,建议同学们选择中华书局、上海古籍出版社出版的《论语》译注本。从编注者的角度,推荐同学们选择杨伯峻译注的《论语》。蒋绍愚先生的《论语研读》(中西书局 2018 年版),从语词的角度对《论语》做了较好的注释,亦可作为主要参考读物。古典文献基础较好的同学可以参考清代学者的《论语》注疏本,如刘宝楠的《论语正义》(中华书局 1990 年版)。

三、导读

《论语》是儒家的"十三经"之一,它记录了中华民族的精神导师——孔子一生的主要言行。

最初,《论语》是根据孔子的弟子和再传弟子的记录,整理编纂而成的。学者考证,大约在战国初期,《论语》的最早文本就成型了。也就是说,在孔子死后不久,记录他言行的书就已经面世了。不过,从战国初年到东汉时代的六百年间,《论语》的版本有许多

种。汉代出现的《论语》至少有三种版本，一种叫"齐《论语》"，一种叫"鲁《论语》"，一种叫"古《论语》"。今天通行的这部《论语》，是东汉晚期著名的学者郑康成（也是中国文化史上的一位宗师），对以上三种版本的《论语》，重新加以整合改订而成的。

自这部《论语》面世后，《论语》就基本定型，其他不同的版本后人就见不到了。这部《论语》一共二十篇，每篇以正文开头的两三个字命篇名，如《学而》《里仁》《八佾》《公冶长》……

我们应当感谢最初记录孔子言行的那些孔子弟子和再传弟子，更应当感谢郑康成这位学术宗师，为我们重新编订了这部经典。这部经典，后人可以从不同角度加以领会、理解和诵读，但对于今天的青年学生而言，我们以为最不能忘记的，是孔子带给这个世界的那种具有超越精神和终极关怀的力量。这是这个时代最为缺少的力量，也是最需要的力量。新时代我们要坚定文化自信，学习《论语》等国学经典著作正是为文化自信赋能的一种重要方式。

德国哲学家雅斯贝尔斯的"轴心时代"学说，世界知名。他在阐述他的"轴心时代"学说时，将孔子和苏格拉底、柏拉图、亚里士多德、释迦牟尼以及犹太教的先知们，都看作这个世界的精神导师，理由是他们大约在同一个历史时期出现，以一种超凡脱俗的超越精神和终极关怀，塑造了本民族的文化传统，也使得本民族的后辈人民，每当社会面临危机或新的飞跃时，总要回头看看自己民族的精神导师，当初是如何说的。

孔子的哪些言行可以代表他的这种超越精神和终极关怀呢？其实，后人耳熟能详、时常挂在嘴边的《论语》中的话语，就能代表孔子的这种精神和关怀，只是人们常常并不能真正领悟这种精神。比如《论语·里仁》：

> 子曰："富与贵，是人之所欲也；不以其道得之，不处也。贫与贱，是人之所恶（wù）也；不以其道得之，不去也。"

一位著名的社会学家曾经说：人在满足了温饱以后，只有两种选择——或者升华，或者堕落。所谓堕落，就是无限制地放大并夸张地满足自己的生理需求；所谓升华，就是提升自己的灵魂。时至今日，我们所知道的世界各民族的精神导师，都不约而同地选择了提升人类的灵魂，而不是堕落。这正是人类不断走向文明进步的原动力。中华民族进入文明时代后，以孔子为代表的先哲，率先高扬起提升民族灵魂的大旗。《论语·里仁》中记录的孔子这句话，说明人活在这个世界上，追求"道"，比追求形而下的富贵更重要！这就是终极关怀，这就是超越精神！

可是，人是活在当下的，如何在这样的高度上提升自己的灵魂？孔子并不是一位完全不食人间烟火的神仙。他客观地承认，富贵乃是每个人都想要的，这是人之常情。但是，这个形而下的需要，与提升人类灵魂的、形而上的"道"的矛盾该如何处理？他坚定不移地指出，违背"道"的富贵，我们宁可不要！这是在中国人的精神进步史上第一次提出的命题。中华民族的精神文明也由此开始。同样，贫贱，人人都不想要，这也是人之常情，但如果因为人坚持了高尚的"道"而身处贫贱，那我们就宁可守住这份贫贱！

孔子作为没落贵族的后代,在一个乱世,率先提出提升人类灵魂的"道",而且认为这个"道"比人的生存和富贵更重要。一个民族的精神导师,之所以能成为精神导师,必然在精神上有过人之处。孔子将追求"道"提升到如此的高度,正是他的精神境界不凡的表征。正因如此,孔子这面中华民族的文化旗帜才屹立了两千多年始终不倒。20世纪初有过"打倒孔家店"的运动,20世纪70年代有过"批林批孔"运动,可如今,"孔子学院"却又几乎遍布世界各地。

在孔子看来,一个民族的精神是需要人引领的。如何引领?坚守并不懈追求这个"道",就是一种引领。如果一个读书人,成天只关心吃穿是否高过他人,并为此耿耿于怀,那是在拉低人的灵魂,而不是提升人的灵魂,这种人根本不值得与他讨论什么高尚的问题。这就是《论语·里仁》篇中记录的孔子的另一句名言:"士志于道,而耻恶衣恶食者,未足与议也。"

孔子的学生原宪有一次问孔子什么算是人的耻辱,孔子说:"邦有道,穀;邦无道,穀,耻也。"(《论语·宪问》)意思是,在一个有道的国家,人就应该积极为这个国家出力,做事;如果是一个无道之君当政,你还替他服务,替他出谋划策,享用他给你的好处,那就是一种极大的耻辱。

孔子一生历尽坎坷,却矢志不渝地追求这种升华人类灵魂的"道"。他说,如果某一天早晨,我追求的那个"道",已在天下畅行无阻,那么,哪怕当天晚上我就离开这个世界,我也死而无憾。这就是《论语·里仁》中记录的孔子的另一句名言:"朝闻道,夕死可矣!"

孔子追求的这个"道"到底包含哪些精神内涵?孔子没有直接回答。但这个"道"的实现程度,表征着一个社会的文明程度,则是无疑的。我们从《论语》中记述的孔子其他言语中可以大体领悟到,在孔子看来,仁与义,应当是这个"道"的题中应有之义。

仁义是孔子心目中最高的道德原则和道德境界,它包含了孝、悌、忠、恕、礼、智、勇、恭、宽、信、敏、惠等一系列范畴。因为这是人的最高道德境界,所以孔子把它看得比人的生命还重要。《论语·卫灵公》:"子曰:'志士仁人,无求生以害仁,有杀身以成仁。'"《论语·里仁》:"子曰:'君子喻于义,小人喻于利。'"

从孔子开始,"君子"与"小人",成为一对衡量人道德、品行、精神境界的词汇,而不主要是表示社会阶层的词汇。正是从这个角度,孔子倡导人人应当做"君子",而不应当做"小人"。"君子"与"小人"的一个重要区别是:君子看重的是"义",小人看重的是"利"。著名历史学家司马迁在《史记·孔子世家》中撰写完孔子的生平事迹后,在文末书写的"赞"语中,首先便盛赞孔子的精神境界。他说:

《诗》有之:"高山仰止,景行行止。"虽不能至,然心向往之。余读孔氏书,想见其为人。适鲁,观仲尼庙堂车服礼器,诸生以时习礼其家,余祗回留之不能去云。天下君王至于贤人众矣,当时则荣,没则已焉。孔子布衣,传十余世,学者宗之,自天子王侯,中国言六艺者折中于夫子,可谓至圣矣!

司马迁以"高山仰止"的崇敬心情记录孔子其人其事,并把他与诸侯王置于同一系列——"世家"。司马迁说自己虽然不能达到孔子那样的精神境界,却真心追求那样的境界,真心为孔子的精神境界所折服。当他在孔府瞻仰游历时,看到孔子离世后三百多年,当地的孔门后学依然"以时习礼",他简直被此情此景感染得流连忘返,久久不愿离开孔府。他说历史上从帝王到各种名流贤达太多了,但大多是显赫一时,死后便销声匿迹,孔子作为一个没什么社会背景的普通人,其声望却传了十几代而长盛不衰,上自天子王侯,下到一般的读书人,依然把孔子当作宗师仰望,这实在是绝顶的圣人才有的境界!

一个一生历尽磨难的布衣,因矢志不渝地追求人的灵魂的提升,成为一个民族的精神导师。当代著名哲学家冯友兰先生,将孔子的这种精神概括为一种"为而无所求"的宗教精神。当普通人都活在当下,活在柴米油盐中的时候,孔子却为了提升整个人类的生命境界,坚持不懈地追求。这就是孔子这面文化旗帜两千多年来始终屹立不倒的真正原因。

现在,当我们重新阅读这位圣人的言行记录时,无论如何都无法忽视他身上的这种令人"高山仰止""虽不能至,然心向往之"的精神与情怀。

延伸阅读

1. [清]刘宝楠:《论语正义》,中华书局,1990。
2. 李泽厚:《论语今读》,生活·读书·新知三联书店,2004。

问题与讨论

1. 《论语》的篇章顺序是随意编订的,还是有一定的逻辑关系?
2. 《论语》的篇章标题是按文意拟定的吗?
3. 当下大学生阅读《论语》时遇到的主要困难是什么?难点在哪里?
4. 结合孔子困于陈、蔡的故事,进行一次集体讨论——我们在遇到人生困境时,该做出怎样的人生选择?

第四讲 《孟子》

一、本讲介绍

韩愈认为,尧、舜、禹、汤、文、武、周公、孔子、孟轲一脉相承的思想道统,是中华民族正宗的精神血脉,必须要继承,不可中断,也不可被异族文化侵袭。这句话已经说明了孟子在中华民族思想文化史上的重要地位。由孟子的学生万章等人与孟子一起编订的

《孟子》一书,虽然在宋以前未能正式进入钦定的经典行列,但宋以后,孟子的地位迅速上升,《孟子》一书正式成为经典,朱熹所作《孟子集注》也收入他的《四书集注》中而成为之后沿用数百年的教科书。本讲的主要任务是引导大家了解孟子其人,并了解《孟子》一书中的重要信息。

二、文本

《孟子》流传于世的版本也很多。对于初学者而言,选择合适并可靠的版本作为学习的底本很重要。建议同学们选择中华书局、上海古籍出版社出版的《孟子》译注本。从编注者的角度,推荐同学们选择杨伯峻译注的《孟子》;古典文献基础较好的同学可以参考清代学者的《孟子》注疏本,如焦循的《孟子正义》。

三、导读

在孔子死后差不多一百年的时候,距离孔子家乡曲阜不远的邹国(今山东邹城市,古又称鲁国邹邑),出了一个叫孟轲的人。

孟子的家庭背景,史书中的记载不是很多。作为一个对中国人精神启迪与升华产生过极大影响的圣人,当今人要了解其家世背景时,总是感觉材料匮乏。关于孟子的家庭背景,今人了解相对多的是所谓"孟母三迁"的故事,见于刘向《列女传》卷一《母仪传》:

> 邹孟轲之母也,号孟母。其舍近墓。孟子之少也,嬉游为墓间之事,踊跃筑埋。孟母曰:"此非吾所以居处子也。"乃去。舍市傍,其嬉戏为贾人衒卖之事。孟母又曰:"此非吾所以居处子也。"复徙。舍学宫之傍,其嬉游乃设俎豆揖让进退。孟母曰:"真可以居吾子矣。"遂居之。

据《史记·孟荀列传》,孟子受学于"子思之门人",子思为孔子之孙。

孟子是一个对孔子非常景仰的人,也是对孔子学说的发扬光大极有贡献的人。他后来曾颇为自豪地说:"虽然我没能成为孔子的及门弟子,但我当学生时,孔子的影响并未消失,还有人为我传授孔门之学,因此我算是孔子的'私淑弟子'!"("予未得为孔子徒也,予私淑诸人也。"——《孟子·离娄下》)这就是"私淑弟子"这个词语的出处。

在孟子心目中,孔子是一位伟大的人物,历史上任何杰出的人物都不能与孔子相比。像伊尹、伯夷,在先秦时代是尽人皆知的贤士。有一次孟子的学生公孙丑问孟子:"伯夷、伊尹能与孔子相比吗?"孟子说:"不能。孔子是自古以来无可匹敌的伟大人物。"

因为孟子对孔子的景仰达到了几乎无以复加的程度,所以他在晚年与学生万章等人编订《孟子》时,特别记录了当年孔子的学生宰我、子贡、有若等关于孔子其人在他们心目中的地位的对话:

宰我曾说:"我看孔夫子比尧、舜还贤明呢!"

 写作与交流

　　子贡曾说:"当你看到夫子制作的礼时,你就知道他可致天下以太平;当你听到夫子演奏的雅、颂之乐时,你就知道他的德行境界与周文王、周武王同等。夫子之后百代之圣王,都不能违背夫子之道。自古以来,有谁能比得上夫子?"

　　有若曾说:"伟大的夫子之于一般人,就像麒麟之于一般的走兽,凤凰之于一般的飞鸟,泰山之于一般的小土堆,大江大海之于一般的路旁小溪,那都是出乎其类、拔乎其萃者!所以说,自古以来,没有人能比得上夫子!"

　　宰我、子贡、有若三人对于孔子的评价,一层更甚一层,一句更甚一句,最后达到顶峰式的赞颂。《孟子》收入这一段,正是孟子对于这种崇高赞誉在一百多年后的呼应!

　　显然,孟子心目中的孔子,有理想主义的成分在。但是,一个理想主义者最大的感召力就在于他能为略显夸张却非常美好的理想而不懈努力,以至付出毕生的精力。

　　孟子成年以后的经历,与他的祖师爷孔子有不少相似之处。他将孔子思想学说中的"仁"的内涵发挥到了极致,他对于"仁"的精神的追求,到了痴迷、执着、愿为之倾尽毕生精力甚至付出生命的程度。

　　孔子曰:"仁者,爱人。"听起来,似乎充满温情。那么,对孔子"仁"的精神推崇备至的孟子,是否只是一个柔情的老夫子呢?绝对不是!孟子努力在全天下弘扬仁政的同时,又对一个人该有怎样的"勇",做了深刻的论说,并在自己精神深处努力修持这种"勇"!《孟子·公孙丑上》中专门有一段记录他和学生公孙丑讨论人该有怎样的"勇"的问题。

　　　　北宫黝之养勇也:不肤挠,不目逃,思以一豪挫于人,若挞之于市朝;不受于褐宽博,亦不受于万乘之君;视刺万乘之君,若刺褐夫;无严诸侯,恶声至,必反之。

　　北宫黝这个人这样培养勇气:肌肤被刺不退缩,眼睛被刺还能目光毫不躲闪,受了一点委屈,就好像在大庭广众之下被人鞭笞了一样;既不受平民百姓的羞辱,也不受大国君主的羞辱;把刺杀大国君主看作跟刺杀平民百姓一样;也不畏惧强权;听到了恶言,一定会回击。

　　　　孟施舍之所养勇也,曰:"视不胜犹胜也!量敌而后进,虑胜而后会,是畏三军者也。舍岂能为必胜哉?能无惧而已矣!"

　　孟施舍这个人是这样培养勇气的:要把不能取胜看作能取胜!如果估量敌人的势力后才前进,考虑到能够取胜再交战,这实际是畏惧强大的敌人!我孟施舍哪能真的做到必胜?我只是无所畏惧罢了!这是一种打仗时不管能否真的取胜,都能有必胜的信心,勇敢地、不怕死地向前冲的勇气!比较这二人的养勇,孟子认为孟施舍的养勇更易行。

> 昔者曾子谓子襄曰:"子好勇乎?吾尝闻大勇于夫子矣:自反而不缩,虽褐宽博,吾不惴焉;自反而缩,虽千万人,吾往矣。"孟施舍之守气,又不如曾子之守约也。

这一段是说,从前,曾子对子襄(曾子弟子)说:"你喜欢勇敢吗?我曾经在孔子那里听到过关于大勇的道理:反省自己觉得理亏,那么即使对普通百姓,我也不去恐吓;反省自己觉得理直,纵然面对千万人,我也勇往直前。"

孟施舍的养勇,又不如曾子能把握住要领。曾子通过反思,发现真理不在自己这边,即使面对的是最卑贱的人,也会自觉惭愧而害怕;反之,若确定掌握着真理,那么虽面对着千军万马也要义无反顾地向前冲!孟施舍之"勇"与曾子之"勇"相比,孟子又更欣赏曾子之勇,那就是对真理的无条件服从!

在对"勇"做了认真思考和讨论过后,学生公孙丑问孟子:"敢问夫子恶乎长?"孟子曰:"我善养吾浩然之气!"

> "敢问何谓浩然之气?"曰:"难言也。其为气也,至大至刚,以直养而无害,则塞于天地之间。其为气也,配义与道;无是,馁也。是集义所生者,非义袭而取之也。行有不慊于心,则馁矣。"

孟子认为"浩然之气"是一种刚强、伟大之气!用正义去培养它,一点也不能伤害它,于是,它就会逐渐地充塞整个天地!它是与义与道相伴而生的,没有了这二者,它就没有了力量,它是因为经常性地、不断地积累正义而逐渐形成的一种"气",不是偶然的正义行为所能得到的。只要做一件有愧于心的事,那种气马上就没有了力量!

当对真正的、该有的"勇"有了深刻认知并内化到自己精神深处之后,孟子并不是通过这种"勇"来压迫别人,并不通过这种"勇"作威作福,而是以"勇"去追求、实践"仁""义"。他的"勇"恰恰体现在坚定地践行仁、义二字的过程中,恰恰体现在他高度赞美的曾子说的那种只要认定了真理、掌握了真理,拥有此信念,就会勇往直前的行动中!

这样才能理解他为何在那样一个"争于气力"的动荡时代,人与人、国与国都在为金钱、地位、地盘、人口不断抢夺,战争的烽火此起彼伏,人家梁惠王礼贤下士,亲切会见他,开口便问:"叟!不远千里而来,亦将有以利吾国乎?"他却回答:"王!何必曰利?亦有仁义而已矣。"

这样,才能理解他为何在面见齐宣王时,那么在意齐宣王无意间表现出的那种恻隐之心,通过一番内心世界的分析,齐宣王感动得不得了。

齐宣王问孟子:"您能否为我讲讲齐桓公、晋文公如何当上霸主的事?"孟子一反齐宣王的逻辑,说:"我们孔门的人从来不讲如何称霸的事。我们不知道那是怎么回事。您怎么不关心一下如何做好一个王者呢?为什么总想着在别人面前称霸呢?"齐宣王说:"那您说说如何才能做好一个王者?"孟子说:"您只要把爱民的事做好,其实就没有任何人能与您抗衡。"

齐宣王问:"那么您看我能做好这事吗?"孟子说:"完全可以。"齐宣王问:"您怎么知道我完全可以做到呢?"孟子说:"我听您手下的一个人说,有一次您坐在大堂上,堂下有人牵一头牛走过来,您问:牵这头牛干什么去? 人家说:要宰杀它去祭祀。您看了看说:快放了它吧,我看不了牛那个无助恐惧的样子,好像一个无罪的人要被杀头一样。手下人说:那难道祭祀这么大的事就不做了吗? 您说:换宰一只羊吧。有这事吗?"

齐宣王:"嗯,有这事。"孟子:"我看您有这样一颗心,就足以当好一个王者。这件事发生后,百姓都误以为您是舍不得那头牛,而换了一只羊。我则看到了您那颗真正的恻隐之心。"

齐宣王:"是啊,那些百姓们也真是的,我齐国虽不算一个强大富裕之国,也不至于舍不得一头牛吧! 我就是看不下那头牛那个无辜的样子,就像一个无罪被杀的人,实在觉得不忍心,后来我就让换了一只羊。"

孟子:"您也不要怪百姓误解您,您的内心,百姓怎么能全知道呢? 再说,百姓想的也不是没道理啊:您要真是因为不忍,那为什么只不忍那只牛而不同情那只羊?"

齐宣王笑着说:"我究竟是怎样一种心理呢? 我自己都不知道了。我真的不是因为舍不得啊。不过照您这么说,百姓的想法也真是难怪。"

孟子:"没关系。我能看到您有一颗仁爱之心,只是这颗心在牛身上表现出来了,在羊身上没有表现出来。一个君子,因为曾经看到一个动物在身边活蹦乱跳,就不忍看到它死;常常是因为回想起它那可爱的叫声,就不忍吃它的肉。所以人总是想远离那些杀牲的屠夫。"

齐宣王听了孟子的话很感动,说:"《诗经》里有句话:'他人有心,予忖度之。'还真的让您说中了。我做了这件事,却不了解我的那颗真心,您这么一说,我才觉得真是这么回事。那么为什么您说有这样一颗心就能成为一个好的王者?"

孟子说:"有人跟您说:我力气非常大,但我拿不起一根羽毛;我的眼睛非常好使,但我看不见外面走过来的一车柴草。您信吗?"

齐宣王说:"那当然不信了。"

孟子说:"现在您的仁爱之心已经在动物身上表现出来了,但是效应却在百姓身上看不出来,为什么? 道理与刚才说的一样,力气大却拿不起一根羽毛,那是因为他不愿意拿;说眼睛很好却看不见一车柴草,那是他不愿意看。您有这样一颗仁爱之心,效应没有在百姓身上显现出来,那是因为您没有很好地在百姓身上用您这颗心。所以,能不能做好一个王者,就看您是否真的去做,而没有能不能的问题。"

由此我们才可以真正理解孟子所谓"四心"(恻隐之心、羞恶之心、是非之心、辞让之心)说的价值在哪里。一些人批评孟子,说人的那"四心"怎么是天生就有的? 那要靠后天教育和培养嘛! 这不符合教育学和成长学的基本道理嘛! ……这简直就是鸡同鸭讲,和孟子的思想风马牛不相及。

孟子的"四心"说,对于人类来说是何等重要啊! 几千年来,我们时时看到人的这"四心"得不到彰显,得不到充分体现,尤其在遇到强权、遇到利益等因素时,这就是我们在社会上常常听到的:我不是没有一颗善心、是非心、礼让心、羞耻心,我是没有办法……所谓"没有办法",往往就是在利益和强权面前,舍弃了那"四心",说明在你的心目中,利益和强权胜过了那"四心"。而孟子最可贵的精神价值就在于,他要人类的这四种可贵的精神压倒一切,要用一种大勇去推布这"四心"。于是我们才能理解,为何孟子会说出那句"舍生而取义"的名言。

> 孟子曰:"鱼,我所欲也,熊掌,亦我所欲也;二者不可得兼,舍鱼而取熊掌者也。生亦我所欲也;义亦我所欲也;二者不可得兼,舍生而取义者也。生亦我所欲,所欲有甚于生者,故不为苟得也;死亦我所恶,所恶有甚于死者,故患有所不辟也。如使人之所欲莫甚于生,则凡可以得生者,何不用也?使人之所恶莫甚于死者,则凡可以辟患者,何不为也?由是则生而有不用也,由是则可以辟患而有不为也,是故所欲有甚于生者,所恶有甚于死者。非独贤者有是心也,人皆有之,贤者能勿丧耳。一箪食,一豆羹,得之则生,弗得则死,呼尔而与之,行道之人弗受;蹴尔而与之,乞人不屑也。"

孟子一生的经历与其祖师爷孔子颇为相似,非常坎坷不顺。孔子周游列国时,在郑国被人描述为"累累若丧家之狗",孔子是坦然接受的。孟子也差不多。

当他最终因不能实施他的理想而离开比较尊重和看好他的齐国,准备去往宋国时,孟子为了奉养老母,计划一再迁延。光阴荏苒,倏忽逝去,孟子已到知天命之年,整日长吁短叹,闷闷不乐。这时,孟母问明原因,对儿子又说出了一段千古名言:

> 夫妇人之礼:精五饭,幂酒浆,养舅姑,缝衣裳而已矣。故有闺内之修而无境外之志。……无擅制之义,而有三从之道。故年少则从乎父母,出嫁则从乎夫,夫死则从乎子,礼也。今子成人也,而我老矣。子行乎子义,吾行乎吾礼。

此后孟子才又踏上了行程。

后来孟子即将被鲁国重用的时候,因为小人从中陷害他,最终未能成功。随后,六十多岁的孟子回到老家,不再出游,与其学生万章等人著书立说,这便是后来成为中国人的经典之一的《孟子》七篇。在经历了一生的坎坷之后,孟子晚年并没有成为怨天尤人的感伤者,而是一如既往地、坚定地说:

> "君子不怨天,不尤人。""五百年必有王者兴,其间必有名世者。由周而来,七百有余岁矣。以其数,则过矣;以其时考之,则可矣。夫天未欲平治天下也,如欲平治天下,当今之世,舍我其谁也?吾何为不豫哉!"

意思是,总有那么一天,光明会到来!上天如果想要把这个世界引向光明,能缺少我这样的人吗?

就是这样一位高扬孔子理想主义大旗、有着坚定信念和执着追求的思想家,在他死后大约一千年,被唐代著名文学家、思想家韩愈宣扬为中华民族文化道统的传承人。韩愈自告奋勇地接过孟子的大旗,此后便有了中国文化史上著名的孟子升格运动,孟子更加成为中国人心目中地位仅次于孔子的精神领袖。东汉赵岐提出的"亚圣"名号,实至名归。

今天的青年,要学会理解孟子身上那种由"仁"与"义"滋养出来的浩然之气,学会理解其"舍生取义"的精神价值。这对于人类文明的提升非常重要!社会学家早就说过:人在解决了温饱以后,只有两种选择,一是升华,一是堕落!升华就是提升人自身的精神境界,堕落就是本身已解决了生存问题,还无限制地放大自己的物质欲望和需求。

孟子那种至死不渝的坚定意志,正是他能成为一代代中国人的精神领袖的重要原因!

延伸阅读

1. [清]焦循:《孟子正义》,沈文倬点校,中华书局,1987。
2. 邓秉元:《孟子章句讲疏》,华东师范大学出版社,2011。

问题与讨论

1. 《孟子》各篇内容中,你最感兴趣的是哪一部分?
2. 从文学的角度看,你觉得《孟子》各篇中哪些段落最精彩?
3. 通读《论语》《孟子》全文,说说孔子与孟子的思想有何不同。
4. 当下大学生阅读《孟子》的难点在哪里?
5. 进行一次课堂讨论:我们每个人在面对大是大非问题时,有没有"勇"?我们的"勇"的表现形式是怎样的?并讨论孟子关于"勇"的理论阐释,对我们有怎样的指导意义。

第五讲 《庄子》

一、本讲介绍

文学界有人将庄子归为浪漫主义的代表。其实,是否浪漫,除了笔法,还应当从其思想的格调、取向、特色方面加以认知。庄子是战国时期出现的一位极为另类,却对中国人的精神世界影响极为深远的一位思想家。其思想的深邃程度是其他思想家难以企及的。本讲以《庄子》的《逍遥游》和《齐物论》两篇为主要切入点,以尽可能通俗的语言,引导同学们了解庄子其人和《庄子》这部典籍。虽然《庄子》这部书号称难读,其思想被人称为"岂浅识之能究",但其人其思想,也并非完全不可解。

二、文本

作为一部传统的经典文献,《庄子》同样有诸多版本,但因为它在思想与语言上的难度较高,流传于世的版本并不多,这就有一个好处,即它不像儒家文献那样鱼龙混杂。魏晋时期向秀、郭象的注本,算是《庄子》注释的祖本。清代郭庆藩的《庄子集释》算是《庄子》的权威注释本,但是它的学术性和阅读难度较高,许多初学者并不能驾驭。今人曹础基的《庄子浅注》是一个对初学者较为便利的文本,既有严肃性,又有浅显性。除此之外,道家思想研究专家陈鼓应的《庄子今注今译》是较通行,也是影响较大的一个版本,已行销数十年。同学们如果要通读《庄子》,可以选择这个版本。

三、导读

庄子,本名庄周,与孟子是同时代人,战国时代宋国蒙(今河南商丘)人。

庄子的生平事迹史书中记载非常少,后人已无法知道其详情。我们只知道庄子做过蒙地下辖的漆园这个小地方的小官吏,当时邻国楚国的楚威王曾派人以重金高位邀请庄子到楚国做官,但被庄子婉言谢绝了。

庄子对前来请他的楚国使者说:"罢了吧,请您回去转告楚威王:他难道没有见过大型郊祭礼上用作牺牲的牛吗?人们精心喂养它几年,甚至还要给它穿上漂亮的衣服,可最终是要把它杀掉送入太庙的。到那时,那只可怜的牛啊,多么后悔曾经享受的那种尊贵啊,这时它真想把自己变成一头小小的、无人关注的猪,可是晚了!您还是回去吧,不要污染我了,我宁可在这小池塘中畅游,也不愿在那尊贵的庙堂之上受束缚。我一辈子不想做什么高官了,我现在很快乐!"

这个超然物外的、神仙般的人物庄子,虽然生平事迹没有留下什么记载,其思想表达却在中国人的精神发展史上影响非常大。现在传世的《庄子》一书,总共三十三篇,其中内篇部分有七篇,外篇部分有十五篇,杂篇部分有十一篇。一般认为,内篇部分是庄子本人所著,外篇、杂篇部分则是庄子弟子、后学们的著作。在宗教超越思想盛行的唐代,《庄子》被尊称为《南华真经》。

著名哲学家冯友兰曾经说:"人不满足于现实世界而追求超越现实世界,这是人类内心深处的一种渴望。"

人的心灵超越分不同层次和面相。儒家提倡的心灵超越,是超越普通人的物质生活,把提升人类的灵魂境界看得比富贵、生死更重要,并倾毕生精力为之努力,最终是要构造一种理想主义的现实世界。儒家的心灵超越是以现实世界的不理想为前提的,他们毕生执着于此,纠结于此,并放弃一己之私利,为实现全天下人的心灵提升、营造一个理想的现实世界而努力。他们坚信,只有物质、钱财的满足,没有心灵、道德、精神世界

的升华,这个世界是不美妙的。这是一种难能可贵的超越。

而庄子的心灵超越,是要彻底放下世间的一切是非、高下、大小、贫穷与富贵、理想与不理想,是要把一切看开,从而使人的精神彻底释然。因为俗世间的一切纠结,必然给人的精神自由带来挂碍,于是人的心灵就不得超越。

相比较而言,儒家的心灵超越,是此岸世界的超越,心灵还在此岸世界;庄子的心灵超越却更像是带人走进天国,走进一切释然的彼岸世界。所以,魏晋以后的思想家常常用《庄子》的学说解释佛学的"空"。

因为这样一种神仙般的心灵超越,我们每每看到《庄子》中所讲的话,似乎都不是人世间存在的现实,如同《庄子》杂篇《寓言》中所说的:"寓言十九,重言十七,卮言日出。"文学家称之为浪漫主义,思想家称之为超然物外。然而,今人模仿其外在的浪漫笔法者不少,领悟其内在智慧者却不多见。

《庄子》内篇的第一篇《逍遥游》,一般被认为是庄子本人所写。庄子毕生追求精神的逍遥自由,这样的神人,其思想表达也颇为不同凡响。《逍遥游》开篇便说:

> 在北方浩渺无垠的大海中,生长着一种巨大的鱼,叫作鲲,它简直大得无法形容,不知道有几千里那么大。这只巨大的鱼,变化成一只巨大的鸟,叫作鹏,单是它的后背,就不知道有几千里那么大,一跃而飞起,展翅翱翔,遮天蔽日,高入九万里云霄之上,半年后才能到达南方的大海中。人类仰望天空,常有莽莽苍苍之感,那么这只鲲鹏,飞至九霄之上,向下俯视,是否也和人类仰望苍穹的感觉一样?

这样一种巨大无比的动物,是否让世间那些渺小者无地自容呢?不然。

庄子说:"小小的蝉和斑鸠鸟听说了鲲鹏的故事,坦然一笑,说:'我们使出浑身解数一飞,也就能飞到另一棵树的枝头,如果飞不到,还可以在地上歇一下再飞。鲲鹏为什么要飞九万里那么高?为什么一定要飞往那么遥远的南海去?我们虽然只能在极其有限的空间中翻飞腾挪,但我们已然自由闲适、舒展奔放无比,我们并不需要鲲鹏那样浩瀚无垠的空间。'"

庄子认为,人的精神不得自由,最主要是由于无端的攀比纠结。鲲鹏的行动之所以那样惊天动地,是因为它不如此就飞不起来,蝉与斑鸠鸟根本就不需要这么大的天地,依然可以飞得逍遥自在,闲适有余,为什么要羡慕鲲鹏世界的广大无边?世界上的事物千差万别,各有存在的道理、逻辑,各有存在的价值,为什么一定要相互攀比看齐?

庄子说:"听说有位彭祖,长寿无比,活了八百多岁,世间凡人却一定要向他看齐。为什么要这样呢?人的夭寿,为什么不能顺其自然?"

世间凡人,几乎都是听到好话就兴高采烈,听到批评就沮丧不已。这样的人,心灵能得自由吗?庄子说:"宋国有个荣子,全天下的人都褒奖他,他一点志得意满的意思都没有;全天下人都批评他,他一点也不沮丧。这是怎样一种不同凡响的境界啊!"

人活在世上,为什么不能放下那些干扰我们心灵自由的东西呢?为什么不能活得淡然、泰然一些?

庄子说:"郑国有个列御寇,经常乘着风儿飘然飞舞,怡然自得。他从不强求什么东西,一切顺其自然,就像顺乎风儿,自由飞翔一样。人的心灵为什么不能如此? 我要向列御寇学习,还要青出于蓝而胜于蓝,列御寇还要借助风力才能飞翔,我要任何外力都不借助,也能自由地翱翔于世间,这样才能更加无所牵挂。这才是最为美妙的精神世界!"

庄子说:"帝尧本来是要把天下让给隐士许由的,说:'太阳都出来了,我这个火把还燃着,不是有点多余吗? 时雨都降下了,我还在辛苦地开渠灌溉,不是有点白费力气吗? 听说您能把天下治理好,我还在那里占着位子,不也是多余吗? 我还是把天下彻底交给您吧!'许由回答:'治理天下那是您的事,不必让给我。小鸟只要栖息于一根树枝就够了,不需要多大的一片森林;老鼠喝水,只要喝饱肚子就可以了,不需要大江大河。您还是不要费心了,帝王之尊位对我这个小人物来说,没有任何意义。天下万事万物,各色人等,各有存在的方式,我不会越俎代庖的。'"

在庄子心目中,许由才是圣哲的代表。

面对世间无尽的是是非非,你争我夺,庄子说:"你们就费心劳神地争吧,在我看来,你们之间根本就无所谓是非胜负。每个人只看到自己正确的那一面,却看不到别人正确的那一面,各执一偏,谁来评定是非胜负? 你认为对的,别人认为是错的;你认为错的,别人则认为是对的;如此相互抵消,归于零。只有真正的智者才能怡然自得,神闲气定,愚者却一辈子纠结不已,伤透了脑筋。"

庄子说:"世间万物,包括人,都有自己认知的局限性,而能超然于这种局限性之上,那才是智者。鱼在水中游,自觉怡然快乐,鸟在空中飞,它就不能真正理解鱼儿的世界,反之亦然。人在湿地中寝卧会生病,泥鳅为什么就不会呢? 人勉力爬到树上,还会有恐惧感,猴子为什么在树上就能翻飞自如? 人为什么一定要说住在房子里才是最好的?"豪宅屹立,豪车横行,富贵者固执地认为这样才算是幸福,殊不知,穷人自有穷人的幸福。"人类以为吃肉才算是美味,麋鹿却一定要吃草。为什么人一定要说吃肉才是对的?"

"越国的毛嫱,晋国的丽姬,都堪称绝代美人,可鱼见了她们就钻到水底去了,鸟见了她们都飞了,麋鹿见了她们更是看也不看一眼。为什么要由人来决定美丑?"

凡人都偏执于一己私念,智者却能超然于一己私念之上,如此才能"淡然自若"。

庄子甚至非常富有超越精神,又颇富想象力地认为,人最难以放下的生死纠结,或许与梦醒之间是一样的。人为什么那样地贪生怕死? 活着,就要乐享其生命;死时,要坦然面对,因为这是自然的归宿。芸芸众生常常浑浑噩噩活一生,如同做梦一般,却自以为清醒,终生纠结于不该纠结的蝇头小利、是是非非,其实一辈子与梦游一回无异。

庄子在《齐物论》的结尾处讲了那个众人皆知、却不一定能领会其精神的"庄周梦蝶"的故事:

"有一天,我庄周梦见自己成了一只蝴蝶,翩翩起舞,怡然自得。醒来后,我一直困惑,难道一定是庄周做梦变成了蝴蝶吗? 不会是蝴蝶正在做梦,变成现在的庄周我吗?"

这样的智慧,真如唐代道士、庄学专家成玄英所说:"非下士之所闻,岂浅识之能究!"

延伸阅读

1. 陈鼓应:《庄子浅说》,中华书局,2017。
2. 陈鼓应:《老子今注今译》(最新修订版),商务印书馆,2016。
3. 刘笑敢:《庄子哲学及其演变》,中国社会科学出版社,1988。

问题与讨论

1. 在消费主义盛行的今天,青年人究竟该如何看待庄子的思想?
2. 从文学的角度看,如何领会庄子的笔法?
3. 今天的年轻学子,究竟能否读懂《庄子》?
4. 你认为《庄子》各篇中最难读的是哪几篇?
5. 进行一次课堂讨论:何谓豁达?结合自己的人生进行讨论。

第六讲 《诗经》

一、本讲介绍

本讲重点介绍《诗经》中的人伦诗。这些人伦诗所表现的人伦之情,是"中国民族人道观念之胚胎",是"中国现实人生和平文化之真源"(钱穆先生语)。从艺术表现上看,用朴素浅近之语,来写深挚婉曲之情怀,就形成了《诗经》中的人伦诗所特有的直而婉、浅而深的抒情特点。

二、文本

1. 《郑风·东门之墠》

   东门之墠,茹藘在阪。其室则迩,其人甚远。
   东门之栗,有践家室。岂不尔思?子不我即。

2. 《王风·君子于役》

   君子于役,不知其期,曷至哉?鸡栖于埘,日之夕矣,羊牛下来。君子于役,如之何勿思!

君子于役,不日不月,曷其有佸?鸡栖于桀,日之夕矣,羊牛下括。君子于役,苟无饥渴!

3.《小雅·蓼莪》

蓼蓼者莪,匪莪伊蒿。哀哀父母,生我劬劳。

蓼蓼者莪,匪莪伊蔚。哀哀父母,生我劳瘁。

瓶之罄矣,维罍之耻。鲜民之生,不如死之久矣!无父何怙?无母何恃?出则衔恤,入则靡至。

父兮生我,母兮鞠我。拊我畜我,长我育我,顾我复我,出入腹我。欲报之德,昊天罔极!

南山烈烈,飘风发发。民莫不穀,我独何害!

南山律律,飘风弗弗。民莫不穀,我独不卒!

4.《小雅·伐木》

伐木丁丁,鸟鸣嘤嘤。出自幽谷,迁于乔木。嘤其鸣矣,求其友声。相彼鸟矣,犹求友声。矧伊人矣,不求友生。神之听之,终和且平。

伐木许许,酾酒有藇。既有肥羜,以速诸父。宁适不来?微我弗顾。於粲洒扫,陈馈八簋。既有肥牡,以速诸舅。宁适不来?微我有咎。

伐木于阪,酾酒有衍。笾豆有践,兄弟无远。民之失德,乾餱以愆。有酒湑我,无酒酤我。坎坎鼓我,蹲蹲舞我。迨我暇矣,饮此湑矣。

三、导读

《毛诗序》中有这样几句话:"情动于中而形于言,言之不足故嗟叹之,嗟叹之不足故永歌之。"这些话的意思是,人类普遍具有喜怒哀乐等不同的情感,这些情感激荡于心,而又发声于外,就形成了诗歌。这就在一定程度上解释了《诗经》里的这些作品是怎么产生的;同时也道出了"抒情性"是包括《诗经》在内的许多诗歌作品的本质性特征。

所以在《诗经》中,尤其在十五国风中,写情的作品特别多。举例来说,《郑风·女曰鸡鸣》里的"宜言饮酒,与子偕老。琴瑟在御,莫不静好",这是写夫妇之情的。《小雅·蓼莪》里的"哀哀父母,生我劬劳"是写感念父母的孝亲之情的。《小雅·常棣》里的"凡今之人,莫如兄弟""兄弟既翕,和乐且湛",是讲兄弟友爱之情的。《小雅·伐木》中的"嘤其鸣矣,求其友声。相彼鸟矣,犹求友声。矧伊人矣,不求友生。"这是讲朋友之情的。《小雅·隰桑》里的"心乎爱矣,遐不谓矣。中心藏之,何日忘之",这是写爱情的——当然,除这一首外,《诗经》里的爱情诗还有很多。

上面为大家所举的诗,无论是写夫妇之情、母子之情、兄弟友爱,都与"人伦之情"有关,所以我们不妨将上面所述的这一类诗称为"人伦诗"。钱穆先生有一段话说得好:"《诗经》里的家族情感与家族道德,那种人与人之间的忠诚恻怛、温柔敦厚,这便是中国民族人道观念之胚胎,这便是中国现实人生和平文化之真源,倘不懂得这些,将永不会

懂得中国文化。"

那么,《诗经》里的这些作品,在抒发各种人伦之情时,有什么特点呢?在讨论这个问题之前,我们不妨将话题稍稍地延伸开来一点。《论语·为政》篇中曾记孔子的话说:"诗三百,一言以蔽之,曰'思无邪'。"这里的"思无邪"三个字,到底是什么意思,历来有种种解释。有人说"思无邪"是思想纯正的意思;有人说"无邪"是"无余"的意思,指的是《诗经》的内容很丰富,对有关社会和自然的各方面的知识,已经是应有尽有、囊括无余了。现代学者程树德在他的《论语集释》一书中说:

> 夫子盖言《诗》三百篇,无论孝子、忠臣、怨男、愁女,皆出于至情流溢,直写衷曲,毫无伪托虚徐之意,即所谓"诗言志"者。此三百篇之所同也,故曰一言以蔽之。

不管这是不是《论语》中所说的"思无邪"的原意,我觉得"至情流溢,直写衷曲"八个字,确实是道出了《诗经》中许多作品情感抒发的最大特点。"至情流溢,直写衷曲"这八个字,可以拆分成两层意思来仔细辨析、体会:

第一层是"流溢""直写"两个词。这是说《诗经》中的作品在进行情感抒发时,都很真诚、朴素、浅近、直接。《诗经》的十五国风,大部分都是民歌。而历来民歌作品抒情的特点,就是真诚、朴素、浅近、直接,没有矫揉造作,没有刻意雕饰,都是心中情怀自然而然的表露。举几个例子:

《邶风·泉水》:"女子有行,远父母兄弟。"这是写一个女子出嫁前的心理:姑娘我就要出嫁了,从此就要远离我的父母兄弟。

《郑风·东门之墠》:"东门之墠,茹藘在阪。其室则迩,其人甚远。"后两句是写一个姑娘的心声:她和她的所爱之人住得很近,但对方和自己的心却隔得很远。

《王风·君子于役》:"君子于役,不知其期,曷至哉?鸡栖于埘,日之夕矣,羊牛下来。君子于役,如之何勿思!"这是写一个女子,她的丈夫长久在外服劳役,到了每天黄昏的时候,她就分外思念牵挂自己的丈夫:丈夫在外服劳役,不知道他的归期,不知他何时能回家。到了夕阳西下的时候,鸡也回窝了,牛羊也下了山坡,我的丈夫却还在劳碌辛苦,叫我怎么不想他!

这些诗都是这样地朴素、浅近、直白,好像是从胸臆中自然流露出来的一样,又好像和人说话时不假思索脱口而出的一样;其中表达的意思很直接,一听就明白。

但如果再反复体味,这些诗浅近却并不浅薄,平易却并不平淡无味,而是蕴含了很深的感情在内。我们在千百年之后读了这些作品,还是会引起莫名的感动。这就是前面说的八个字中的另外两个词:"至情""衷曲"。也就是说,这些作品所抒发的,是一种人的内心深处最真诚的、最深挚的、最千回百转萦绕于心的情感。我们仍然可以用前面举到的一些例子来说明:

《邶风·泉水》:"女子有行,远父母兄弟。"这么平常如话的句子,其实蕴含了诗中抒情主人公极其深厚的情感体验。对一个女子来说,从她生下来的那一天起,所谓"家"的概念,就是和父母兄弟从小生活在同一屋檐下,我是我父母的女儿,我是我弟兄的姐妹;我沐浴着父母的慈爱,我享受着兄弟姐妹的骨肉深情,天天如此,年年如此。可是,到了某一天,这一切突然就完全改变了,我从此不再在这个家中生活,而是要到另一个新的、尚未可知的家中。可以想象,"女子有行,远父母兄弟"是包含着这个女子临出嫁时怎样的难舍难离之情啊!

又如《东门之墠》说的"其室则迩,其人甚远"。本来我喜欢的人和我住得很近,这是再好不过的事情了;可是接下来一句说"其人甚远",那个人的心却和我隔得很远——这时最近的距离就变成了最远的距离,这是让人多么情难以堪啊!

再如《小雅·蓼莪》里面说:"哀哀父母,生我劬劳。"有不少人可能对父母养育子女的辛勤劳苦体会得并不深,从生下来到慢慢长大,觉得父母为我做的一切都是天然如此的、理所当然的。可是到哪一天你也为人父、为人母了,觉得真的很辛苦;再回头看你自己的爸爸妈妈,突然发现他们头发也白了,背也驼了,腿脚也不利索了,也许你在一刹那间,对"哀哀父母,生我劬劳"这两句,突然就有了刻骨铭心的体验。

所以,用朴素浅近之语,来写深挚深婉之情怀,就形成了《诗经》中的"人伦诗"所特有的直而婉、浅而深的抒情特点。

《诗经》既然是我国最早的一部诗歌总集,那么它里面的那些抒情诗,实际上所表现的,是早期人们的各种情感体验。甚至有人说:人类的各种不同类型的情感活动,有很多都在《诗经》中得到某种形式的表现,它为历代诗人提供了各种情感的范型,或者说是一种"原型母题"。

比如前面所提到的《王风·君子于役》的"君子于役,不知其期,曷至哉?鸡栖于埘,日之夕矣,羊牛下来。君子于役,如之何勿思",后来也有许多诗词作品表现类似的情景。清代诗人许瑶光有一首诗里说:"鸡栖于桀下牛羊,饥渴萦怀对夕阳。已启唐人闺怨句,最难消遣是昏黄。"这其实是说《君子于役》这首诗为后来的作品开启了一种专门的情感范型,人们管这种范型叫"暝色起愁",或者叫"黄昏思远人"。

再如前面提到的《东门之墠》里的"其室则迩,其人甚远",还有《秦风·蒹葭》篇里的"蒹葭苍苍,白露为霜。所谓伊人,在水一方"。这两篇作品,透过表面文字,其实它们的深层内涵,是说两个人的自然距离很近,但因为种种主客观因素的阻隔,心的距离却很远,虽然深深相爱,却很难走到一起。它们所开启的,是一种"爱的可望而不可即"的情感范型或文学母题,这在后世的各类体裁的文学作品中有大量的表现。

《诗经》的抒情诗中,各种不同的情感范型还有很多。一方面,这些情感范型是后世许多文学作品在表现类似情景时可以取资的宝贵源泉。另一方面,这些作品所表现的情感,不仅是诗人或主人公个人的情感,同时也是人类共通的情感,所以我们今天在读这些作品时,依然会产生共鸣,引起深深的感动。

延伸阅读

1. [宋]朱熹:《诗集传》,中华书局,2017。

2. 余冠英:《诗经选》,中华书局,2012。

问题与讨论

1.《诗经》中的人伦诗在情感抒发时具有"至情流溢,直写衷曲"的特点,结合你所读过的《诗经》中的人伦诗,以及自己对人伦亲情的切身感受,说说你对这一特点的体会。

2.《诗经·王风·君子于役》这首诗为后来的诗词作品开启了一种专门的情感范型,人们称这种范型为"暝色起愁",也叫"黄昏思远人"。为什么人会因"暝色"而"起愁"? 请谈谈你的看法。

3.《小雅·蓼莪》:"哀哀父母,生我劬劳。""父兮生我,母兮鞠我。拊我畜我,长我育我,顾我复我,出入腹我。"结合自身体会,以具体的事例,说说你所感知到的父母在培育自己的过程中所付出的艰辛劳苦。

第七讲 《楚辞》

一、本讲介绍

本讲重点介绍《楚辞》中"香草美人"手法的运用。在屈原的作品中,常以香花芳草象征品质的高洁,以种植香花芳草象征对贤才的培养,以香花芳草的腐烂变质象征贤才的变节,以男女关系比喻君臣关系,等等。所谓"香草美人"即指这种比兴象征手法的创新。

二、文本

1.《离骚》(节选)

余既滋兰之九畹兮,又树蕙之百亩。畦留夷与揭车兮,杂杜衡与芳芷。冀枝叶之峻茂兮,愿俟时乎吾将刈。虽萎绝其亦何伤兮,哀众芳之芜秽。众皆竞进以贪婪兮,凭不厌乎求索。羌内恕己以量人兮,各兴心而嫉妒。忽驰骛以追逐兮,非余心之所急。老冉冉其将至兮,恐修名之不立。朝饮木兰之坠露兮,夕餐秋菊之落英。苟余情其信姱以练要兮,长顑颔亦何伤。擥木根以结茝兮,贯薜荔之落蕊。矫菌桂以纫蕙兮,索胡绳之纚纚。謇吾法夫前修兮,非世俗之所服。虽不周于今之人兮,愿依彭咸之遗则。

2.《九歌·湘君》

君不行兮夷犹,蹇谁留兮中洲? 美要眇兮宜修,沛吾乘兮桂舟。令沅湘兮无波,使江水兮安流!望夫君兮未来,吹参差兮谁思?

　　驾飞龙兮北征,邅吾道兮洞庭。薜荔柏兮蕙绸,荪桡兮兰旌。望涔阳兮极浦,横大江兮扬灵。

　　扬灵兮未极,女婵媛兮为余太息。横流涕兮潺湲,隐思君兮陫侧。桂櫂兮兰枻,斵冰兮积雪。采薜荔兮水中,搴芙蓉兮木末。心不同兮媒劳,恩不甚兮轻绝。石濑兮浅浅,飞龙兮翩翩。交不忠兮怨长,期不信兮告余以不闲。

　　鼂骋骛兮江皋,夕弭节兮北渚。鸟次兮屋上,水周兮堂下。

　　捐余玦兮江中,遗余佩兮澧浦。采芳洲兮杜若,将以遗兮下女。时不可兮再得,聊逍遥兮容与。

3.《九歌·湘夫人》

　　帝子降兮北渚,目眇眇兮愁予。袅袅兮秋风,洞庭波兮木叶下。

　　登白薠兮骋望,与佳期兮夕张。鸟萃兮蘋中,罾何为兮木上。

　　沅有芷兮澧有兰,思公子兮未敢言。荒忽兮远望,观流水兮潺湲。

　　麋何食兮庭中?蛟何为兮水裔?朝驰余马兮江皋,夕济兮西澨。闻佳人兮召予,将腾驾兮偕逝。

　　筑室兮水中,葺之兮荷盖。荪壁兮紫坛,播芳椒兮成堂。桂栋兮兰橑,辛夷楣兮药房。罔薜荔兮为帷,擗蕙櫋兮既张。白玉兮为镇,疏石兰兮为芳。芷葺兮荷屋,缭之兮杜衡。合百草兮实庭,建芳馨兮庑门。九嶷缤兮并迎,灵之来兮如云。

　　捐余袂兮江中,遗余褋兮澧浦。搴汀洲兮杜若,将以遗兮远者。时不可兮骤得,聊逍遥兮容与!

4.《九章·思美人》

　　思美人兮,擥涕而伫眙。媒绝路阻兮,言不可结而诒。蹇蹇之烦冤兮,陷滞而不发。申旦以舒中情兮,志沉菀而莫达。愿寄言于浮云兮,遇丰隆而不将。因归鸟而致辞兮,羌迅高而难当。

　　高辛之灵盛兮,遭玄鸟而致诒。欲变节以从俗兮,愧易初而屈志。独历年而离愍兮,羌冯心犹未化。宁隐闵而寿考兮,何变易之可为!知前辙之不遂兮,未改此度。车既覆而马颠兮,蹇独怀此异路。勒骐骥而更驾兮,造父为我操之。迁逡次而勿驱兮,聊假日以须时。指嶓冢之西隈兮,与缥黄以为期。

　　开春发岁兮,白日出之悠悠。吾将荡志而愉乐兮,遵江、夏以娱忧。擥大薄之芳茝兮,搴长洲之宿莽。惜吾不及古人兮,吾谁与玩此芳草?解萹薄与杂菜兮,备以为交佩。佩缤纷以缭转兮,遂萎绝而离异。吾且儃佪以娱忧兮,观南人之变态。窃快在中心兮,扬厥凭而不俟。芳与泽其杂糅兮,羌芳华自中出。纷郁郁其远承兮,满内而外扬。情与质信可保兮,羌居蔽而闻章。

　　令薜荔以为理兮,惮举趾而缘木。因芙蓉而为媒兮,惮褰裳而濡足。登高吾不说兮,入下吾不能。固朕形之不服兮,然容与而狐疑。广遂前画兮,未改此

度也。命则处幽,吾将罢兮,愿及白日之未暮。独茕茕而南行兮,思彭咸之故也。

三、导读

在读楚辞体作品时,令我们印象深刻的是,里面写到了大量的香草香木。如《离骚》中"制芰荷以为衣兮,集芙蓉以为裳",是说诗人的衣服是用香草香木制成的;"扈江离与辟芷兮,纫秋兰以为佩",这是以香草香木用作身上的佩饰;"朝饮木兰之坠露兮,夕餐秋菊之落英",诗人的饮食也与香草香木有关。《九歌·湘夫人》里有一段文字,更是非常密集地提到了许多香草香木的名称:

  筑室兮水中,葺之兮荷盖。荪壁兮紫坛,播芳椒兮成堂。桂栋兮兰橑,辛夷楣兮药房。罔薜荔兮为帷,擗蕙櫋兮既张。白玉兮为镇,疏石兰兮为芳。芷葺兮荷屋,缭之兮杜衡。合百草兮实庭,建芳馨兮庑门。

这是描写在水中造一所房子,从屋顶到屋内的各个部位,再到庭院,几乎所有造房的原材料用的都是各种香草香木:荷、荪、芳、桂、兰橑、辛夷、药、薜荔、蕙、石兰、芷、杜衡……这真是一座别致典雅、芳香四溢的屋子啊。

除此之外,《离骚》中还写诗人曾经种植了大量的香草香木:

  余既滋兰之九畹兮,又树蕙之百亩。畦留夷与揭车兮,杂杜衡与芳芷。冀枝叶之峻茂兮,愿俟时乎吾将刈。

最后两句的意思是,希望种下的兰、蕙、留夷、揭车、杜衡、芳芷等香草香木都能长得枝繁叶茂,到时能有一个好的收获。但最后的结果却与诗人的愿望相违背,这就是在上引文字的后面所写到的:"虽萎绝其亦何伤兮,哀众芳之芜秽","时缤纷其变易兮,又何可以淹留。兰芷变而不芳兮,荃蕙化而为茅。何昔日之芳草兮,今直为此萧艾也"。这是说这些种植的香花芳草后来都枯萎、腐烂、变质了。

那么,为什么这些作品中会写到这么多的香草香木?这些诗句除了字面的意思,是否还隐藏着其他含义呢?

屈原在他所处的时代里,始终坚持自己的理想信念,希望有机会施展自己的才华抱负,修明法度、举贤任能,实行能使楚国富强的"美政"。但在现实中,他诚意为国而被君王怀疑,忠心事主却遭小人诽谤。尽管如此,他却不改初衷,"举世混浊而我独清,众人皆醉而我独醒"。司马迁的《史记·屈原贾生列传》在评论《离骚》时,有一句话说:"其志洁,故其称物芳",意思是,他在作品里大量地写到香草香木,就是要借此喻示,不管环境多么昏暗污浊,自己终将保持高贵芳洁的品格。另外,在楚国要进行政治改革,要实现"美政",需要有很多的志同道合者,要培养很多的人才。而前面提到的大量种植香草香木,就是象征对人才的培养;而香花芳草的枯萎、腐烂、变质,则表明这方面的努力后来都失败了。

除了大量描绘香草香木之外,《离骚》等作品里还经常出现"美人"这个词,还经常写到男女间的情感关系。《九章》中有一篇叫《思美人》,诗的一开头就说:

> 思美人兮,擥涕而伫眙。媒绝路阻兮,言不可结而诒。

描写抒情主人公深深爱恋着一位像女神一般圣洁的"美人",却因种种外在因素的阻隔,无法向她表达自己的情意。这样的描写,也是有比兴寄托的含义的。历来的注家或研究者,有说美人是指楚怀王的,有说是楚顷襄王的——不管是指哪位君王,一般认为都是借一个男子对"美人"的爱恋,喻指自己希望能够得到君王的信用,但又难以达成这样的意愿。

除此之外,楚辞中还有不少作品也经常写到男女之间的情感。《离骚》里说:"曰黄昏以为期兮,羌中道而改路。初既与余成言兮,后悔遁而有他。余既不难夫离别兮,伤灵修之数化。"在《九章·抽思》中也有一段类似的描写:"昔君与我成言兮,曰黄昏以为期。羌中道而回畔兮,反既有此他志。"这都是说两个人本已约好了婚期,但那个男的却中途反悔,有了别的打算。这也是用男女间的情感关系来比喻君臣的关系。有意思的是,在《思美人》中,那位"美人"是喻指君王,追求美人的男子是臣子;而在上文提到的《离骚》和《抽思》中,性别角色倒了过来:臣子"扮演"的是女性角色,君王则是男性角色。

将前面所说的归总一下,可以看得很清楚:楚辞作品中大量地写到了"香草美人"的意象,构成了一个内蕴丰富而表达效果生动独特的象征隐喻系统。

东汉学者王逸在《离骚经序》一文中说:

> 《离骚》之文,依《诗》取兴,引类譬谕。故善鸟香草,以配忠贞;恶禽臭物,以比谗佞;灵修美人,以媲于君;宓妃佚女,以譬贤臣;虬龙鸾凤,以托君子;飘风云霓,以为小人。

这段话开头说"《离骚》(实际上不光是《离骚》,还包括屈原的其他楚辞体作品)之文,依《诗》取兴,引类譬谕",意思是屈原的作品继承了《诗经》的比兴手法。后面则举了不少例子,说明《离骚》借助比兴手法进行了独具个性的文学写作,其中也提到了"香草""美人"。所以说,屈原作品中的"香草美人"是对《诗经》中比兴手法的创造性运用。

楚辞中这种香草美人的比兴象征手法的运用,对后来的中国诗歌有很大的影响。后来的许多诗人,在作品中写到香草香木,也常常用来象征自己的高贵芳洁、不同流俗的品格。这里只举一个较为简单的例子,柳宗元《登柳州城楼寄漳汀封连四州刺史》一诗中有这样两句:"惊风乱飐芙蓉水,密雨斜侵薜荔墙。"这就是以"芙蓉""薜荔"来象征自己美好芳洁的品格,用"惊风乱飐""密雨斜侵"来喻示自己遭到了保守势力的摧残打击。

至于在诗里写"美人",用男女间的关系来比喻君臣关系、政治关系,这对后代诗歌的影响更大。元代杨载《诗法家数》说:"古人凡欲讽谏,多借此以喻彼,臣不得于君,多借妻以思其夫,或托物陈喻,以通其意。"对这种表现方法,还有更简洁明确的概括,叫作"托志房帷",或者叫作"楚雨含情皆有托"。举一个最浅近的例子,唐代诗人朱庆余有一首七绝,题目叫《闺意献张水部》:

  洞房昨夜停红烛,待晓堂前拜舅姑。妆罢低声问夫婿,画眉深浅入时无?

  表面上看,这是写一位新妇妆后问丈夫自己画的眉毛式样能否得到公婆的欢心,其实是在向主考官张籍探寻自己的文章诗词是否能够得到上峰的青睐,是借此来表明自己的政治诉求。这方面的例子可以说是举不胜举。

  这样的一种表现方式,好处是可以把作品写得含蓄蕴藉,不直接把意思点破,有言外之意,让读者在反反复复的咀嚼体悟中感受作品的佳妙之处。但也存在着这样的问题:一首看上去是写爱情、写男女间情感的诗,如果诗人没有在诗题或诗序中交代题旨或相关写作背景,你就有可能弄不清它是一首纯粹的、优美的爱情诗,还是一首有比兴寄托的政治诗。这就给后来的读诗者带来了不小的困惑。

延伸阅读

1. [宋]朱熹:《楚辞集注》,上海古籍出版社,2001。
2. 马茂元:《楚辞选》,人民文学出版社,1998。

问题与讨论

1. 为什么说屈原作品中的"香草美人"是对《诗经》所开创的比兴手法的创造性运用?
2. 根据你读过的古代诗词作品,举例说明楚辞中"香草美人"的比兴象征手法对后代文学的影响。
3. 屈原是一位伟大的爱国诗人,在他的作品中,常用各种香草香木象征喻示自己高洁的品格。今天,我们应该怎样传承屈原的爱国精神,怎样涵育自己优良的道德品质?

第八讲 《史记》

一、本讲介绍

  《史记·范雎蔡泽列传》"太史公曰"部分说:"二子不困厄,恶能激乎?"司马迁用反诘句肯定了困厄对于人生的积极意义,他将困厄与挫折作为人生常态,认为不顺利总是与人的一生相伴相随;司马迁认为只有奋起的人才能够成为自己命运的主宰。本讲将司马迁的这一论断推演到《史记》全书,得出的结论是:"不困厄,恶能激。"

"不困厄,恶能激"的人生真谛使得《史记》中的历史人物活起来,动起来,与命运的奋争成为《史记》描写人物的主题。《史记》通过写人物,揭示历史人物与历史巨变之间的关系,人成为历史变革中最为积极主动的角色,人物描写成为"究天人之际,通古今之变"的重要手段。中国的历史记载,从《左传》到《史记》体现出了重大改变,《史记》在叙事方式上将以事件为主改为以人物为本,将中国三千多年的历史激活为生动具体、有血有肉的人物活动的结果。所谓"纪传体"就是以人为主体的一种全新的历史记载体例。《史记》开创的"纪传体"得到很好的继承,绵延而成"二十四史",对中国历史记载的连续性、丰富性功不可没。

本讲通过本纪、世家、列传的相关篇目说明这一主旨是如何实现的,及这一主旨的价值。读书当读经典,《史记》就是经典,读《史记》不妨从读人物传记开始,学习智慧,得到启迪,感悟人生。

二、文本

1. 《史记·范雎蔡泽列传》中的"太史公曰"部分

　　韩子称"长袖善舞,多钱善贾",信哉是言也!范雎、蔡泽,世所谓一切辩士,然游说诸侯至白首无所遇者,非计策之拙,所为说力少也。及二人羁旅入秦,继踵取卿相,垂功于天下者,固强弱之势异也。然士亦有偶合,贤者多如此二子,不得尽意,岂可胜道哉!然二子不困厄,恶能激乎!

2. 司马迁《报任安书》(节选)

　　夫仆与李陵,俱居门下,素非相善也。趣舍异路,未尝衔杯酒接殷勤之欢。然仆观其为人自奇士,事亲孝,与士信,临财廉,取予义,分别有让,恭俭下人。常思奋不顾身,以徇国家之急。其素所蓄积也,仆以为有国士之风。夫人臣出万死不顾一生之计,赴公家之难,斯已奇矣。今举事一不当,而全躯保妻子之臣,随而媒孽其短,仆诚私心痛之!且李陵提步卒不满五千,深践戎马之地,足历王庭,垂饵虎口,横挑强胡。仰亿万之师,与单于连战十余日,所杀过当,虏救死扶伤不给。旃裘之君长咸震怖,乃悉征左、右贤王,举引弓之民,一国共攻而围之。转斗千里,矢尽道穷,救兵不至,士卒死伤如积。然陵一呼劳军,士无不起躬流涕,沫血饮泣,张空弮,冒白刃,北首争死敌。陵未没时,使有来报,汉公卿王侯皆奉觞上寿。后数日陵败,书闻,主上为之食不甘味,听朝不怡。大臣忧惧,不知所出。仆窃不自料其卑贱,见主上惨凄怛悼,诚欲效其款款之愚,以为李陵素与士大夫绝甘分少,能得人之死力,虽古名将不过也。身虽陷败彼,观其意,且欲得其当而报汉。事已无可奈何,其所摧败,功亦足以暴于天下。仆怀欲陈之,而未有路。适会召问,即以此指,推言陵功,欲以广主上之

意,塞睚眦之辞。未能尽明,明主不深晓,以为仆沮贰师,而为李陵游说,遂下于理。拳拳之忠终不能自列,因为诬上,卒从吏议。家贫,货赂不足以自赎。交游莫救,左右亲近不为一言。身非木石,独与法吏为伍,深幽囹圄之中,谁可告愬者!此正少卿所亲见,仆行事岂不然邪?李陵既生降,隤其家声,而仆又茸以蚕室,重为天下观笑。悲夫悲夫!事未易一二为俗人言也。

············

古者富贵而名摩灭,不可胜记,唯倜傥非常之人称焉。盖西伯拘,而演《周易》;仲尼厄,而作《春秋》;屈原放逐,乃赋《离骚》;左丘失明,厥有《国语》;孙子膑脚,《兵法》修列;不韦迁蜀,世传《吕览》;韩非囚秦,《说难》《孤愤》;《诗》三百篇,大抵圣贤发愤之所为作也。此人皆意有所郁结,不得通其道,故述往事,思来者。及如左丘无目,孙子断足,终不可用,退论书策,以舒其愤,思垂空文以自见。

3. 司马迁《太史公自序》(节选)

夫《诗》《书》隐约者,欲遂其志之思也。昔西伯拘羑里,演《周易》;孔子厄陈、蔡,作《春秋》;屈原放逐,著《离骚》;左丘失明,厥有《国语》;孙子膑脚,而论兵法;不韦迁蜀,世传《吕览》;韩非囚秦,《说难》《孤愤》;《诗》三百篇,大抵贤圣发愤之所为作也。此人皆意有所郁结,不得通其道也,故述往事,思来者。于是卒述陶唐以来,至于麟止,自黄帝始。

4. 苏轼《留侯论》(节选)

古之所谓豪杰之士者,必有过人之节。人情有所不能忍者,匹夫见辱,拔剑而起,挺身而斗,此不足为勇也。天下有大勇者,卒然临之而不惊,无故加之而不怒。此其所挟持者甚大,而其志甚远也。

············

观夫高祖之所以胜,而项籍之所以败者,在能忍与不能忍之间而已矣。项籍唯不能忍,是以百战百胜而轻用其锋;高祖忍之,养其全锋而待其弊,此子房教之也。当淮阴破齐而欲自王,高祖发怒,见于词色。由此观之,犹有刚强不忍之气,非子房其谁全之?

三、导读

《史记》是我国第一部以人物为中心的纪传体通史,共一百三十篇,包括"本纪""世家""列传""表""书"五个部分。记事上起传说中的黄帝时代,下迄西汉武帝时期。以人物为叙事主体的就有一百一十二篇,是全书的重点。

《史记》是我国古代第一部以人物为中心的伟大历史著作,同时也是我国古代第一部以人物为中心的伟大文学著作。从历史的角度讲,《史记》创制了我国延续了2 000多年的以人物为中心的"正史"的写作体例;从文学的角度讲,《史记》第一次运用丰富多彩的艺术手法,向人们展现了栩栩如生的人物画廊。

之所以说是第一部,是因为《史记》之前的史书或者以事件为中心,比如《春秋》《左传》;或者以记言为己任,比如《尚书》,而《史记》开创了以人物为中心的历史记述方式。

为什么要以人物为中心?以人物为中心有什么样的好处?历史是人创造的,以人物为中心就可以更好地、更为集中地揭示历史的过程。为了以人物为中心记叙,司马迁重新设计了史书体例,本纪、世家、列传都是人物传记。

司马迁把对人生的解悟,渗透到人物的传记中,可以用六个字总结,这就是:"不困厄,恶能激。"这句话在什么地方呢?在《史记·范雎蔡泽列传》的"太史公曰"里(原文见本讲"文本"部分)。"不困厄,恶能激"是什么意思呢?"困"是艰难窘迫,"厄"是灾难、困苦,"困厄"合起来还是艰难困苦的意思。司马迁的意思很明确:范雎和蔡泽如果不被厄境所困,又哪能激励自奋呢!同时,他指出,天下还有很多像蔡泽一样的贤能之人,却没有遇到好机会,所以难以尽展才能。

范雎和蔡泽是怎样的人物呢?在《范雎蔡泽列传》里边,范雎是一个小人物,他是魏国的一个谋臣。他出使齐国,结果一事无成。但是齐王发现范雎很有口才,很欣赏他,就给了他礼物。没想到他接受这个礼物以后,被派遣回魏国当作叛徒,回魏国以后遭到痛打。范雎被捆绑起来,扔在厕所里,大臣们往他的身上撒尿。范雎买通了看守他的人,逃掉了,后来去了秦国,做了秦王的相。这真的是戏剧性的人生反转。范雎的努力,使得秦国的国力上了一个台阶。

蔡泽这个人物,很丑陋,按照司马迁的描写,塌鼻子、溜肩,而且是一个罗圈腿。当他去相面的时候,别人说他只能活到四十三岁。蔡泽一听,哈哈大笑:够了,四十三年的时间,我一定会做点什么的。当然,他的相貌太不好看,可能预示着不会有大的成就,而且,四十三年,太短暂了。他正是面对着这样的困境,发奋图强,最后到了秦国,说服了范雎,把相位让给自己。紧接着,蔡泽也为秦国做贡献,使秦国更加强大。通过这两个人物的传记,司马迁得出了"不困厄,恶能激"的结论,这个结论具有代表性。为什么说"不困厄,恶能激"具有代表性呢?它基本上涵盖了整部《史记》中人物的经历,成为《史记》人物描写的主题。

以本纪为例。《秦始皇本纪》是《史记》最长的一篇传记,一万多字,把秦始皇的一生描写得非常详尽。他的出身不大好,父亲异人是秦国派往赵国的人质。大商人吕不韦来到赵国,他认为异人奇货可居,并且估计他会回到秦国为王。秦国的发展势头很好,这是一笔好生意,所以吕不韦把自己怀孕的姬妾送给了庄襄王,生下来的孩子就是后来的秦始皇。

这段经历说明秦始皇人生的开始并不是很光彩的。他回到秦国以后,举行了加冕仪式,成为秦王,但是国家的权力,全在吕不韦的手中,东方六国又对秦国虎视眈眈。这些对秦王而言都是很大的压力,但是他正是在这样的压力之下,奋发有为,最终使秦国成为天下第一强国。

《高祖本纪》《项羽本纪》的传主刘邦和项羽这两个历史人物是中国人非常熟悉的。为什么刘邦胜利了,项羽失败了呢?从司马迁的描写中我们可以知道,刘邦善于忍耐,遇到不顺利的情况,他越战越勇。而项羽呢,胜利以后他就头脑发昏。本来他的实力是

写作与交流

很强的,刘邦仅仅是他手下一支部队的小首领而已。

楚汉相争从现在的陕西,打到江苏、河南,再到垓下之战,项羽全军覆没。对待困境的正确态度,成就了刘邦的功业。

在三十世家里边有《留侯世家》,留侯即刘邦的谋士张良。司马迁说他看到过张良的画像,状貌如妇人,也就是张良长得白白净净的,像是一个非常漂亮的女人。但是,张良做的事情却完完全全是一个大丈夫的伟大业绩。刘邦如果没有张良的辅佐,就不可能取得天下。张良原先作为一个诸侯国的后代去刺杀秦始皇,没有成功,于是丧魂落魄。后来碰到一位老人,这位老人看见张良可以调教,于是就想尽了办法,凌辱他、欺负他,让他给自己穿鞋。经过了这样的磨炼、调教,对待厄运,张良有了自己成熟的人生态度,人生的成熟导引了他政治上的成熟。

苏轼感慨张良的事迹,专门写了《留侯论》。苏轼认为张良就是被人称作豪杰的志士,他不是有勇无谋的人。当被侮辱时,张良不会拔起剑,只身上前搏斗。困厄使他具有胜人的节操,有超越一般人的度量,胸怀极大的抱负,志向高远。苏轼还认为高祖刘邦的忍,也全在于张良的调教,这就将刘邦胜利的原因归结为能够接受困厄了。

《陈涉世家》是一个普通农民的专传,给造反者以崇高的地位,仍然源于"不困厄,恶能激"的人生真谛。大家都知道,陈胜起义也是在面临困境时候,他想与其我这样死了,还不如干一件轰轰烈烈的事情!这篇文章收在中学语文课本里,影响比较大。

在《史记》里边,穷困是人生的一种主题,只有困顿与逆境能够激发人们向上的力量。为什么司马迁在《史记》里,以这样的方式写人生呢?显然与司马迁个人的经历有关。

司马迁的父亲是司马谈,他在汉武帝时期担任太史公(令)的职务。太史公是干什么的呢?观测天象。汉武帝是中国历史上最有作为的政治家之一。这个时期国家富强,民众殷实,举国上下洋溢着蓬勃的生气。司马迁的父亲司马谈认为自己所生活的是一个空前的大有作为的时代,他深受感染,一心想要做出一番轰轰烈烈的事业。

司马谈为朝廷设计了祭奠泰山的大典,汉武帝带着队伍浩浩荡荡地奔赴泰山。可是不幸的是,司马谈跟随到了洛阳的时候,一病不起。他知道自己生命已经到了尽头,这对于他来说是不幸,对于司马迁来说也是不幸。司马迁决心要继承父亲的遗志,写作《史记》。

但是,人生难以预料,司马迁遇到了李陵之祸。李陵是什么人呢?李陵是一员武将,与司马迁同在朝廷做官。他们是好朋友吗?据司马迁本人说,他和李陵没有什么深交。李陵根据汉武帝的安排与匈奴作战,他率领的是一支侧翼部队,但是很不巧,匈奴的主力部队和李陵部队相遇,李陵在弹尽粮绝的时候被俘虏。这一消息传回来以后,汉武帝大怒。司马迁看到皇帝食不甘味的样子,对汉武帝说,李陵说不定不是投降了,而是在等待机会,拉一批人马再回汉朝。汉武帝一听,这话太刺耳,认为是为叛徒张目,于是要处死他。

面对死亡,司马迁选择了宫刑。司马迁受宫刑后出狱,被任命为中书令。中书令本由宦官充任,是皇帝身边的机要秘书长官,位卑而权重,汉武帝爱惜司马迁的才华,仍将他留在身边,而司马迁认为受宫刑而得此官是人生莫大的耻辱,是耻辱为什么还接受呢? 为的是延续自己的生命,把《史记》完成,藏之名山,传之其人。

司马迁经过了李陵之祸后,对自己人生的思考更加成熟了。他把自己对这一段经历的总结,写给了自己的朋友,这就是光耀千古的《报任安书》。司马迁用自己《史记》中的人物来总结"不困厄,恶能激":他说,我在《史记》里写了周文王,周文王如果不是被关在羑里的监狱里,他怎么可能把《周易》编写完成? 孔子,这么伟大的圣人,但是他也有逆境,如果不是他厄于陈蔡,他怎么能够编写出《春秋》? 屈原对君王的忠诚,可昭日月。但是信而见疑,忠而被谗,最后报国无门,写成了《离骚》。作家因为自己的抱负不能实现,抒发自己心头的抑郁,成就了流传千古的作品。

人们常说,读书要读经典,司马迁的《史记》就是经典。他的经典性就在于描绘了生动丰富的人生,我们可以从中得到启发——我们要直面人生的逆境,因为逆境是一个好老师。

但是有的人说了,我不相信人生总有磨难的话,难道就没有顺利的人生等着我们吗? 那我就回答他:是的,你会的,你会有个顺利如意的人生,但是如果你有了失败的准备,而一生从不失败,从来没有挫折,那岂不是更好吗?

周恩来总理说:"我们当年的长征,就是战胜逆境走向胜利,新中国就是从逆境中建立起来的。"美国总统尼克松说:"逆境能打败弱者而造就强者。"当我们准备好应对失败的时候,我们就可以踏上征程。

延伸阅读

1. 王伯祥:《史记选》,人民文学出版社,2018。
2. 陈正宏:《史记精读》,复旦大学出版社,2005。

问题与讨论

1. 有人反对本讲的观点,认为将"不困厄,恶能激"作为《史记》人物记述的要旨是不全面的,《史记》中也有一生平静,没有遭受困厄却取得伟大成就的人。你同意吗?
2. 有人认为将"不困厄,恶能激"放到现实生活中是毫无指导意义的,因为现在的人太顺利了,一生都不会遇到挫折与磨难。你同意吗?

第九讲　陶渊明

一、本讲介绍

本讲选择数首陶渊明的诗歌进行比较,展现陶渊明生活的时代背景、人生哲学和道德追求,试图向大家说明陶渊明"并非浑身是静穆",借此向读者展现一种外在平和宁

静、内在充满生命活力的写作境界,并帮助读者意识到,文学写作是生命经验最真实、最诚挚的表达。

二、文本

1. 《饮酒》其一

　　衰荣无定在,彼此更共之。
　　邵生瓜田中,宁似东陵时。
　　寒暑有代谢,人道每如兹。
　　达人解其会,逝将不复疑。
　　忽与一觞酒,日夕欢相持。

2. 《拟古》其七

　　日暮天无云,春风扇微和。
　　佳人美清夜,达曙酣且歌。
　　歌竟长太息,持此感人多。
　　皎皎云间月,灼灼叶中华。
　　岂无一时好,不久当如何!

3. 《拟古》其九

　　种桑长江边,三年望当采。
　　枝条始欲茂,忽值山河改。
　　柯叶自摧折,根株浮沧海。
　　春蚕既无食,寒衣欲谁待?
　　本不植高原,今日复何悔!

4. 《荣木》并序

　　荣木,念将老也。日月推迁,已复九夏,总角闻道,白首无成。

　　采采荣木,结根于兹。晨耀其华,夕已丧之。
　　人生若寄,憔悴有时。静言孔念,中心怅而。

　　采采荣木,于兹托根。繁华朝起,慨暮不存。
　　贞脆由人,祸福无门。匪道曷依,匪善奚敦!

　　嗟予小子,禀兹固陋。徂年既流,业不增旧。
　　志彼不舍,安此日富。我之怀矣,怛焉内疚。

　　先师遗训,余岂云坠!四十无闻,斯不足畏。

脂我名车,策我名骥。千里虽遥,孰敢不至。

5.《停云》并序

　　停云,思亲友也。樽湛新醪,园列初荣。愿言不从,叹息弥襟。

　　　　霭霭停云,濛濛时雨。八表同昏,平路伊阻。
　　　　静寄东轩,春醪独抚。良朋悠邈,搔首延伫。

　　　　停云霭霭,时雨濛濛。八表同昏,平陆成江。
　　　　有酒有酒,闲饮东窗。愿言怀人,舟车靡从。

　　　　东园之树,枝条载荣。竞朋亲好,以怡余情。
　　　　人亦有言,日月于征。安得促席,说彼平生?

　　　　翩翩飞鸟,息我庭柯。敛翮闲止,好声相和。
　　　　岂无他人,念子实多。愿言不获,抱恨如何!

三、导读

　　说起陶渊明,人们心中就会自然浮现一个隐居者的形象。大部分学生都会说:"陶渊明过着一种逃避了人生责任的消极生活,虽然让人羡慕,但并不值得推崇。"可是在历史上,人们并不把陶渊明看得如此简单,比如龚自珍就曾经说:"陶潜酷似卧龙豪,万古浔阳松菊高。莫信诗人竟平淡,二分梁甫一分骚。"他认为陶渊明和诸葛亮都有一种强大的人格力量,向外表现为社会担当,向内表现为心灵自由。鲁迅先生也说:"陶潜正因为并非'浑身是静穆',所以他伟大。"他们都在强调,理解陶渊明,绝不能仅仅把他看作一个隐逸诗人,而要透过宁静的表面看到充满生命力的内核。

　　陶渊明出生在东晋末年。在两晋之间,篡逆与杀戮随时可见。西晋灭亡前有所谓"八王之乱",十六年间,大臣杀死皇帝,弟弟出卖兄长,太康一代几乎所有重要的文人都因卷入其中而难逃一死。西晋灭亡之后,东晋偏安江南,外部有胡人的压力,内部有氏族的矛盾。29岁时,陶渊明第一次做官,此时的东晋已经濒临灭亡。首先是权臣桓玄篡位,建立桓楚,然后另一个武将刘裕又起兵剿桓,建立刘宋。而巧合的是,在桓玄和刘裕露出野心之前,陶渊明恰好先后在二人帐下做过幕僚。41岁时,陶渊明决定彻底离开官场,在浔阳江畔以农民的身份度过人生的最后二十年。

　　后来他写了一首诗来讲晋宋之交的政治变乱:"种桑长江边,三年望当采。枝条始欲茂,忽值山河改。柯叶自摧折,根株浮沧海。春蚕既无食,寒衣欲谁待?本不植高原,今日复何悔!"后来的学者都认为这首诗寄托了陶渊明对整个东晋历史的反思和痛惜。他将他的国家视为一棵曾经被寄予厚望的桑树,这棵桑树经历了那么多心血的浇灌、那么多日夜的成长,却在即将有所成就之时遭遇天崩地裂,从此枝叶落尽,根茎断裂,变成

写作与交流

碎片和泡沫被海水冲散,而普天之下所有对之有所期待的人,不但希望落空,还要遭受流离失所的灾难。这首诗写出了古往今来所有曾经为伟大事业努力,但终究功亏一篑者的感受。1948年,国民党败局已定,在长江边上,傅斯年和胡适一遍又一遍地背诵这首诗。

在那个充满了杀戮和篡逆的时代,对生命的感受会是怎样的?陶渊明说,大概我们的生命就像一朵木槿花吧。木槿花的特点是朝开夕落,每朵花的生命只有一天之久。在《诗经》里,人们曾提到它的另外一个名字——"舜华"。《郑风》中说:"有女同车,颜如舜华",以木槿花与女子相比,使我们联想到再美的容颜也不过是一瞬之芳华。而陶渊明说,朝开夕落,不但是美人的归宿,也是人生的本质。他有一首叫作《荣木》的四言诗讲这种花。在诗的前面有一个小序:"荣木,念将老也。日月推迁,已复九夏,总角闻道,白首无成。"即是说《荣木》是为我即将到来的暮年所写。盛夏已经过去,我快要进入生命的秋天"。陶渊明一切思考的核心就是青春与美不可长久,要如何为必将到来的死亡做准备。

《荣木》的第一章说:"采采荣木,结根于兹。晨耀其华,夕已丧之。人生若寄,憔悴有时。静言孔念,中心怅而。"绚烂的木槿花在这里扎根。清晨摇动它的花朵,傍晚却已凋落。"人生如寄"这个说法让我想到魏晋时代流行的一类小说。说风雨之夜,某人路过一间孤零零的旅店,晚上忽然觉得墙壁缝里有光透过来,他从缝里面看到隔壁有神仙在地上种豆,豆苗瞬间长达数丈,墙上的画转眼变成明月和登月之梯,并且还有笙歌和美酒。而夜间的所有欢乐在第二天太阳升起时,都会荡然无存。陶渊明说,我们人生中掌握的一切事物,在时钟敲响时都会变为虚无。而我们必须先去认识生命必将消亡的事实,才能回过头来寻找人生的意义。

在另一首诗中,陶渊明说到了类似的意思。他讲起每个人在年轻时代都会度过的美好一天,说是"日暮天无云,春风扇微和。佳人美清夜,达曙酣且歌。歌竟长太息,持此感人多。皎皎云间月,灼灼叶中华。岂无一时好,不久当如何"。我第一次看到这首诗时非常惊讶。千百年来人类对于悲伤的体验没有改变,对于生命之欢乐的体验也没有改变。因为有段时间我在加拿大的不列颠哥伦比亚大学读书,那个学校在海边,春夏之交天气清朗的时候,我们真的是在海边彻夜地唱歌、玩耍,觉得什么论文啊、毕业啊都很遥远,好像生命就会永远这样年轻快乐地持续下去。我们当时的感受就是"佳人美清夜,达曙酣且歌",但当我们从海边回来,重新面对人生压力时,就遭遇了陶渊明问的那个问题——"岂无一时好,不久当如何"?

为了回答这个问题,陶渊明又把《荣木》诗写了一遍。在《荣木》的第二章里,他说:"采采荣木,于兹托根。繁华朝起,慨暮不存。贞脆由人,祸福无门。匪道曷依,匪善奚敦!"我们要注意他第二遍讲得有些不一样。第一遍他说是"晨耀其华,夕已丧之",这是用的过去完成时,是站在人生的终点上感慨青春流逝;第二遍他说是"繁华朝起,慨暮不存",用的是将来时,是站在人生的起点上而预见其衰亡。第一遍他说是"结根",第二遍他说是"托根"。"结根"是说当没有察觉生命的短暂和偶然时,我们死死抱住生命,以为可以一直绚烂下去,那就必将以失败和虚无为结局。而"托根"是说当我们察觉到生命的短暂后,再决定投入必将消亡的生命中去,却可以为生命赋予意义。

就像十九世纪的哲学家尼采一样,陶渊明认为既然死亡是一切生命的必然结局,那么唯一的办法就是以充分的生活对抗死亡。用现代人的话来说,叫作"充分活过的人不惧怕死亡"。什么是"充分活过",我想在陶渊明那里有三层意思:第一是主动选择,第二是倾尽全力,第三是服从真理。陶渊明写过一只离群的鸟。它离群,是因为不想再随波逐流,按照惯性生活,于是它日日夜夜地寻找栖身之所,不肯有片刻的休息。当它终于找到那棵足以抵挡生命之风雨的大树时,便立刻收起它的翅膀,从空中俯冲下来,并将自己的生命与这棵树紧紧捆绑在一起。从此不再疑虑,不再后悔。陶渊明通过这只鸟表现出的寻找真理,并且托身于真理的强烈渴求打动了无数人,尤其是在儒家思想影响之下的读者。

儒家思想最核心的观念并不是三纲五常,而是对真理的不懈追求。孔子说:"朝闻道,夕死可矣。"陶渊明最感慨的也是"总角闻道,白首无成"。他说:"我在童年已听闻真理,如今接近暮年,却还没走完真理之路。"我们常常说"生命短暂,及时行乐",但陶渊明说生命不是用来行乐的,单纯的保重身体也没什么必要。他说:"所以贵我身,岂不在一生?一生复能几,倏如流电惊。"意思是:"我之所以要保重我的肉体生命,是因为只有借助它才能实现我的人生追求。而我拥有我之肉体的时间是如此短暂,就好像闪电划过天空。"

人类的肉体生命不但脆弱,而且无常,即所谓"贞脆由人,祸福无门"。"贞"就是"坚硬",肉体生命就像木槿的花梗一样,到底是坚硬地挺立在林间,还是脆弱地被人折断,这不是我们可以控制的。我们虽然不能控制祸福和生死,却能选择过一种符合道德的生活,当我们这样做时,就把生命建立于磐石之上,而彻底摆脱了"人生无根蒂,飘如陌上尘"的命运、"柯叶自摧折,根株浮沧海"的命运、"岂无一时好,不久当如何"的命运和"贞脆由人,祸福无门"的命运。

前几年有一个问题很流行,叫作"这个世界会变好吗"。在晋宋之交,人们根本无法期待社会变得更好,甚至不能阻止它变得更坏。外在世界完全失去了为人类行为提供意义的功能,但在这样的时代里,陶渊明能够躬耕田园二十年,过得兴致勃勃,对一草一木都有情。这绝不是消极逃避,而是一种更积极的生命态度和巨大的心灵自由。千百年来那么多的中国人不管身处顺境逆境,都能在陶潜身上找到激励,大概就是这个原因。

延伸阅读

1. [晋]陶渊明:《陶渊明集》,逯钦立校注,中华书局,1979。
2. [南朝]刘义庆:《世说新语》,朱碧莲、沈海波译注,中华书局,2014。
3. [清]许梿:《六朝文絜译注》,曹明纲译注,上海古籍出版社,1999。
4. 余冠英:《乐府诗选》,中华书局,2012。
5. [德]尼采:《查拉图斯特拉如是说》,钱春绮译,新知·生活·读书三联书店,2014。

问题与讨论

1. 鲁迅说:"陶潜正因为并非'浑身是静穆',所以他伟大。"请谈谈你对这句话的理解。
2. 请翻阅钟嵘的《诗品》,找出他对陶渊明的评论,并思考他是以何种标准评判诗歌的。
3. 请仔细阅读陶渊明的四言诗和五言诗,比较二者在美感上有什么区别。
4. 陶渊明的诗中有大量的格言警句,如"采菊东篱下,悠然见南山"。请借阅一本陶渊明诗集,抄录十条你喜欢的格言警句。

第十讲 王 维

一、本讲介绍

本讲主要选取王维中年在辋川山居时的作品进行讲解,并以王维早年的乐府诗作为比较,展现王维中晚期诗歌中"禅趣"产生的背景,以及在从开元盛世到安史之乱的转变中,诗人心态的变化。同时本讲也借《辋川集》引出苏轼《书摩诘〈蓝田烟雨图〉》中"味摩诘之诗,诗中有画;观摩诘之画,画中有诗"的评价。

二、文本

1.《辋川集》

序

余别业在辋川山谷,其游止有孟城坳、华子冈、文杏馆、斤竹岭、鹿柴、木兰柴、茱萸沜、宫槐陌、临湖亭、南垞、欹湖、柳浪、栾家濑、金屑泉、白石滩、北垞、竹里馆、辛夷坞、漆园、椒园等,与裴迪闲暇,各赋绝句云尔。

孟城坳

新家孟城口,古木余衰柳。
来者复为谁,空悲昔人有。

华子冈

飞鸟去不穷,连山复秋色。
上下华子冈,惆怅情何极。

文杏馆
文杏裁为梁,香茅结为宇。
不知栋里云,去作人间雨。

斤竹岭
檀栾映空曲,青翠漾涟漪。
暗入商山路,樵人不可知。

鹿　柴
空山不见人,但闻人语响。
返景入深林,复照青苔上。

木兰柴
秋山敛余照,飞鸟逐前侣。
彩翠时分明,夕岚无处所。

茱萸沜
结实红且绿,复如花更开。
山中傥留客,置此芙蓉杯。

宫槐陌
仄径荫宫槐,幽阴多绿苔。
应门但迎扫,畏有山僧来。

临湖亭
轻舸迎上客,悠悠湖上来。
当轩对尊酒,四面芙蓉开。

南　垞
轻舟南垞去,北垞淼难即。
隔浦望人家,遥遥不相识。

欹　湖
吹箫凌极浦,日暮送夫君。
湖上一回首,青山卷白云。

柳 浪
分行接绮树,倒影入清漪。
不学御沟上,春风伤别离。

栾家濑
飒飒秋雨中,浅浅石溜泻。
跳波自相溅,白鹭惊复下。

金屑泉
日饮金屑泉,少当千余岁。
翠凤翊文螭,羽节朝玉帝。

白石滩
清浅白石滩,绿蒲向堪把。
家住水东西,浣纱明月下。

北垞
北垞湖水北,杂树映朱栏。
逶迤南川水,明灭青林端。

竹里馆
独坐幽篁里,弹琴复长啸。
深林人不知,明月来相照。

辛夷坞
木末芙蓉花,山中发红萼。
涧户寂无人,纷纷开且落。

漆 园
古人非傲吏,自阙经世务。
偶寄一微官,婆娑数株树。

椒 园
桂尊迎帝子,杜若赠佳人。
椒浆奠瑶席,欲下云中君。

2.《山中与裴秀才迪书》

近腊月下,景气和畅,故山殊可过。足下方温经,猥不敢相烦,辄便往山中,憩感配寺,与山僧饭讫而去。

比涉玄灞,清月映郭。夜登华子冈,辋水沦涟,与月上下。寒山远火,明灭林外。深巷寒犬,吠声如豹。村墟夜舂,复与疏钟相间。此时独坐,僮仆静默,多思曩昔,携手赋诗,步仄径,临清流也。

当待春中,草木蔓发,春山可望,轻鲦出水,白鸥矫翼,露湿青皋,麦陇朝雊,斯之不远,倘能从我游乎?非子天机清妙者,岂能以此不急之务相邀。然是中有深趣矣!无忽。因驮黄檗人往,不一,山中人王维白。

三、导读

读陶渊明,我们会觉得人生短暂,在生命之花凋落之前必须去努力追求真理。读王维却会觉得人生漫长,在四季的花开花落之中,有些时候我们需要停下脚步,等待转变自然发生。人们常常把这两个人放在一起来讲山水田园诗,可是自然对他们的意义,他们关注到的真理,却是完全不同的。总的来说,陶渊明的自然是作者人格的象征,所以不管他写失群之鸟还是凋零之花,其实写的都是自己的情感和志意。王维的自然却比人更真实,所以他总是建议我们停止向外投射人类的喜好,要去认识自然循环、宇宙生灭的本质。

而王维也是到了晚年,才拥有这样的智慧。在年轻时,王维是京城社交圈中的贵客,喜欢写刚睡醒的美人和骑着白马的游侠。《集异记》记载,岐王曾教他打扮成伶人出现在宴席上,他用音乐和诗歌的才华获得了玉真公主的青睐。十六岁时,他写过一首《洛阳女儿行》,讲一个贵族少女,住在柳树间的高楼里,吃的是装在金盘里的鲤鱼,出行时有七香之车簇拥、回来时有九华之帐迎接,人们从来看不到她的样子。她享受着人间不能想象的富贵和爱情,却每日只是毫无目的地盛装打扮,日复一日,度尽青春。研究者们猜想在八世纪长安城的贵族宴席上,少年王维大概是一个语言的魔术师。他用诗歌制造一个无比精美的空中楼阁,而当大家沉浸到那个虚幻的世界中时,他又一剑刺穿七宝楼台,使听众怅然若失。

开元天宝年间,很多人都在写这样华丽的诗歌,歌颂盛世,赞美生活,而王维是其中写得最好的那个。但正像陶渊明预见的那样——"岂无一时好,不久当如何"? 首先是王维自己进入中年,早年的才名并未转换为政治上的成就,然后是安史之乱猝然爆发。在四十岁左右时,王维关于个人和国家的理想都落空了,这使得他无法再写作年轻时那类寻欢作乐的作品。这时候的王维,半官半隐在长安附近的山水中,用一种儿童也能读懂的质朴语言写作诗歌。他感兴趣的不再是公主、贵妇、美酒、佳肴这样的贵族生活,而是人类世界之外欣欣向荣的自然。

"中岁颇好道,晚家南山陲。兴来每独往,胜事空自知。行到水穷处,坐看云起时。偶然值林叟,谈笑无还期。"这大概是王维最著名的一首诗。他说:"中年时,我注意到佛理的真实性,便想把我的晚年安顿在终南山下。我放弃规划行程,只是去追随内心偶然的触动。我不再强求理解,因为最美好的感受从来没有办法被完全传达。"

我们要注意到,这里已经体现了王维晚年诗歌最重要的特点,就是对控制感的放

弃。一般来说，人类希望世界和他人像我们所想象的那样。如果倾尽全力，依然不能实现理想，就不免有"穷途末路"之感。而王维说，当你无路可走，要停下来、坐下来，然后你会看到在湖水停止的地方，水慢慢蒸腾为云气升起。他提醒我们，在人类意志失效的时候，自然界中却蕴含着一种转化的可能。

要看到这种转化，首先要认识到生命以成、住、坏、空四个阶段在不停循环。在佛教的宇宙观中，一个世界成立、持续、破坏、毁灭，这既是生命无常，又是生生不息。《楞严经》记载，波斯匿王自觉时光飞逝，身体逐年、逐月、逐日衰变，深感生命的虚幻。佛启发他说，在变化的身体之中，有不生不灭的自性。参透生死之理，就能不再为肉身毁灭所苦。

晚年的王维也有相同的观念。他在陕西蓝田买下宋之问的辋川别墅，写下《辋川集》中的第一首诗："新家孟城口，古木余衰柳。来者复为谁，空悲昔人有。"他清楚地意识到，人的寿命以十年计，树木的寿命以百年计，城市也顶多能存在几千年，但都免不了最终的败坏。因为结局如此，所以对任何有形无形之物的占有都是虚妄的。后来在去世之前，王维把整个辋川山居都奉献给了寺院，作为对这首诗的完美回应。

《辋川集》组诗是王维最成熟的作品，二十首诗各以辋川别墅中的一处景点为名，探讨了生死、动静、得失等问题。同样是落花，在陶渊明的眼里是"晨耀其华，夕已丧之"，在王维眼里却是"涧户寂无人，纷纷开且落"。王维眼里的自然，开的花落了，落的花又开了，不管多少个春秋过去，依然生灭自足、无穷无尽，根本不需要人的见证和怜惜。既然落花后又有芳菲，死亡后又有新生，那么世间也没有什么事物值得人一定要持有。

在这种观念下，王维写出了《辋川集》中最神奇的一首诗——《南垞》。"轻舟南垞去，北垞淼难即。隔浦望人家，遥遥不相识。"这是一种儒家从未书写过的经验。儒家赞赏追日的夸父、填海的精卫、知其不可为而为之的孔子、虽九死其犹未悔的屈原。儒家鼓励你投入生命中间去，而不是与欲望和理想保持距离，成为生命的旁观者。

可是我还是非常神往王维的小船停留在江中间的那个瞬间。我觉得那个瞬间里有一种巨大的张力。彼岸烟雨蒙蒙，人家遥遥相望，只需要继续向前，就能踏上那片神奇的土地。但在这个时候，王维决定中止，把彼岸永远留在"遥遥不相识"中。我每次读到这里都非常感动。王维决定在一个充满了希望的世界不去实现某些触手可及的理想；陶渊明决定在一个完全无望的世界遵守已经没有人遵守的原则。这两种选择都显示了巨大的心灵自由，虽然他们的表现几乎是完全相反的。

在这种自由中，王维摆脱了价值判断的约束，从而可以像一个新生儿一样重新认识世界。于是他写出了一类超越美丑，却又无比新鲜活泼的诗句。比如他讲一株茱萸，只看到它准确的颜色"结实红且绿，复如花更开"，只想到它实际的用处"山中傥留客，置此芙蓉杯"；比如他用"雨中山果落，灯下草虫鸣"来讲秋天的夜晚，却把天地自然的生命气息都写了出来。

王维能写一种自然本身的活力和乐趣，这在中国诗歌中是很少见的。王维的一篇小文章《山中与裴秀才迪书》值得关注。裴迪是王维隐居时的朋友，比王维要小十几岁，他总是不能中举，总是在复习考试，所以这次王维出去玩的时候，就没有带上他。可是王维到了山里，觉得实在太愉快了，不能不抒发一下，就写了这封信。

王维说在这个冬天的晚上,忽然觉得天气清朗可爱。他登上蓝田城外的华子岗,看到"辋水沦涟,与月上下。寒山远火,明灭林外";听到"深巷寒犬,吠声如豹。村墟夜春,复与疏钟相间";当他远观城市的灯火,回忆往昔,觉得一切都很遥远,只有和裴迪一起携手赋诗的日子值得怀念,于是他开始向往即将到来的春天。

他说:"等春天到来,草木蓬勃新生,远山换上新绿,水中有小鱼跳跃,天空有白鸥展翅。当清晨的露水打湿山坡的野草,茂盛的麦田隐藏着野鸡的啼叫,在那样的时候,你可以和我一起玩吗?"他写完这封信,托一个路过的采药人带给裴迪,自己则继续留在山中。在信的最后,王维说,我在信里写的所有事情都是无关紧要的,但这些无关紧要的事情中却藏有生命最大的乐趣。如果你并不恰好是能够领悟这种乐趣的人,我绝不会把这一切告诉你。

王维这样可爱,但后人却对他褒贬不一。有人说他"诗中有画,画中有诗""兴象玲珑,难以句诠",也有人说他"品高韵长"充满了"法喜禅悦"。而不喜欢他的,就说他缺少对于人世的真情和担当。喜欢他的人说得那么玄虚,不喜欢他的人又批评得那么严厉,这大约是因为王维身上的一些特点,在中国文化的语言系统里无法得到阐释。也许我们要更多地了解佛教对王维的影响才能理解。但那些批评在某种程度上又是正确的。在安史之乱时,能够参透生灭迁变之理的王维却不能战胜自己的软弱,被迫接受了安禄山授予的官职。这件事成为王维一生不能洗去的污点。他用整个晚年来日夜忏悔,并因此早逝。

我们愿意把王维人生的复杂性看作理解他诗歌的背景。当我意识到他曾经扮作伶人来取悦公主,曾经在刀口之下为安禄山歌功颂德,也曾经单纯地醉心于春山之美,我便觉得他在《辋川集》中表达的智慧更为可贵。

延伸阅读

1. [唐]王维:《王维集校注》,陈铁民校注,中华书局,1997。
2. [唐]王维:《王右丞集笺注》,赵殿成笺注,上海古籍出版社,1984。
3. 张勇:《王维诗全集:汇校汇注汇评》,崇文书局,2017。

问题与讨论

1. 请阅读《辋川集》,比较王维和裴迪的作品,说说他们作品的差别。
2. "味摩诘之诗,诗中有画;观摩诘之画,画中有诗。"这句话是谁说的?请谈谈你对这句话的理解。
3. 请选择王维的某一首诗,并将之翻译成英文,思考英译是否加深了你对王维的理解或者困惑?
4. 你能想象"诗中有画,画中有诗"的意境吗?请选择三首王维的诗歌,并为之各配一幅画或一幅摄影作品。

第十一讲　李商隐

一、本讲介绍

　　本讲介绍晚唐时代最重要的诗人李商隐。李商隐的诗歌素称难解，尤以其无题诗为代表，隐晦迷离而又缠绵悱恻，至有"诗家总爱西昆好，独恨无人作郑笺"之说。在李商隐诗歌的阅读接受史中，人们有时将之当作纯粹的爱情诗来解读，有时又全然视为政治隐喻，也有人将之作为士人人格追求之象征。本讲选取最后一种读法，讲解李商隐诗歌中何以藏有可堪进行人格层面阐发的潜能。

二、文本

1. 《暮秋独游曲江》

　　　　荷叶生时春恨生，荷叶枯时秋恨成。
　　　　深知身在情长在，怅望江头江水声。

2. 《昨夜》

　　　　不辞鶗鴂妒年芳，但惜流尘暗烛房。
　　　　昨夜西池凉露满，桂花吹断月中香。

3. 《无题》

　　　　飒飒东风细雨来，芙蓉塘外有轻雷。
　　　　金蟾啮锁烧香入，玉虎牵丝汲井回。
　　　　贾氏窥帘韩掾少，宓妃留枕魏王才。
　　　　春心莫共花争发，一寸相思一寸灰。

4. 《碧城》

　　　　碧城十二曲阑干，犀辟尘埃玉辟寒。
　　　　阆苑有书多附鹤，女床无树不栖鸾。
　　　　星沉海底当窗见，雨过河源隔座看。
　　　　若是晓珠明又定，一生长对水晶盘。

5. 《燕台四首(春)》

　　　　风光冉冉东西陌，几日娇魂寻不得。
　　　　蜜房羽客类芳心，冶叶倡条遍相识。
　　　　暖蔼辉迟桃树西，高鬟立共桃鬟齐。

雄龙雌凤杳何许,絮乱丝繁天亦迷。
醉起微阳若初曙,映帘梦断闻残语。
愁将铁网胃珊瑚,海阔天宽迷处所。
衣带无情有宽窄,春烟自碧秋霜白。
研丹擘石天不知,愿得天牢锁冤魂。
夹罗委箧单绡起,香肌冷衬琤琤佩。
今日东风自不胜,化作幽光入西海。

三、导读

如果我们把王维的诗叫作"觉悟之歌",那么李商隐的诗就可以叫作"眷恋之歌"。陶渊明把人生看作朝生暮死的木槿;王维把人生看成不生不灭的辛夷;而在李商隐那里,生命就是一株荷花。在开元盛世,长安城里有一条曲江,每年三月初三,士人女子都在江畔游春。当时荷叶初生,杨贵妃还没有被赐死在马嵬坡下,李白还没有被流放到夜郎国,杜甫还是挤在人群中看热闹的青年。但在一百年后,长安几经易手,曲江几经战乱,荷花开了又落。李商隐站在江边写了一首像回旋曲一样的诗歌:"荷叶生时春恨生,荷叶枯时秋恨成。深知身在情长在,怅望江头江水声。"

在这首诗中,自然的生灭、国家的败落,和诗人必死的生命,都因为"情长在"而联系在了一起。李商隐表达的感受是:"我对世间万物的所有眷恋,最后都会转化为遗憾。"第一句中有"荷叶"和"恨"两个主语,却只有"生"一个谓语,使我们发觉在荷叶生长的同时,遗憾也已经同步地寄生了,而荷叶生长的过程,不过就是种下情根,等待无可挽回的别离到来的过程。在第二句中,荷叶已经凋落,遗憾也已长成。这就提出了一个人生问题:"我们是否应该节制情感的投入,以免遭受落空后的痛苦?"李商隐的答案是否定的。他说,我深深地知道,情感并不是我生命的附属物,而就是我生命的本质。我不可能摘除情感而保有生命。虽然世间充满了生老病死,爱联通着苦,但我注定就是那个不知悔改地投入眷恋中去的人。

《世说新语》中说:"圣人忘情,最下不及情;情之所钟,正在我辈。"人们都景仰那些通过修行和觉悟,不再为七情六欲所累的人。但在不能完全斩断情根的人身上,我们才能看到属于人类的热度。与毫无反思、沉溺于肉体需要的"纵欲"不同,明知要面对衰老和别离,却依然毫不吝惜地投入情感,这种"钟情",从来都是我们希望在诗人身上看到的。而李商隐的特质,一言以蔽之,就是"钟情"与"唯美"。他写过一首诗叫《花下醉》,"寻芳不觉醉流霞,倚树沉眠日已斜。客散酒醒深夜后,更持红烛赏残花"。不管是即将熄灭的晚霞,还是凋落的残花;不管是途中偶遇还是曾经约定,我都愿意将我所有的生命投入一瞬间的赏爱中。如果离别的时候快要到了,我就燃起红烛,和你一起走进黑夜。

对李商隐来说,对爱和美的投入,几乎是一件无法抑制的事情。他的很多《无题》其实都在表达这个主题。有一首诗说:"飒飒东风细雨来,芙蓉塘外有轻雷。金蟾啮锁烧香入,玉虎牵丝汲井回。贾氏窥帘韩掾少,宓妃留枕魏王才。春心莫共花争发,一寸相

思一寸灰。"春天的前三个节气分别叫作立春、雨水、惊蛰。按照陶渊明的说法,"众蛰各潜骇,草木纵横舒",春风、春雨、春雷到来时,休眠的虫子和野草都醒来伸懒腰了。但李商隐说,醒来的何止是草木虫鱼,还有春心。心灵在沉睡时,虽然晦暗却能长久,一旦醒来便进入充满风险的情感世界,变为一盘最后总要烧完的炉香。你的情感越赤诚,就越能投入不被允许不被看好的爱情。这就像香味越浓郁,就越能穿透紧锁的房门和深邃的古井。但是你要小心,因为热烈燃烧之后,剩下的只有灰烬。"相思"之情终究变为"香丝"之灰。

　　李商隐非常懂得"春心莫共花争发,一寸相思一寸灰"的道理,但他自己并不害怕成为灰烬。我们从来不可能在李商隐的诗歌里看到"隔浦望人家,遥遥不相识",相反,他说"从来系日乏长绳,水去云回恨不胜"。如果说王维代表了一种中止的能力,李商隐就代表了追寻的热度。在中国诗歌的源头上,有着两场十分动人的追寻,一场是《诗经》中的《蒹葭》,一场是楚辞里的《涉江》。在这两首诗中,那个被追寻的对象到底是什么其实是次要的,重要的是追寻者为一种美好崇高的理想所牵引,因而甘愿历尽辛苦。司马迁在《报任安书》中说:"居则忽忽若有所亡,出则不知其所往",人在最强烈的痛苦中感受到的,就是丢失了那个可以被追寻的对象。所以,当读到李商隐那一类永恒的追寻之诗时,我们会感到那些诗虽然是悲伤而渺茫的,却依然能给我们安慰。因为里面有着不放弃的希望、不停止的脚步。

　　"风光冉冉东西陌,几日娇魂寻不得。蜜房羽客类芳心,冶叶倡条遍相识。暖蔼辉迟桃树西,高鬟立共桃鬘齐。雄龙雌凤杳何许,絮乱丝繁天亦迷……"李商隐有一组《燕台》诗,素来被认为难解,古往今来很多人试图去说清楚这首诗里追求的到底是什么,在影射什么,但是叶嘉莹先生说,这组诗讲的就是追寻的本质。叶先生有一篇文章,叫作《旧诗新演——李义山〈燕台四首〉》,她说燕台"以春为标题,从萌发着的生意,与醒觉着的追寻写起,正象喻着一个有情之生命的诞生之开始"。这个敏感的生命,在春光之中被燃起了追寻的愿望,纵然一无所获,却无奈难以割舍。追寻者的一片芳心,如同蜜蜂历尽每一棵桃树,每一片桃叶。在深情苦想之中蓦然回首,在傍晚时,仿佛真的看到一位佳人伫立于桃树之下。但那位佳人的影像只是突然闪现,转眼飘散无踪。于是诗人上天入海地寻访,越陌度阡地追随,直到春天过去,曾经冉冉的东风化为西海的幽光,又进入下个追寻的季节。

　　我们现代人总是以为李商隐写的都只是一些情诗。鸡汤作者也愿意去附会李商隐有多少段爱情,但像《燕台四首》这样,写一段自春至冬从未实现,却永不止步的追寻,早就已经超越了一般的爱情叙写。中国诗歌里有所谓"香草美人"传统,即是说有一类诗人,他们可以用一整首诗写一段微茫情事,或者一次渡江采莲,但读者完全可以把它读成对真理的追求。或者反过来说,中国诗人想要做出终极性的追问时,往往含蓄地将那个至关重要的问题化作一个情影、一朵莲花来对话。清代有两个最重要的词学家——张惠言和王国维,他们不约而同地用文学做了一个梦。张惠言说,仙人给我一支铁笛,我用尽心力去吹它,笛声就可以穿过云层,接近碧玉砌成的天空之城,但在那个几乎就要达到的瞬间,一切都会飘散。王国维说,很多年里,我驾船行驶在东海之上,每当我和蓬莱仙岛只有咫尺之遥时,就会有狂风吹起,调转我的船头。张惠言和王国维都说,因为理想仍旧在那里,所以在年复一年的落空之后,你依然要开始下一段寻找。

这样的寻找真的值得吗?李商隐的回答是:"不辞鶗鴂妒年芳,但惜流尘暗烛房。昨夜西池凉露满,桂花吹断月中香"。鶗鴂的典故来自《离骚》,屈原说:"恐鶗鴂之先鸣兮,使夫百草为之不芳",意思是春天如此短暂,我唯恐杜鹃鸟过早地啼叫,百花过早地凋落。但李商隐说:"如果我是花朵,我宁愿整个生命在一瞬间开放,哪怕怒放后就是凋零;如果我是红烛,我唯恐燃烧得不够热烈,虽然慢慢地烧生命可以更长一些。"李商隐不要这种半死不活的人生。他之所以如此消耗自己,是因为日日夜夜都感到宇宙中有天香一般的吸引催促他去追求。他并没有直接回答"是否值得",而是说"我不得不如此"。

这是一个非常惊人的答案。陶渊明认为,你要认识到人生的短暂性,但李商隐说如果人生能有足够的热度,那么它不妨再短暂一点;王维认为,你要认识到人生的虚幻性,但李商隐说当内心涌出对于人和万物的挚爱时,我知道人生是真实的。李商隐身上表现出的不是理智的清醒和道德的崇高,而是人类情感的强度和深度。陶潜有德性的承担,王维有智慧的觉悟,李商隐却以其一往而深的热情,投入每一场必散的因缘,每一株必死的荷叶,从而成为我们短暂人生中最执着的陪伴者。

罗素在《我为什么而活着》中说:"对爱情的渴望,对知识的追求,对人类苦难不可遏制的同情心,这三种纯洁而无比强烈的激情支配着我的一生。"陶潜、王维、李商隐身上所具有的不同特质,恰好完美地呼应了罗素的观点。古往今来,文明在变迁,可是人生的基本问题没有改变。如果我们足够幸运的话,也许也能够通过阅读他们的诗歌,来为我们自己的人生奠定三块稳定的基石。

延伸阅读

1. [唐]李商隐:《李商隐诗集》,朱鹤龄笺注、田松青点校,上海古籍出版社,2015。
2. [唐]李商隐:《玉溪生诗集笺注》,冯浩笺注,上海古籍出版社,1979。
3. 刘学锴、李翰:《李商隐诗选评》,上海古籍出版社,2003。
4. 刘学锴:《汇评本李商隐诗》,上海社会科学院出版社,2002。
5. 董乃斌:《李商隐传》,上海古籍出版社,2012。

问题与讨论

1. 请分析李商隐的七律是如何向杜甫学习的。
2. 请了解李商隐诗歌的接受史,思考李商隐的爱情诗在解读中怎样逐渐被赋予了爱情之外的含义。
3. 请选择李商隐的某一首诗,将它改写成现代诗,思考从哪些角度来说,李商隐诗歌具有类似于"现代性"的特征。

4.《锦瑟》是最为大家所熟悉的李商隐诗,什么是瑟呢?这是一种乐器,请查询这种乐器的相关信息,了解它的样子和声音。

第十二讲 李 煜

一、本讲介绍

本讲选择南唐词人李煜在亡国前后的数首词作,通过词境、写法与身世境遇的对比,展现李煜前后期词风的不同,更借此回答词为何会从五代宴饮之作转变为宋代文人手中的高雅文学,即王国维所谓"词至李后主而眼界始大,感慨遂深,遂变伶工之词而为士大夫之词"。词在李煜手中的这一变化,也佐证了中国诗学中另一重要观念"国家不幸诗家幸,赋到沧桑句便工"。

二、文本

1.《乌夜啼》

　　林花谢了春红,太匆匆。常恨朝来寒重晚来风。　　胭脂泪,留人醉,几时重。自是人生长恨水长东。

2.《玉楼春》

　　晚妆初了明肌雪,春殿嫔娥鱼贯列。凤箫吹断水云间,重按霓裳歌遍彻。临春谁更飘香屑,醉拍栏干情味切。归时休放烛花红,待踏马蹄清夜月。

3.《浪淘沙》

　　往事只堪哀,对景难排。秋风庭院藓侵阶。一行珠帘闲不卷,终日谁来。　　金锁已沉埋,壮气蒿莱。晚凉天静月华开。想得玉楼瑶殿影,空照秦淮。

4.《破阵子》

　　四十年来家国,三千里地山河。凤阁龙楼连霄汉,玉树琼枝作烟萝,几曾识干戈。　　一旦归为臣虏,沈腰潘鬓销磨。最是仓皇辞庙日,教坊犹奏别离歌,垂泪对宫娥。

5.《浪淘沙》

　　帘外雨潺潺,春意将阑。罗衾不暖五更寒。梦里不知身是客,一饷贪欢。　　独自莫凭栏,无限关山,别时容易见时难。流水落花归去也,天上人间。

三、导读

公元十世纪，在西蜀和南唐，君王和大臣都开始写作一种新的文体。最早的一部文人词总集里说："则有绮筵公子，绣幌佳人，递叶叶之花笺，文抽丽锦；举纤纤之玉指，拍按香檀。不无清绝之词，用助娇娆之态。"这句话的意思是，时代已经改变了，在南方王国最精美的宴席上，已经不适合唱那些旧时代的俗曲。所以要让才华横溢的公子来写作新词，让倾国倾城的佳人来仔细演唱，才能满足新时代的审美品味。于是西蜀词人写了一整本精美的歌词集，把它叫作《花间集》。

但如果词一直只是写来配合宴席，我们就不可能看到后来像"大江东去"，像"醉里挑灯看剑"那样的作品，因为这些作品显然不适合在喝酒听曲的时候交给歌女去唱。但后来词确实变得可以这样写了，原因就是词的文体特征在五代最后一个词人李煜这里发生了变化。王国维把这种变化叫作"词至李后主而眼界始大，感慨遂深，遂变伶工之词而为士大夫之词"。伶工之词就是歌女之词，也就是那些纯粹为消遣而存在的，十分精美又十分狭隘的词。而士大夫之词，则是指那些关注宇宙人生、具有深厚情感的词。

那么，这种变化为什么要靠李煜来完成呢？从大的历史背景来说，李煜处在一个最特殊的时期，站在一个最特殊的位置上，历史的变革对他有最深切的冲击。从李煜本身的人格来说，他正好具有一种可以把外在的不幸转变为文学成就的特质。有趣的事情在于，因为李煜早年生活在深宫之中，晚年又被囚禁，生活范围十分狭窄，所以他前后期写作时使用的意象都差不多，说来说去就是宫殿、佳人、春花秋月，但是在意象没有改变的情况下，传达的情感却发生了巨大的变化。这种变化之大，甚至对于整个词史来说也是划时代的。

和那个时代的所有作者一样，早年的李煜也总是在写美酒和佳人，但同样写美酒和佳人，前蜀的君主是这样写的："者边走，那边走，只是寻花柳。那边走，者边走，莫厌金杯酒。"以现代人的眼光来看，这首词写得实在是太荒谬了。但李煜写出来就完全成了另一个样子。五代词有一种写法，就是把重重的精美意象堆叠上去。比如温庭筠说"新帖绣罗襦，双双金鹧鸪"，说的是一件丝绸制成的衣服，在丝绸之上，又有刺绣，绣的是精美的鹧鸪鸟，而且是金线的鹧鸪鸟，而且是成双成对的鹧鸪鸟。李煜也用这种写法来写美，却写得比温庭筠更轻盈、更干净。他有一首《玉楼春》："晚妆初了明肌雪，春殿嫔娥鱼贯列。凤箫吹断水云间，重按霓裳歌遍彻。　　临春谁更飘香屑，醉拍栏干情味切。归时休放烛花红，待踏马蹄清夜月。"

作为一个君王，李煜看到他的宫女时，简直就像贾宝玉看到了大观园中的各种姐姐妹妹，他惊叹，这些女孩子本来就已经很美了，何况她们还化了妆，何况还是最为隆重的晚妆，何况还是刚画完时候最鲜洁的样子。她们美得这样倾国倾城，而且还不是一个，而是鱼贯而入的很多列。青春的少女，春天的夜晚，与华丽的宫殿，世间一切美好都凑到了一起。写完眼睛看见的美，再写耳朵听见的美。"凤箫吹断水云间"，是说当如凤凰展翅般的排箫吹出多声部的音乐时，响彻云天，连天上的流云和地上的流水也停了下

来。而地上的君王却没有满足,他的乐队演奏起唐明皇和杨贵妃最喜欢的那套《霓裳羽衣曲》,并单单挑选其中的高潮——"遍彻"部分,一次次地循环,始终不愿意停止。而此时,掌香宫女正将香粉洒在火上,让浓香随风飘散。

李煜有一颗儿童一般的心灵。《毛诗序》中说:"情动于中而形于言,言之不足故嗟叹之,嗟叹之不足故永歌之,永歌之不足,不知手之舞之,足之蹈之也。"意思是,人的感情涌动到最强烈的时候,诗歌吟咏都不能表达,自然就只能手舞足蹈了。当李煜醉拍栏杆时,并不仅仅是这些外在的刺激使他满足,而是在他的内心与外在世界呼应中,也萌生了最深切美好的情意,就是对世界美满、可爱的那个侧面的感受。有很多暴发户,也收藏古董、品尝美酒,但并不能在内心中体验到美。而李煜不是。王国维说:"词人者,不失其赤子之心者也。故生于深宫之中,长于妇人之手,是后主为人君所短处,亦即为词人所长处。"这种真诚、纯净、敏锐、深挚的心灵,就像小孩子一样,富于感受力而不善于算计,是诗人的心智而不是政治家的心智,就是李煜的特点。

李煜的笔下总是一派祥和,但南唐的真实处境是大军压境。同样是诗人,陆游在"夜阑卧听风吹雨"之时,听到的都是"铁马冰河入梦来",而李煜的心里没有战争,所以他没有任何心理准备便亡国了。在亡国的时候,他写了首《破阵子》。有一部电影,叫作《开国大典》,讲蒋介石逃到台湾之前,不明白自己经营这么久的基业怎么就失败了,电影要表现他的悔恨和疑惑,就安排他的孙子这个角色背了这首词:"四十年来家国,三千里地山河。凤阁龙楼连霄汉,玉树琼枝作烟萝,几曾识干戈。"对于生活在《花间集》时代的人来说,他们从来不知道词可以这样写,可以表达这么博大而痛楚的主题,而且在千年之后还可以打动人心。但这依然不是李煜最好的词。李煜最好的词,写帝王的国破家亡,却能写出所有人类共通的情感。

我们最熟悉的一首就是"春花秋月何时了,往事知多少。小楼昨夜又东风,故国不堪回首月明中! 雕栏玉砌应犹在,只是朱颜改。问君能有几多愁?恰似一江春水向东流"。

春花秋月是四时中最美好之物,怎么看都不会看厌啊,为什么会问何时了呢?朱自清的散文里说:"燕子去了,有再来的时候;杨柳枯了,有再青的时候;桃花谢了,有再开的时候。但是,聪明的,你告诉我,我们的日子为什么一去不复返呢?"人和春花秋月不同,春花秋月一年年在循环,而人的生命只往一个方向走,过去的就永远过去了,失掉的就永远失掉了。越是东风一年年重来,越让人怀念那个永远不会回来的故国,和在故国度过的所有岁月。我们知道那是很好的岁月啊,有春殿嫔娥鱼贯列,有凤箫吹断水云间。这首词从宇宙永恒无尽和人世的短暂无常的对比开始,但是在上半阕结束的时候就收缩到小楼之中孤独的词人身上,让我们觉得他仿佛是以一人之力在抵挡整个人类的痛苦,因此王国维才说李煜"俨有释迦、基督担荷人类罪恶之意"。

在下半阕中,李煜提出了一个问题,为什么无生、无情者可以过得长久,而有生、有情者却只能生活在短暂之中?雕栏玉砌是无生、无情的,但李煜年轻时喝醉酒拍打的栏杆,在亡国后依然是"玉树琼枝",哪怕直到今天,在庐山南唐中主读书台上还有从那时留下的白玉栏杆。那些晚妆初了的女孩子是有生、有情的,但在亡国之时,她们只能垂泪相看,而亡国之后,很快,李煜也好,这些女孩子也好,他们的朱颜都已经凋落了。千年之后,更是连枯骨也不会留下。无情者年年长新,有情者永久流逝,在三度对比的铺垫之后,李煜将他的感情一泻直下,提出"问君能有几多愁?恰似一江春水向东流"。于是后来所有的读者都被他感动了,因为哪怕你没有机会经历国破家亡,也必然在某些时候意识到你生命中有些可贵的东西已经永久地失去了。

晚年的李煜一直在他的词中询问,我们该如何接受美好之物终将改变的事实?但李煜绝不是一个具有哲学性的词人,所以他无法回答,而只能以其真挚的情感将这个问题讲到所有人的心里去。但在李煜自己身上,变与不变恰好可以解释他最后取得巨大文学成就的原因。他的赤子之心是不变的,但身世经历是变的;他的锐感深情是不变的,但体验和眼界是变的。当李后主以不变的赤子之心来感受国破家亡的遭遇时,他就获得了二者的长处,而发展出这种表达了人类普遍情感的"士大夫之词"。古代诗人说"国家不幸诗家幸,赋到沧桑句便工",当个人和国家处于危急之中时,却可能使诗人迸发出最大的创造力。而对于李煜来说,他不仅通过苦难提升了作品的品质,而且还改变了整个词的历史。

延伸阅读

1. [南唐]李璟、李煜:《南唐二主词笺注》,陈书良、刘娟笺注,中华书局,2014。
2. [后蜀]赵崇祚:《花间集》,杨景龙校注,上海古籍出版社,2017。
3. 俞陛云:《唐五代两宋词选释》,上海古籍出版社,2011。
4. 龙榆生:《唐宋名家词选》,上海古籍出版社,2014。

问题与讨论

1. 词这种文体的产生需要哪些条件?
2. 王国维说:"尼采谓:'一切文学,余爱以血书者。'后主之词,真所谓以血书者也。宋道君皇帝《燕山亭》词亦略似之。然道君不过自道身世之戚,后主则俨有释迦、基督担荷人类罪恶之意,其大小固不同矣。"请联系李煜词,谈谈你对这句话的理解。
3. 阅读纳兰性德的词作,谈谈他与李后主的异同。
4. 李煜是南唐后主,你对南唐这个时代有什么了解吗?请列出与南唐有关的三项古迹名胜。

第十三讲 苏 轼

一、本讲介绍

本讲选取贬谪生活,作为理解苏轼其人其诗的切入点。以民间故事中关于苏轼的闲适传说与苏轼真实遭遇的对比,引出苏轼何以能在"纵横忧患满人间"的世界保持追求的志意与乐观的生活态度的问题。本讲详细讲解苏轼的数首诗词,展现哲学、人情、自然三者在苏轼生命中的地位及支撑作用。

二、文本

1. 《阳关曲·中秋作》

    暮云收尽溢清寒,银汉无声转玉盘。
    此生此夜不长好,明月明年何处看?

2. 《临江仙》

    夜饮东坡醒复醉,归来仿佛三更。家童鼻息已雷鸣。敲门都不应,倚杖听江声。　　长恨此身非我有,何时忘却营营?夜阑风静縠纹平。小舟从此逝,江海寄余生。

3. 《八声甘州·寄参寥子》

    有情风万里卷潮来,无情送潮归。问钱塘江上,西兴浦口,几度斜晖?不用思量今古,俯仰昔人非。谁似东坡老,白首忘机。　　记取西湖西畔,正春山好处,空翠烟霏。算诗人相得,如我与君稀。约他年、东还海道,愿谢公雅志莫相违。西州路,不应回首,为我沾衣。

4. 《永遇乐》

    彭城夜宿燕子楼,梦盼盼,因作此词。

    明月如霜,好风如水,清景无限。曲港跳鱼,圆荷泻露,寂寞无人见。紞如三鼓,铿然一叶,黯黯梦云惊断。夜茫茫、重寻无处,觉来小园行遍。　　天涯倦客,山中归路,望断故园心眼。燕子楼空,佳人何在,空锁楼中燕。古今如梦,何曾梦觉,但有旧欢新怨。异时对、黄楼夜景,为余浩叹。

5. 《水调歌头·黄州快哉亭赠张偓佺》

    落日绣帘卷,亭下水连空。知君为我新作,窗户湿青红。长记平山堂上,欹枕江南烟雨,杳杳没孤鸿。认得醉翁语,山色有无中。　　一千顷,都镜净,倒碧峰。忽然浪起,掀舞一叶白头翁。堪笑兰台公子,未解庄生天籁,刚道有雌雄。一点浩然气,千里快哉风。

三、导读

　　民间故事说苏轼是美食家,教科书上说苏轼是豪放词人,但你对苏轼知道得越多,就越难对他下定义。苏轼22岁中进士,主考官欧阳修说,有了他,我的文学成就就不值一提了。仁宗也说,我为子孙物色到了宰相之才。苏轼经历过五朝天子,似乎每朝天子都想重用他,他的一生却阴差阳错地在贬谪和牢狱中度过。39～41岁时,苏轼在密州当太守。密州遭遇饥荒,苏轼曾绕着城墙去埋葬饿死的婴儿,并把那些还没死的弃婴带回家抚养。你去看他那个时期的诗歌,却有"纵横忧患满人间,颇怪先生日日闲。昨夜清风眠北牖,朝来爽气在西山"这样的句子,显示出其强大的整合能力。一方面他一点都不回避"纵横忧患满人间"的真实世界;另一方面,现实世界的种种创伤却从来不能伤害他心灵的高贵纯净。

　　苏轼最后被贬到了当时世界的尽头——海南。对宋代人来说,海南大概就和《鲁滨孙漂流记》里的孤岛差不多。但苏轼有一种自娱自乐的本事。岛上没有大米,没有墨水,靠跳大神来治病,而且土著人居然不知道猪肉可以吃。苏轼不但教他们把猪都吃了,还自己研究酿酒和做墨的技术,结果把房子也烧掉了。65岁时,苏轼改移廉州安置。在渡海的那个夜晚,苏轼写了一首诗:"参横斗转欲三更,苦雨终风也解晴。云散月明谁点缀?天容海色本澄清。"苏轼将他的一生比喻成一个渡海的故事,他说虽然经历了无数的风雨波折,但是相比于永远不变的天容海色,风雨只是暂时的。他甚至很感激渡海过程中所有的波折,因为它使平淡的人生变得更加丰富,更加好玩了。

　　拿他和杜甫相比,安史之乱结束时,杜甫写诗说:"剑外忽传收蓟北,初闻涕泪满衣裳。却看妻子愁何在,漫卷诗书喜欲狂。"杜甫在灾难和幸福面前都表现出难以掩抑的强烈情感。但苏轼是另一种人,他一直在思考有限与无限、偶然与必然之间的关系。他要去搞清楚生命中不变的东西,用它来对抗不可预测的外在遭遇。苏轼中年卷入党争,甚至差点被处死,但就在这个时候,他写出了一生中最好的词。这时他写"人生如梦",写"也无风雨也无晴",但他又说在物质世界烟消云散的同时,有某种更坚固、更鲜活的东西遗留了下来。用这些词,他提醒我们去注意那些一般被认为是无足轻重的、胡思乱想的、短暂轻盈的东西的真实性。

　　43岁时,苏轼在徐州,白天带领居民抗洪,晚上梦见了传说中因钟情而死的唐代女子关盼盼,就为她写了一首词。"明月如霜,好风如水,清景无限",这几句说得很平凡,但这是我们刚刚从夏天闷热的室内走到室外的感觉。这时我们的心智还很混沌,眼睛还不够清亮,只能够泛泛地观览。但随后就不一样了。苏轼看到,原来在人类沉睡的时候,自然界却在演出自己的秘密。这就是"曲港跳鱼,圆荷泻露,寂寞无人见"。以人类昏沉的心智为对照,苏轼写出了自然界的生机无限。但这样的秘密,却不是什么人都有缘看到的。安徒生说客厅里的花每个晚上都在举办舞会,但只有心灵纯净的人才能看到。苏轼也在另一篇文章《记承天寺夜游》里表扬自己,说在月下树影会变成水草,庭院会变成池塘,这种奇妙的转变每夜都在发生,却只有我和我的好朋友张怀民两个闲适的人才能看到。

看到这些自然界的秘密,除了好玩之外还有什么用呢?苏轼接下去说:"纨如三鼓,铿然一叶,黯黯梦云惊断。"他在半梦半醒中忽然听到人间沉重、遥远的鼓声。于是他处于一种猝然惊醒后的极其敏锐的状态,世间万物的讯息都会被放大和收集。可是他什么都没有搜索到,只听到树叶落下的巨大声响,就好像玉石坠地。而就是在猝然惊醒中,某些更重要的东西远去了。德语作家里尔克的诗说:"我愿坐在谁身边,唱一支歌来催眠。我愿轻轻哼唱着摇你入睡,守护你沉入又走出梦寐。"在梦醒之间,有时候两个相爱的人会融合得如同一体,但这样的状态是短暂的,总有一些声响会让我们警醒,然后梦境远去,我们又成了黑夜笼罩中一个孤独的个体。这就是"夜茫茫、重寻无处,觉来小园行遍"。

梦不可再寻,但美好缠绵的梦境带来了另一个视角,让苏轼反观当下的生活。他说:"天涯倦客,山中归路,望断故园心眼。"挫折和成功都使苏轼疲惫,他只想放弃追求,回到故乡。下半首词可以说是失败者之歌。那些愿意把所有生命花在建功立业上,或者山盟海誓上的都是胜利者,因为他们对自己的选择永不怀疑。但另一些人是真正的失败者,他们认为真实与虚幻、值得与不值得之间的界线有时是模糊的。像苏轼,经世济民是对的,而个人体验是疲惫的;像关盼盼,千古传奇是精彩的,而虚度青春是遗憾的。苏轼向我们展示功业是虚无的,爱情是虚无的,连历史也是虚无的,所以他说"古今如梦,何曾梦觉",古往今来的历史并不是我们所以为的从低级到高级的乐观的进程,而是一场不知道去向、不知道目的地的春梦而已。

如果词结束在这里,那就是万有皆空。但苏轼并非如此。他说"古今如梦,何曾梦觉,但有旧欢新怨"。传统的解释是苏轼感慨人们一代一代地不领悟,从事这些徒劳无功的恩怨。但是我觉得这里还有转折的意思。就是说古今如梦虽然是事实,可是"旧欢新怨"的不断产生也是一件挺可爱的事。因为总有一些无法觉悟的人像我苏轼一样多愁善感,他们会在未来对"黄楼夜景,为余浩叹",就像我苏轼今天为关盼盼感叹一样。苏轼用这首词证明了人类心灵与自然融合,与古今知音共鸣的可能。这很像现代存在主义心理学家欧文·亚隆的劝告:"只有人与人之间、人与世界之间的亲密而私人的连接才能够为人生提供意义。"不过亚隆不是读了苏轼,而是解除了无数人的心灵困惑后才得出这个结论的。

56岁时,苏轼离开杭州前,给他的朋友参寥子写了一首词。"有情风万里卷潮来,无情送潮归。问钱塘江上,西兴浦口,几度斜晖?"上半首是在说新旧党争中的胜负就像钱塘江水潮来潮去,历史循环虚无,执着带来痛苦。但是他立刻提到了在虚无之外,什么是值得记忆的。"记取西湖西畔,正春山好处,空翠烟霏。"这几句写得真是好。写西湖的诗那么多,有些是向没去过的人介绍景色的,比如"接天莲叶无穷碧,映日荷花别样红",谁去看也都一样。但是苏轼不是,他写的是只有从他和参寥子的记忆中才能提取的西湖,属于他们的秘密。他说,值得记忆的是我们俩在西湖见过的最美的那个瞬间。

什么是春山好处,空翠烟霏?他写得非常空灵。于是他给了读者一个特殊的位置,对于他们俩见过的美景,我们可以想象,但终究不能企及。那种空翠烟霏的美,是苏轼、参寥子、西湖三者的契约,缺一就不能再现。这就像《高山流水》是俞伯牙、钟子期和那把古琴的契约,缺一就不能再现。

因此苏轼说"算诗人相得,如我与君稀"。与那首关于关盼盼的词一样,苏轼又制造了一个对立。一面是变动虚无的政治历史,另一面是我自己、重要的他人和自然构成的相知相守的秘密契约。这种稳定、温暖的三角关系在《记承天寺夜游》《水调歌头》(明月几时有)中都有表现。每一个角色都不能缺少,每一个角色都能使另一个角色展现出更强烈的美感和生命力,这是唯一可以抵御历史的荒谬和虚无的。

苏轼的词能打动我们,主要不是因为有英雄豪杰式的勇气,而是优美与崇高的统一。苏轼也常常在说历史的虚无性,但读者从中获得的体验并不是恐惧与战栗,而是新奇与温暖。与其他思想者不同,苏轼从不孤军奋战,他是带着真实而美好的私人情感,带着他与朋友、与爱人、与自然之间的秘密契约投入历史中间,从而将他的人生玩成了一场华丽的冒险。如果我们不能寻找到如何在这个荒唐的世界上兴致勃勃地活下去的办法,恐怕就不能理解苏轼的词。

延伸阅读

1. [宋]苏轼:《苏轼词编年校注》,邹同庆、王宗堂校注,中华书局,2002。
2. [宋]苏轼:《苏轼文集》,孔凡礼点校,中华书局,1986。
3. [宋]苏轼:《苏轼诗集》,孔凡礼点校,中华书局,1982。
4. [宋]苏轼:《东坡志林》,王松龄点校,中华书局,1981。

问题与讨论

1. 你看过林语堂的《苏东坡传》吗?苏轼性格中的哪些特征最能打动你?
2. 谈谈苏轼在词体发展上的贡献。
3. 阅读清代阳羡词派的词作,谈谈他们是如何学习苏轼的。
4. 在古代诗人中,苏轼是最受现代人喜欢的,苏轼的传记和其诗词鉴赏的相关书籍有很多,请选择一本,并认真通读。

写作与交流

第十四讲 《水浒传》

一、本讲介绍

《水浒传》是明代小说中的英雄传奇,水浒英雄"撞破天罗归水浒,掀开地网上梁山"是对黑暗社会现实最坚决的反抗,但在当时却又是不可能实现的历史性悲剧,因此其本质精神是浪漫主义。而这种以集体毁灭为代价的血色浪漫更具有艺术冲击力。

二、文本

《水浒传》第四回《赵员外重修文殊院 鲁智深大闹五台山》(节选)

再说这鲁智深自从吃酒醉闹了这一场,一连三四个月,不敢出寺门去。忽一日,天气暴暖,是二月间天气,离了僧房,信步踱出山门外立地,看着五台山,喝采一回。猛听得山下叮叮当当的响声,顺风吹上山来。智深再回僧堂里取了些银两,揣在怀里,一步步走下山来,出得那"五台福地"的牌楼来,看时,原来却是一个市井,约有五七百人家。智深看那市镇上时,也有卖肉的,也有卖菜的,也有酒店、面店。智深寻思道:"干呆么!俺早知有这个去处,不夺他那桶酒吃,也自下来买些吃。这几日熬得清水流,且过去看,有甚东西买些吃。"听得那响处,却是打铁的在那里打铁。间壁一家门上,写着"父子客店"。智深走到铁匠铺门前看时,见三个人打铁。智深便道:"兀那待诏,有好钢铁么?"那打铁的看见鲁智深腮边新剃,暴长短须,戗戗地好渗濑人,先有五分怕他。那待诏住了手道:"师父请坐。要打甚么生活?"智深道:"洒家要打条禅杖,一口戒刀,不知有上等好铁么?"待诏道:"小人这里正有些好铁,不知师父要打多少重的禅杖、戒刀,但凭分付。"智深道:"洒家只要打一条重一百斤的。"待诏笑道:"重了,师父。小人打怕不打了,只恐师父如何使得动?便是关王刀,也只有八十一斤重。"智深焦躁道:"俺便不及关王?他也只是个人。"那待诏道:"小人据常说,只可打条四五十斤的,也十分重了。"智深道:"便依你说,比关王刀,也打八十一斤的。"待诏道:"师父,肥了不好看,又不中使。依着小人,好生打一条六十二斤的水磨禅杖与师父。使不动时,休怪小人。戒刀已说了,不用分付,小人自用十分好铁打造在此。"智深道:"两件家生,要几两银子?"待诏道:"不讨价,实要五两银子。"智深道:"俺便依你五两银子,你若打得好时,再有赏你。"那待诏接了银两道:"小人便打在此。"智深道:"俺有些碎银子在这里,和你买碗酒吃。"待诏道:"师父稳便,小人赶趁些生活,不及相陪。"

智深离了铁匠人家,行不到三二十步,见一个酒望子,挑出在屋檐上。智深掀起帘子，入到里面坐下，敲着桌子叫道："将酒来。"卖酒的主人家说道："师父少罪，小人住的房屋，也是寺里的，本钱也是寺里的。长老已有法旨，但是小人们卖酒与寺里僧人吃了，便要追了小人们本钱，又赶出屋。因此只得休怪。"智深道："胡乱卖些与洒家吃，俺须不说是你家便了。"店主人道："胡乱不得，师父别处去吃。休怪，休怪！"智深只得起身，便道："洒家别处吃得，却来和你说话。"出得店门，行了几步，又望见一家酒旗儿，直挑出在门前。智深一直走进去，坐下叫道："主人家，快把酒来卖与俺吃。"店主人道："师父，你好不晓事！长老已有法旨，你须也知。却来坏我们衣饭！"智深不肯动身，三回五次，那里肯卖。智深情知不肯，起身又走。连走了三五家，都不肯卖。智深寻思一计，若不生个道理，如何能勾酒吃？远远地杏花深处，市梢尽头，一家挑出个草帚儿来。智深走到那里看时，却是个傍村小酒店。

…………

智深走入店里来，靠窗坐下，便叫道："主人家，过往僧人买碗酒吃。"庄家看了一看道："和尚，你那里来？"智深道："俺是行脚僧人，游方到此经过，要买碗酒吃。"庄家道："和尚，若是五台山寺里的师父，我却不敢卖与你吃。"智深道："洒家不是，你快将酒卖来。"庄家看见鲁智深这般模样，声音各别，便道："你要打多少酒？"智深道："休问多少，大碗只顾筛来。"约莫也吃了十来碗，智深问道："有甚肉，把一盘来吃。"庄家道："早来有些牛肉，都卖没了。"智深猛闻得一阵肉香，走出空地上看时，只见墙边沙锅里煮着一只狗在那里。智深道："你家见有狗肉，如何不卖与俺吃？"庄家道："我怕你是出家人，不吃狗肉，因此不来问你。"智深道："洒家的银子有在这里。"便将银子掏与庄家道："你且卖半只与俺。"那庄家连忙取半只熟狗肉，捣些蒜泥，将来放在智深面前。智深大喜，用手扯那狗肉，蘸着蒜泥吃。一连又吃了十来碗酒。吃得口滑，只顾要吃，那里肯住。庄家到都呆了，叫道："和尚只恁地罢。"智深睁起眼道："洒家又不白吃你的，管俺怎地！"庄家道："再要多少？"智深道："再打一桶来。"庄家只得又舀一桶来。智深无移时，又吃了这桶酒。剩下一脚狗腿，把来揣在怀里，临出门又道："多的银子，明日又来吃。"吓得庄家目瞪口呆，罔知所措。看见他早望五台山上去了。

智深走到半山亭子上，坐了一回，酒却涌上来。跳起身，口里道："俺好些时不曾拽拳使脚，觉道身体都困倦了，洒家且使几路看。"下得亭子，把两只袖子摞在手里，上下左右，使了一回。使得力发，只一膀子，扇在亭子柱上，只听得刮剌剌一声响亮，把亭子柱打折了，坍了亭子半边。门子听得半山里响，高处看时，只见鲁智深一步一颠，抢上山来。两个门子叫道："苦也！这畜生今番又醉得不小，可便把山门关上，把拴拴了。"只在门缝里张时，见智深抢到山门下。见关了门，把拳头擂鼓也似敲门，两个门子那里敢开。智深敲了一回，扭过身来，看了左边的金刚，喝一声道："你这个鸟大汉，不替俺敲门，却拿着拳头吓洒家，俺须不怕你！"跳上台基，把栅剌子只一拔，却似捻葱般拔开了；拿起一

根折木头,去那金刚腿上便打,簌簌地泥和颜色都脱下来。门子张见道:"苦也!"只得报知长老。智深等了一会,调转身来,看着右边金刚,喝一声道:"你这厮张开大口,也来笑洒家!"便跳过右边台基上,把那金刚脚上打了两下。只听得一声震天价响,那尊金刚从台基上倒撞下来,智深提着折木头大笑。两个门子去报长老,长老道:"休要惹他。你们自去。"只见这首座、监寺、都寺,并一应职事僧人,都到方丈禀说:"这野猫今日醉得不好。把半山亭子,山门下金刚,都打坏了,如何是好?"长老道:"自古天子尚且避醉汉,何况老僧乎?若是打坏了金刚,请他的施主赵员外自来塑新的;倒了亭子,也要他修盖,这个且由他。"众僧道:"金刚乃是山门之主,如何把来换过?"长老道:"休说坏了金刚,便是打坏了殿上三世佛,也没奈何,只可回避他。你们见前日的行凶么?"众僧出得方丈,都道:"好个囫囵竹的长老!门子,你且休开,只在里面听。"智深在外面大叫道:"直娘的秃驴们!不放洒家入寺时,山门外讨把火来,烧了这个鸟寺。"众僧听得叫,只得叫门子拽了大栓,由那畜生入来;若不开时,真个做出来。门子只得捻脚捻手,把栓拽了,飞也似闪入房里躲了,众僧也各自回避。

　　只说那鲁智深双手把山门尽力一推,扑地颠将入来,吃了一交。扒将起来,把头摸一摸,直奔僧堂来。到得选佛场中,禅和子正打坐间,看见智深揭起帘子,钻将入来,都吃一惊,尽低了头。智深到得禅床边,喉咙里咯咯地响,看着地下便吐。众僧都闻不得那臭,个个道:"善哉!"齐掩了口鼻。智深吐了一回,扒上禅床,解下绦,把直裰带子都哔哔剥剥扯断了,脱下那脚狗腿来。智深道:"好,好,正肚饥哩!"扯来便吃。众僧看见,便把袖子遮了脸。上下肩两个禅和子远远地躲开。智深见他躲开,便扯一块狗肉,看着上首的道:"你也到口。"上首的那和尚,把两只袖子死掩了脸。智深道:"你不吃。"把肉望下首的禅和子嘴边塞将去。那和尚躲不迭,却待下禅床,智深把他劈耳朵揪住,将肉便塞。对床四五个禅和子跳过来劝时,智深撇了狗肉,提起拳头,去那光脑袋上剡剡剥剥只顾凿。满堂僧众大喊起来,都去柜中取了衣钵要走。此乱唤做"卷堂大散"。首座那里禁约得住?

　　智深一味地打将出来,大半禅客都躲出廊下来。监寺、都寺,不与长老说知,叫起一班职事僧人,点起老郎、火工道人、直厅、轿夫,约有一二百人,都执杖叉棍棒,尽使手巾盘头,一齐打入僧堂来。智深见了,大吼一声,别无器械,抢入僧堂里,佛面前推翻供桌,攧两条桌脚,从堂里打将出来。

……………

　　当时鲁智深轮两条桌脚,打将出来。众多僧行见他来得凶了,都拖了棒,退到廊下。智深两条桌脚,着地卷将来,众僧早两下合拢来。智深大怒,指东打西,指南打北,只饶了两头的。当时智深直打到法堂下,只见长老喝道:"智深不得无礼,众僧也休动手。"两边众人,被打伤了数十个。见长老来,各自退去。

三、导读

  农民起义是封建社会主要矛盾激化的深刻反映,在统治阶级视其为造反的政治背景下,《水浒传》的作者选择这一独特视角,需要胆识与勇气。在作者笔下,农民起义者虽是"异端",但却是建立理想甚至大同世界的补充力量。所以,书中表现的不是农民起义原本怎样,而是应该怎样,这种写法本身就有理想主义色彩。在总体结构上就体现了这一匠心。明末清初贯华堂才子金圣叹曾多次评点七十回本《水浒传》,他的总批就从结构上为水浒一百零八位英雄正名:

  一部大书七十回,将写一百八人也,乃开书未写一百八人,而先写高俅者,盖不写高俅,便写一百八人,则是乱自下生也;不写一百八人,先写高俅,则是乱自上作也。乱自下生,不可训也,作者之所必避也;乱自上作,不可长也,作者之所深惧也。一部大书七十回,而开书先写高俅,有以也。

  这段金批中涉及三个问题。第一,《水浒传》的版本。《水浒传》有一百回本、一百一十五回本、一百二十回本等。金圣叹托言古本,腰斩水浒,所以强调"一部大书七十回"(我们用的引文出自一百二十回本)。第二,讨论此书先写高俅和先写一百八人的不同。如果先写一百零八将,是盗贼造反;而先写高俅,则是奸臣当道,英雄们落草为盗是官逼民反。第三,盗贼造反是乱自下生,不能作为学习的榜样,作者必须加以规避。奸臣当道是乱自上作,不能助长,所以作者可以写出来警示后世。"乱自上作"引申出来的问题就是神行太保戴宗所说的当时的社会状况:"一者朝廷不明,二乃奸臣闭塞。"也就是说,奸臣当道会带来皇帝昏庸、社会黑暗的后果。
  因为这是一个奸臣当道、民不聊生的黑暗社会,草莽英雄们才会撞开天罗地网,会聚于水泊梁山,正如第三十七回下场诗所概括的:"撞破天罗归水浒,掀开地网上梁山。"基于同样的原因,注定了英雄的反抗是以破坏性极强的杀人见血的方式来表现善良本性对理想的追求。农民起义的理想是代替朝廷举正义之师,行正义之道,所以梁山好汉共同的政治追求和政治纲领是"替天行道",这是《水浒传》的关键词:

  仰面看时,风刮起那面杏黄旗来,上面绣着"替天行道"四字。
  此石都是义士大名镌在上面。侧首一边是"替天行道"四字,一边是"忠义双全"四字。
  山顶上,立一面杏黄旗,上书"替天行道"四字。

  所谓"传奇英雄的血色浪漫",是指在封建社会的黑暗时期,水浒英雄"替天行道"是知其不可为而为之的历史性悲剧,他们的人生以及被逼上梁山的经历不同程度地带有传奇色彩;而破坏当时貌似合理的社会秩序乃至杀人放火是他们身上抹不去的血色。

浪漫的一般解释是采用夸张、想象的手法建构神奇境界,从下面的具体分析可以看到,水浒英雄是经伦理道德净化过的、现实中不必有、理想中可以有的人物,所以是带有道德主义因素的夸张想象,但《水浒传》更为本质的浪漫是追求当时社会不可能实现的政治理想。所以,《水浒传》表现的是中国古代传奇英雄的血色浪漫。这不同于好莱坞个人英雄主义式的耍帅、炫酷、黑科技、战无不胜等,而纯粹是中国式的、小农经济意识形态下的、冷兵器时代的传奇英雄,略可分为三类。

一是天赋异禀,豪气勇猛。

比如说他们的外貌与众不同,甚至因怪异而有极高的辨识度。如李逵是"黑熊般一身粗肉,铁牛似遍体顽皮。交加一字赤黄眉,双眼赤丝乱系。怒发浑如铁刷,狰狞好似狻猊。天蓬恶煞下云梯"。鲁智深是"生得面圆耳大,鼻直口方,腮边一部貉獠胡须,身长八尺,腰阔十围"。各人都有提升辨识度的绰号,龚开《宋江三十六赞》因此能为英雄画像。他们的食量、酒量相当惊人,都是大碗喝酒,论斤吃肉。如李逵"不耐烦小盏吃,换个大碗来筛",林冲要求"先切二斤熟牛肉来",武松过景阳冈前,吃了二斤熟牛肉,喝了三碗酒(酒招上有"三碗不过冈"),还要添酒添肉,直到喝了十八碗烈酒"透瓶香"。武松醉打蒋门神前还对这种酒壮英雄胆做了回应:"你怕我醉了没本事,我却是没酒没本事。带一分酒,便有一分本事;五分酒,五分本事。我若吃了十分酒,这气力不知从何而来。若不是酒醉后了胆大,景阳冈上如何打得这只大虫?那时节我须烂醉了,好下手,又有力,又有势。"鲁智深也说:"洒家一分酒,只有一分本事,十分酒,便有十分的气力。"水浒英雄使用的兵器也非比寻常:鲁智深所执禅杖六十二斤。李逵使两把夹钢板斧,杀人不眨眼。在"梦闹天池"一回,是一斧砍翻了两三个;一连六七斧,砍得七颠八倒,尸横满地。

他们都是力大无穷,神勇过人。鲁智深三拳打死镇关西,拳拳到肉,拳拳出彩。书中描写道:"扑的只一拳,正打在鼻子上,打得鲜血迸流,鼻子歪在半边,却便似开了个油酱铺,咸的、酸的、辣的,一发都滚出来……就眼眶际眉梢只一拳,打得眼棱缝裂,乌珠迸出,也似开了个彩帛铺的,红的、黑的、绛的,都绽将出来。……又一拳,太阳上正着,却似做了一个全堂水陆的道场,磬儿、钹儿、铙儿,一齐响。"鲁智深在五台山出家,打坍半山亭,"使得力发,只一膀子,扇在亭子柱上,只听得刮剌剌一声响亮,把亭子柱打折了,坍了亭子半边"。打泥塑金刚,"跳上台基,把栅刺子只一拔,却似摘葱般拔开了。拿起一根折木头,去那金刚腿上便打,簌簌地泥和颜色都脱下来。……便跳过右边台基上,把那金刚脚上打了两下。只听得一声震天价响,那尊金刚从台基上倒撞下来"。他在东京大相国寺管菜园,放倒二十多个破落户,还能倒拔垂杨柳。武松是在害了三个月疟疾之后,借助酒力,在景阳冈上打翻了一只老虎。武松远道发配至孟州,还是轻松拿起并放下三五百斤重石墩的大力神,"把那个石墩只一抱,轻轻地抱将起来;双手把石墩只一撇,扑地打下地里一尺来深。……武松再把右手去地里一提,提将起来,望空只一掷,掷起去离地一丈来高;武松双手只一接,接来轻轻地放在原旧安处,回过身来,看着施恩并众囚徒,面上不红,心头不跳,口里不喘"。而李逵凭一把朴刀,连杀四只老虎。

二是性格火暴,心地纯良。

他们一身正气,但都性格火暴。面对人间不平事,往往冲动出手杀人放火。武松当年在清河县闯祸无数,常吃官司,武大郎随衙听候,竟不得有一个月清净。后来酒后与同僚相争,一拳打昏同僚,武松以为打死了,投奔柴进躲灾避难。为施恩在飞云浦、鸳鸯楼杀了十几个人。李逵也"因为打死了人,逃走出来"。鲁智深打死镇关西,其实所杀之人远不止郑屠。鲁智深出家后说的话透露了这一点:"只为杀的人多,因此情愿出家。"出家做了和尚,还是"禅杖打开危险路,戒刀杀尽不平人",对社会恶势力始终保持主动挑战的态度。放火也是性格暴烈的表现,鲁智深"一把火烧了那菜园里的廨宇";菜园子张青则"为因一时间争些小事,性起把这光明寺僧行杀了,放把火烧做白地"。

他们虽然性情暴戾,但都心地纯良,并不是没有人性的杀人魔头。如他们从不恃强凌弱,戴宗说李逵"在江州牢里,但吃醉了时,却不奈何罪人,只要打一般强的牢子""专一路见不平,好打强的人"。李逵非常孝顺,在宋江取宋太公归梁山泊,公孙胜回家看望母亲的时候,忍不住放声大哭:"……这个也去取爷,那个也去望娘,偏铁牛是土掘坑里钻出来的!"金圣叹评曰:"何等天真烂熳,活写出纯孝之人来。"他背着老娘上梁山,路上无微不至地照顾,凭一己之力,为报仇杀了四只老虎。有的无丝毫害人之心,如杨志、周谨比武,胜者担任副牌军,周谨恨不得把杨志一箭射个透明;杨志为避免伤及性命,只射中周谨左肩。甚至无防人之心,如林冲不防富安、陆虞候、高衙内,被赚入商议军机大事的白虎堂,被发配沧州,直到奸人火烧草料场,欲置自己于死地而后快,才有所醒悟。武松被张都监、蒋门神、张团练设计,在他收置财物的柳藤箱子内放入赃物。有的济弱怜贫,如鲁智深不忍心喝老和尚化缘得来的粟米粥等。

三是仗义疏财,财产均等。

所谓仗义疏财,是重义气而分财助人。可以分为两点,一方面是不义之财可以强取,忠义之聚开始于智取生辰纲,生辰纲是蔡京女婿梁中书搜刮"十万贯金珠宝贝"孝敬岳父的生日礼物,晁盖等人认为"不义之财,取而何碍"。另一方面仗义疏财是招贤纳士、结识江湖好汉的核心竞争力。第十九回《林冲水寨大并火 晁盖梁山小夺泊》,在梁山刚刚站稳脚跟时的下场诗就是"替天行道人将至,仗义疏财汉便来"。晁盖、宋江二位头领招贤纳士,结识天下四方豪杰靠的就是"仗义疏财"。柴进、朱仝、戴宗等人都有此义举。

书中还多处提到梁山均分财产,所以这里没有贫富悬殊带来的阶级差异。书中多次强调这一点。燕顺道:"权就此间落草,论秤分金银,整套穿衣服,不强似受那大头巾的气?"朱贵对兄弟朱富道:"不如带领老小,跟我上山,一发入了伙。论秤分金银,换套穿衣服,却不快活?"戴宗劝石秀:"如今论秤分金银,换套穿衣服。"

七十回本最后一回的回目是"忠义堂石碣受天文 梁山泊英雄惊恶梦"。在梁山英雄节节取胜、排座次、大庆功的同时,卢俊义梦见梁山英雄被一网打尽,这是梁山英雄的内心隐忧(一百二十回本第八十二回写了"宋公明全伙受招安"),也是农民起义英雄在封建时代不可避免的结局。作者真实地展示了传奇英雄的血色风采和悲剧结局。因为在当时的社会背景下,农民起义的结局只可能有三种:被镇压、受招安、建立新王朝。

作者不愿轰轰烈烈的农民起义在最辉煌的时候被镇压;但在没有新思想支配,没有新的阶级力量出现的时候,农民起义即使完全胜利,也只能建立地主阶级统治政权,这是比第一种结局更惨的彻底毁灭。所以作者选择了第二种,也比较符合农民起义在社会现实下的发展逻辑。从义军内部看,宋江受儒家正统思想影响很深,他的替天行道,反贪官污吏,也有助朝廷的一面,因此不可能甘于落草。从社会现实看,阶级力量对比悬殊,不能凭主观好恶一厢情愿地让起义军胜利。这是传奇英雄血色浪漫的本质所在。

延伸阅读

1. 蔡志忠:《〈水浒传〉——英雄好汉的本色》,山东人民出版社,2014。
2. 张同胜:《〈水浒传〉诠释史论》,齐鲁书社,2009。
3. 牟文正、姜汇峰:《〈水浒传〉传奇人物》,金盾出版社,2017。
4. 竺洪波:《英雄谱与英雄母题——〈三国演义〉与〈水浒传〉研究》,上海古籍出版社,2013。

问题与讨论

1.《水浒传》的中国式英雄主义主要表现在哪些方面?
2.《水浒传》的作者是如何提升农民起义军的群体形象,并深刻揭示出起义者英雄本质的?
3. 思考《水浒传》悲剧结局的思想意义以及局限性。
4. 你最喜欢《水浒传》中的哪位英雄?如果改写,你会在这个人物性格中增强哪些亮点,弱化哪些不足?

第十五讲 《红楼梦》

一、本讲介绍

文学的哲学化所带来的主题深化是世界文学共同的发展方向。结合儒学的发展脉络讲授《红楼梦》,可以发现明清文艺复兴时代人性觉醒思潮中,曹雪芹深刻的悲悯情结与人文关怀。贾宝玉这个人物形象内蕴着可贵的封建时代民主主义新质,并对统治阶级的社会伦理思想形成强有力的挑战。

二、文本

《红楼梦》第二回《贾夫人仙逝扬州城　冷子兴演说荣国府》(节选)

(贾)雨村不耐烦,便仍出来,意欲到那村肆中沽饮三杯,以助野趣,于是款步行来。将入肆门,只见座上吃酒之客有一人起身大笑,接了出来,口内说:"奇遇,奇遇。"雨村忙看时,此人是都中在古董行中贸易的号冷子兴者,旧日在都相识。雨村最赞这冷子兴是个有作为大本领的人,这子兴又借雨村斯文之名,故二人说话投机,最相契合。

雨村忙笑问道:"老兄何日到此?弟竟不知。今日偶遇,真奇缘也。"子兴道:"去年岁底到家,今因还要入都,从此顺路找个敝友说一句话,承他之情,留我多住两日。我也无紧事,且盘桓两日,待月半时也就起身了。今日敝友有事,我因闲步至此,且歇歇脚,不期这样巧遇!"一面说,一面让雨村同席坐了,另整上酒肴来。二人闲谈漫饮,叙些别后之事。

雨村因问:"近日都中可有新闻没有?"子兴道:"倒没有什么新闻,倒是老先生你贵同宗家,出了一件小小的异事。"雨村道:"弟族中无人在都,何谈及此?"子兴笑道:"你们同姓,岂非同宗一族?"雨村问是谁家。子兴道:"荣国府贾府中,可也玷辱了先生的门楣么?"雨村笑道:"原来是他家。若论起来,寒族人丁却不少,自东汉贾复以来,支派繁盛,各省皆有,谁逐细考查得来?若论荣国一支,却是同谱。但他那等荣耀,我们不便去攀扯,至今故越发生疏难认了。"

子兴叹道:"老先生休如此说。如今的这宁荣两门,也都萧疏了,不比先时的光景。"雨村道:"当日宁荣两宅的人口也极多,如何就萧疏了?冷子兴道:"正是,说来也话长。"雨村道:"去岁我到金陵地界,因欲游览六朝遗迹,那日进了石头城,从他老宅门前经过。街东是宁国府,街西是荣国府,二宅相连,竟将大半条街占了。大门前虽冷落无人,隔着围墙一望,里面厅殿楼阁,也还都峥嵘轩峻;就是后一带花园子里面树木山石,也还都有蓊蔚洇润之气,那里像个衰败之家?"冷子兴笑道:"亏你是进士出身,原来不通!古人有云:'百足之虫,死而不僵。'如今虽说不及先年那样兴盛,较之平常仕宦之家,到底气象不同。如今生齿日繁,事务日盛,主仆上下,安富尊荣者尽多,运筹谋画者无一;其日用排场费用,又不能将就省俭,如今外面的架子虽未甚倒,内囊却也尽上来了。这还是小事。更有一件大事:谁知这样钟鸣鼎食之家,翰墨诗书之族,如今的儿孙,竟一代不如一代了!"雨村听说,也纳罕道:"这样诗礼之家,岂有不善教育之理?别门不知,只说这宁、荣二宅,是最教子有方的。"

子兴叹道:"正说的是这两门呢。待我告诉你:当日宁国公与荣国公是一母同胞弟兄两个。宁公居长,生了四个儿子。宁公死后,贾代化袭了官,也养了两个儿子:长名贾敷,至八九岁上便死了,只剩了次子贾敬袭了官,如今一味好道,只爱烧丹炼汞,余者一概不在心上。幸而早年留下一子,名唤贾珍,因他父亲一心想作神仙,把官倒让他袭了。他父亲又不肯回原籍来,只在都中城外和道士们胡羼。这位珍爷倒生了一个儿子,今年才十六岁,名叫贾蓉。如今敬老爹一概不管。这珍爷那里肯读书,只一味高乐不了,把宁国府竟翻了过来,也没有人敢来管他。再说荣府你听,方才所说异事,就出在这里。自荣公死

后，长子贾代善袭了官，娶的也是金陵世勋史侯家的小姐为妻，生了两个儿子：长子贾赦，次子贾政。如今代善早已去世，太夫人尚在，长子贾赦袭着官；次子贾政，自幼酷喜读书，祖、父最疼，原欲以科甲出身的，不料代善临终时遗本一上，皇上因恤先臣，即时令长子袭官外，问还有几子，立刻引见，遂额外赐了这政老爹一个主事之衔，令其入部习学，如今现已升了员外郎了。这政老爹的夫人王氏，头胎生的公子，名唤贾珠，十四岁进学，不到二十岁就娶了妻生了子，一病死了。第二胎生了一位小姐，生在大年初一，这就奇了；不想次年又生了一位公子，说来更奇，一落胎胞，嘴里便衔下一块五彩晶莹的玉来，上面还有许多字迹，就取名叫作宝玉。你道是新奇异事不是？"

雨村笑道："果然奇异。只怕这人来历不小。"子兴冷笑道："万人皆如此说，因而乃祖母便先爱如珍宝。那年周岁时，政老爹便要试他将来的志向，便将那世上所有之物摆了无数，与他抓取。谁知他一概不取，伸手只把些脂粉钗环抓来。政老爹便大怒了，说：'将来酒色之徒耳！'因此便大不喜悦。独那史老太君还是命根一样。说来又奇，如今长了七八岁，虽然淘气异常，但其聪明乖觉处，百个不及他一个。说起孩子话来也奇怪，他说：'女儿是水作的骨肉，男人是泥作的骨肉。我见了女儿，我便清爽；见了男子，便觉浊臭逼人。'你道好笑不好笑？将来色鬼无疑了！"雨村罕然厉色忙止道："非也！可惜你们不知道这人来历。大约政老前辈也错以淫魔色鬼看待了。若非多读书识事，加以致知格物之功，悟道参玄之力，不能知也。"

子兴见他说得这样重大，忙请教其端。雨村道："天地生人，除大仁大恶两种，余者皆无大异。若大仁者，则应运而生，大恶者，则应劫而生。运生世治，劫生世危。尧、舜、禹、汤、文、武、周、召、孔、孟、董、韩、周、程、张、朱，皆应运而生者。蚩尤、共工、桀、纣、始皇、王莽、曹操、桓温、安禄山、秦桧等，皆应劫而生者。大仁者，修治天下；大恶者，挠乱天下。清明灵秀，天地之正气，仁者之所秉也；残忍乖僻，天地之邪气，恶者之所秉也。今当运隆祚永之朝，太平无为之世，清明灵秀之气所秉者，上至朝廷，下及草野，比比皆是。所余之秀气，漫无所归，遂为甘露，为和风，洽然溉及四海。彼残忍乖僻之邪气，不能荡溢于光天化日之中，遂凝结充塞于深沟大壑之内，偶因风荡，或被云催，略有摇动感发之意，一丝半缕误而泄出者，偶值灵秀之气适过，正不容邪，邪复妒正，两不相下，亦如风水雷电，地中既遇，既不能消，又不能让，必至搏击掀发后始尽。故其气亦必赋人，发泄一尽始散。使男女偶秉此气而生者，在上则不能成仁人君子，下亦不能为大凶大恶。置之于万万人中，其聪俊灵秀之气，则在万万人之上；其乖僻邪谬不近人情之态，又在万万人之下。若生于公侯富贵之家，则为情痴情种；若生于诗书清贫之族，则为逸士高人；纵再偶生于薄祚寒门，断不能为走卒健仆，甘遭庸人驱制驾驭，必为奇优名倡。如前代之许由、陶潜、阮籍、嵇康、刘伶、王谢二族、顾虎头、陈后主、唐明皇、宋徽宗、刘庭芝、温飞卿、米南宫、石曼卿、柳耆卿、秦少游，近日之倪云林、唐伯虎、祝枝山，再如李龟年、黄幡绰、敬新磨、卓文君、红拂、薛涛、崔莺、朝云之流,此皆易地则同之人也。"

....

子兴道:"邪也罢,正也罢,只顾算别人家的帐,你也吃一杯酒才好。"雨村道:"正是,只顾说话,竟多吃了几杯。"子兴笑道:"说着别人家的闲话,正好下酒,即多吃几杯何妨。"雨村向窗外看道:"天也晚了,仔细关了城。我们慢慢的进城再谈,未为不可。"于是,二人起身,算还酒帐。

三、导读

鲁迅《中国小说的历史的变迁中》中对《红楼梦》有著名的论断:"自有《红楼梦》出来以后,传统的思想和写法都打破了。"相对于艺术手法,其思想突破是更值得珍视的人类文化遗产。鲁迅在《中国小说史略》中把《红楼梦》归于"人情小说",揭示出明清叙事文学所谈"人情"(人类情感)内蕴的人性真谛。

哲学一词源于希腊语,意思是爱智慧。我国哲学体系中儒学的要义之一是"仁者爱人",表明儒学具有原始意义的哲学内涵,并且也是一种以人为本的哲学。宋代张载发展为"民胞物与"(出自《西铭》:"民,吾同胞,物,吾与也。"意思是"世人,都是我的同胞;万物,都是我的同辈")的哲学思想,"民胞物与"在近代平等博爱观形成之前,一直在思想领域中得到重视和践行。曹雪芹正是通过贾宝玉这个人物形象,从一个独特视角表现出对这一系列观点的认知与体悟。

既然以人为本,当然要探讨人类本身的禀赋气质——"性",人类感物之情——"情"。正因为如此,"性"与"情"都成为儒学最重要的命题和范畴,并且也由此规定了"仁""爱"的特殊义涵。我国儒学的发展经历了先秦原始儒学、汉代天人之学、魏晋自然之学、唐宋元明清的性理之学等四大发展阶段。而唐宋元明清的性理之学阶段,浑言之可称为"宋明理学";析言之,则唐代尚未形成真正的性理之学,宋明理学渐趋成熟,但自宋代陆九渊始,经明代王守仁、清代王夫之、戴震等人的发展,又有儒学内部的反"理"趋"性",从"心本"到"气本"的思潮嬗变,这一思潮至明末清初进一步显豁。

曹雪芹处于清朝前叶的康乾之世,性情观不可能脱离时代,他对于传统儒学特别是宋明理学,既有传承也有变革。这就是从原始儒学、思孟哲学、陆王心学发展而来的封建时代堪称民主主义思想萌芽的人文关怀,也就是对人类本体情感的关注。明代汤显祖《牡丹亭》承绪《西厢记》提倡以情抗理的"情至说";曹雪芹《红楼梦》宣称此书"大旨谈情",显示出作者自觉探讨人类情感的哲思。如果把明清叙事文学的"言情"置于时代哲学思潮中进行观察,很容易发现两者之间深相契合:在明清儒学的特殊背景之下,言情作品所谈之"情"不仅外延比现代心理学意义上的所谓情感要宽泛得多,而且都不会离开人性原点——"性"而泛泛谈"情"。这种性情观,在曹雪芹的《红楼梦》中表现得尤为突出。脂砚斋评价宝玉为"今古未见之人",就是指出了曹雪芹寓于宝玉形象中源自性情观的初步民主主义思想萌芽。《周易》对社会政治伦理的规定是"天尊地卑,乾坤定矣。卑高以陈,贵贱位矣",宝玉对尊卑、贵贱的全新认知,就是最好的体现。可分述如下。

首先是气本体下女尊男卑的女性崇拜。清代儒学内部的理学批判思潮以气本体论为武器，批判程朱理学的理本体论。清初王夫之和戴震所论可以作为代表。气本体论与理本体论相比，最为深刻的歧异表现在对人类个体之性即个性形成的关注不同。"气本"论者认为，所谓"性"，乃是指万物各有不同门类的自然性质，即"气质""气禀"的性质；进而言之，所谓人性也就是人类的自然物质特性。曹雪芹对于人性形成的认识，与王夫之、戴震的观点相似，属于以气赋性的气本体论。

《红楼梦》以气本体论把魏晋自然之学以气之清浊区分才性的思想——所谓清气所施物美，浊气所施物恶，移用于气质禀赋。颠覆了此前依据所谓天道序列划分出的尊贵卑贱，从哲学的高度显示出对卑者、对贱者的平等关爱与人文关怀，其中堪称异端的是女性崇拜论。宝玉认为女儿清净洁白，是以气质清浊的本体论，挑战乾坤之道下的男尊女卑思想。认为从气质上看，女子禀赋清轻之气，男子禀赋渣滓浊气："他便料定，原来天生人为万物之灵，凡山川日月之精秀，只钟于女儿，须眉男子不过是些渣滓浊沫而已。""女儿是水作的骨肉，男人是泥作的骨肉。我见了女儿，我便清爽，见了男子，便觉浊臭逼人。"寓言式地揭示出物欲世界对人性的侵蚀。

《红楼梦》对女性悲剧命运的概括是"千红一窟（哭）""万艳同杯（悲）"。黛玉葬花伤春的痴举本质上具有人花同构的象征意义，宝玉对此高度认同，并提升至哲学层面："试想林黛玉的花颜月貌，将来亦到无可寻觅之时，宁不心碎肠断！既黛玉终归无可寻觅之时，推之于他人，如宝钗、香菱、袭人等，亦可到无可寻觅之时矣。宝钗等终归无可寻觅之时，则自己又安在哉？且自身尚不知何在何往，则斯处、斯园、斯花、斯柳，又不知当属谁姓矣！——因此一而二，二而三，反复推求了去，真不知此时此际欲为何等蠢物，杳无所知，逃大造，出尘网，始可解释这段悲伤。"

其次是结合儒家"性三品"论的思想。在哲学基础上，形成气本体下"正邪两赋"的进步思想，成为卑贱者具备高贵品格的理论武器，《红楼梦》突出表现为对女性悲剧命运的深刻悲悯。儒学发展到汉代，董仲舒把人性分为"圣人之性""中民之性""斗筲之性"三级，扬雄则有善、中、恶"性三品"论。曹雪芹借助于贾雨村之口，描述男女偶禀正邪二气所生者，虽不是仁人君子，也不能为大凶大恶，"置之于万万人中，其聪俊灵秀之气，则在万万人之上；其乖僻邪谬不近人情之态，又在万万人之下。若生于公侯富贵之家，则为情痴情种；若生于诗书清贫之族，则为逸士高人；纵再偶生于薄祚寒门，断不能为走卒健仆，甘遭庸人驱制驾驭，必为奇优名倡"，列举许由、陶潜、阮籍、嵇康、温庭筠、柳永、秦观、卓文君、崔莺莺、朝云等人。这是对"性三级""性三品"的升华。《红楼梦》中，宝玉对各类被侮辱、被损害，身份卑贱而有着美好品德的下层人群有深切的关怀。对天尊地卑乾坤之道下的上贵下贱思想进行挑战，也是对宋代以来民胞物与思想的践行。

一是对丫鬟尤其是失去双亲的卑贱丫鬟的人身关爱、人格尊重。眼里容不下沙子，性格像块爆炭的晴雯，在抄检大观园后，被送到姑舅哥哥家里，宝玉非常心疼："如同一盆才抽出嫩箭来的兰花送到猪窝里去一般。况又是一身重病，里头一肚子的闷气。他又没有亲爷热娘，只有一个醉泥鳅姑舅哥哥。他这一去，一时也不惯的，那里还等得几日。知道还能见他一面两面不能了!"对迫害晴雯的人极为愤怒:"毁彼奴之口,讨岂从宽?剖悍妇之心,忿犹未释。"他的想法是这类人"虽死不死",也就是精神长存。相信晴雯成了芙蓉之神,为作《芙蓉女儿诔》。跳井的丫鬟金钏,在宝玉心中成了水仙洛神:"宝玉进去,也不拜洛神之像,却只管赏鉴。虽是泥塑的,却真有'翩若惊鸿,婉若游龙'之态,'荷出绿波,日映朝霞'之姿。宝玉不觉滴下泪来。"

贾琏侍妾平儿也无亲人。平儿受贾琏夫妇的凌辱,宝玉替他两个赔不是,并帮助平儿理妆,"忽又思及贾琏惟知以淫乐悦己,并不知作养脂粉。又思平儿并无父母兄弟姊妹,独自一人,供应贾琏夫妇二人。贾琏之俗,凤姐之威,他竟能周全妥贴,今儿还遭荼毒,想来此人薄命,比黛玉犹甚。想到此间,便又伤感起来,不觉洒然泪下"。

二是与禀赋正邪二性的男性中的"情痴情种""逸士高人""奇优名倡"的精神平等,代表人物秦钟、柳湘莲、蒋玉菡等人虽然是男性,但他们是"情痴情种""逸士高人""奇优名倡"三类人的代表,宝玉与他们都是在身份不对等的情况下进行平等的精神交流。宝玉有时甚至认为他们精神上高于自己,如对秦钟。"那宝玉自见了秦钟的人品出众,心中似有所失,痴了半日,自己心中又起了呆意,乃自思道:'天下竟有这等人物!如今看来,我竟成了泥猪癞狗了。可恨我为什么生在这侯门公府之中,若也生在寒门薄宦之家,早得与他交结,也不枉生了一世。我虽如此比他尊贵,可知锦绣纱罗,也不过裹了我这根死木头;美酒羊羔,也不过填了我这粪窟泥沟。"富贵'二字,不料遭我荼毒了!'"宝玉对庶出弟妹、跟随小厮等也是平等对待。比如他从不管教唯一的庶出亲弟弟贾环,所以贾环并不怕他。下人兴儿道:"(宝玉)也没刚柔,有时见了我们,喜欢时没上没下,大家乱顽一阵;不喜欢各自走了,他也不理人。我们坐着卧着,见了他也不理,他也不责备。因此没人怕他,只管随便,都过的去。"这里的"怕"字,就是封建等级显示出的权威。

宝玉之所以能具有初步民主主义的进步思想,是因为贾母溺爱,得以长期在内帏厮混;脱离贾政的严教,躲避进退应对、庆吊往还;躲避迂腐的圣贤经传、忠孝节义的学习。大观园中,他过的不是男性世界的理性生活,而是女性世界的感性生活,生活在自由、美丽的女儿国中。在与女性的温柔相比照中,发现《大学》《中庸》等圣贤书,是礼教枷锁,那以男子为中心的可憎世界,满是违反自然的强制、虚伪和丑恶。这种思想的进步性,体现在其对远离现实的"太虚幻境"的神往。

延伸阅读

1. 余英时:《红楼梦的两个世界》,上海社会科学院出版社,2006。
2. 周汝昌:《红楼梦新证》,译林出版社,2012。
3. 刘心武:《刘心武续红楼梦》,江苏人民出版社,2011。

问题与讨论

1. 贾宝玉女性观、爱情观的进步性表现在哪些方面?

写作与交流

2. 脂砚斋评价《红楼梦》中贾宝玉这个人物形象是"今古未见之人",请举例说明产生这个人物形象的环境。贾宝玉形象有哪些初步的民主主义特质?

3. 鲁迅先生说:"自有《红楼梦》出来以后,传统的思想和写法都打破了。"从人物描写的角度看,《红楼梦》与其他明清小说有何不同?

第二部分

应用文写作

第一讲　应用写作

一、本讲介绍

"大学毕业生不一定要能写小说诗歌,但是一定要能写工作和生活中实用的文章,而且非写得既通顺又扎实不可。"这是著名教育家叶圣陶说过的一句话。应用写作是与人们的工作、学习、生活关系最直接、最密切,最有实用价值的写作。应用写作能力是衡量大学生综合素质的重要标准。

二、应用写作概述

1. 大学生写作短板亟须补齐

2018年5月,《光明日报》一篇题为《语病不断、缺少逻辑——大学生写作短板亟须补齐》的文章,引起社会高度关注。文章说,从当年9月开始,清华大学电子工程、环境科学等本科专业的课程表上都将增添一门共同的必修课——"写作与沟通"。该课程计划到2020年,覆盖清华所有本科生,并力争向研究生提供课程和指导。

之所以要将写作课作为新生必修课,是因为"大学生写作能力退化"。近年来,"大学生写作能力差"的报道频频见诸报端,不少学生表示"一写论文就发愁"。一篇博士论文曾引来网络围观,其中的章节标题《综合近年来奥斯卡最佳摄影奖来分析这〈拆弹部队〉和〈阿凡达〉两部作品代表性的强的电影以及奥斯卡对数字时代电影摄影的审美倾向》,有50余字,存在多处语病。一位教育部博士论文抽检评审专家大发感慨:"这是我迄今见到的前无古人,估计也后无来者的雷人标题。"

一方面是令人担忧的大学生写作能力,一方面是许多大学的培养计划,没有或很少有写作类课程。学生们的焦虑,似乎也只出现在写论文、交总结等"特定时间"。北京某高校一名叫宋丹阳的同学说,尽管其所在高校面向全校学生开设了"大学生应用写作"课程,教授各种写作规范和写作方法,"但同学们基本不听,就随便混个学分"。写作的意义和价值,被大大低估了。

写不好日常应用文,会给日后的工作和生活带来困难。写文章并非简单地堆砌辞藻,而是通过逻辑思维谋篇布局,恰当地取舍素材,通过准确的语言加以表达的过程。所以,许多写作教材将"综合性"概括为写作活动最重要的一个特点。所谓综合性是指思想水平、知识积累、生活阅历、写作技巧等方面的综合。文章写作是"合力"作用的结果,要做好"点"上的文章,需要调动许多"面"上的知识储备,需要系统内各要素优化组合。写作是对一个人"硬实力"的综合性检测。

据悉,国外不少名校,写作课早已成为其教育体系的关键内容。一项针对900多所

美国高校的调查显示,96%的四年制高校开设了大一写作项目。普林斯顿大学已构建起一个全方位服务于学生写作的体系,每年开设超过100场写作研讨班,建有写作中心,为所有在校生提供免费的一对一写作辅导……相信随着"写作与沟通"成为清华学生必修课,国内高校对学生写作能力的培养,也会提上日程。

2. 文章内容的真实性

写作活动从性质和功能上分,主要有两大类:一类是文学写作,一类是应用写作。文学写作是艺术创作,以审美的方式反映生活,主要包括诗歌、散文、小说、戏剧等体裁;应用写作重在"应用",它是为了解决实际问题的,有明确的实用性。打个比方,应用文章如饭,是让人充饥的,解决最基本的需求;而文学作品如酒,是供人品尝回味的,满足的是更高的需求。

应用写作最鲜明的特征,是文章内容的真实性,文体风格的质朴性。

文章内容的真实性,最简单的解释是实有其人、确有其事,不是编的,不是假的。不像文学作品那样,"往往嘴在浙江,脸在北京,衣服在山西,是一个拼凑起来的角色"。具体来说,文中所涉及的事件、人物、时间、地点、数据等必须准确无误。这是由应用文的实用性所决定的,比如求职信,如果学历造假、能力造假,写得连自己都不认识自己了,那就不是求职信,而是"骗职信"了;再如新闻报道,真实被看作是新闻的生命,是新闻报道必须恪守的原则,"真"之不存,"善"和"美"就没有依傍了。

如果对"真实"进行深入的思考和分析,我们会发现,"真实"这两个字可以拆开来,"真"讲的是我们的主观认识;"实"讲的是客观对象的实在性。"真实"既有"真"的含义,也有"实"的含义,是主观认识和客观对象相符合。落实到文章内容中,就是"有没有""是不是""像不像"。其中"有没有"指的是你说的这回事有没有,"是不是""像不像"指的是你说得是不是恰如其分,像不像它本来的样子。原本没有这回事,或者有这回事,但不是你说的那个样子,都属于不真实。比如"大跃进"时期"放卫星",粮食亩产动辄几万斤,这就失去了"客观对象的实在性",是故意造假、无中生有。同样,因为富民政策、科学种田、勤劳耕耘、风调雨顺,粮食生产喜获大丰收,但是在夸富民政策好的时候,就说这是推行富民政策的结果;在倡导科学种田的时候,又全部归功于科学种田,无视农民的勤劳和老天爷的功劳,这就犯了片面的错误。这也是一种失实,是认识失真而造成的失实,这种失实带有更强的隐蔽性和普遍性。

有一篇学生工作方面的先进事迹总结,大概意思是,有一年夏天,蚊子特别多。宿舍里六名同学,只有五名同学有蚊帐,蚊子都去叮咬那个没有蚊帐的同学。那名同学被咬得满身大包,痒得受不了。另外五名同学看在眼里,急在心里,最后相约晚上睡觉都不挂蚊帐,免得那个同学招架不住。文章最后高度赞美了这五名同学,说他们有爱心、敢担当。这种赞美是在生硬地拔高。

套用我们刚才提到的"有没有""是不是""像不像",在"蚊帐"这个案例中,有这回事,但不是、不像文章中说的那样"高大上",也就是"真"脱离了"实","认识"脱离了"实际"。真实是"真"和"实"的统一,要有实事求是的科学态度,这是内容真实的根本,也是写好应用文章的根本。

3. 文体风格的质朴性

应用写作的另一个特征是文体风格的质朴性。质朴，就是朴实无华，不雕琢、不做作，本色自然。应用写作，无论是介绍情况、说明事由，还是解说事理，陈述办法，都讲求干净利落、直截了当，毫不拖泥带水。比如在一份《植树造林计划》中，明确要求所栽种的马尾松，"株距行距都在四尺左右""入土要一尺半以上""做到苗正、根舒、土实"……这就是直陈其事，干净利落，一点儿也不含糊。

这种简约自然的风格，与文学作品的大肆铺陈和渲染，恰好相反。文学是"登山则情满于山，观海则意溢于海"，铺排张扬。比如汉赋中有一篇《七发》，其中有一段写乐师演奏一首很悲伤的乐曲。如果是应用文章，只需一句话：乐师某某演奏了一首很悲伤的曲子。但赋却不是这样简单，他先说山上有一株高大的桐树，积年累月风雨摧残它，激流冲击它，孤鸟在上面做窝，悲切之情郁结于树。一天把这树砍下来制成琴，再用孤儿的衣钩做琴饰，寡母的耳环做琴徽，这时再请乐师用这张琴弹一首极悲的曲子，飞鸟听了敛翅不飞，野兽听了垂耳不行，连蚂蚁听了，也把嘴巴支在地上不再爬动……作者为了表现主题，从制琴的树开始到曲终之后的效果，用了多少笔墨，做了多少铺垫、多少渲染，这在应用文章中是多余的。

应用文章是为了解决实际问题的，内容真实可靠，相应地，文体风格平实质朴，不能太文艺，太雕琢。太文艺，太雕琢，反倒会害了内容的传达。陈望道先生在我国第一部系统的修辞学专著《修辞学发凡》里，将修辞现象分为两大类：一类是消极修辞，以让人"明白、理解"为目的；一类是积极修辞，以让人"体验、感受"为目的。前者只求明确、通顺；后者要求艺术效果，语不惊人死不休。总体来说，应用文章属于消极的、保守的、刻板的文体；文学作品属于积极的、活跃的、自由开放的文体。它们统称文章，风格却迥然有别。如果不加分辨，用文学笔法、积极修辞，诗情画意去表现应用文章的内容，表面上看"色香味"俱全，实际上是破坏了它的"营养价值"，也败坏了人们的胃口。

现代人讲求吃得安全，吃得健康。在烹饪上，流行"原生态，浅料理"。食材是天然的、绿色的；加工也简单，不要煎炒烹炸，无须太多的调料，甚至不用添油加醋，要的是原汁原味。这"原生态，浅料理"与应用写作"文体风格的质朴性"特别相像，应用文材料新，材料真，不含"添加剂"，不讲究精致、精细和精美，自然朴实，借用马克思的一句话，就是"根据事实来描写事实"。

当然，这里说的"不讲究精致、精细和精美"，不是说应用写作没有规矩，可以天马行空。正好相反，应用文的格式相当规范，有约定俗成的体例。它所强调的是不雕琢、不做作，不能太文艺，不能太诗情画意。

所以，提高应用写作能力，不妨从返璞归真开始，就像能把牛肉罐头还原成牛，要能够把文艺笔法、诗情画意还原成实话实说、实话直说。比如："你知道长城有多长？它一头挑起大漠边关的冷月，它一头连着华夏儿女的心房。"这是一句歌词，它简直是精粹的诗的语言，有一种历史的沧桑感。用应用文的语言改写，就是，"长城有多长？21 196.18千米"。这就像美学家阿恩海姆所说，是"用正方形去再现正方形"，而不是采用变形、夸张等手法用平行四边形或其他的形状去表现正方形。这一点非常重要。应用文

章写不好的一个原因可能是文章写得太好了，太文艺了，太有意境了，比如志愿者"用'智慧菜''文明菜''才艺甜点'和'心灵鸡汤'等，为孩子们的成长补充'阳光能量'"。这句话总结的是无锡市青少年服务工作的先进经验。但什么是"智慧菜""文明菜""才艺甜点"？看得人满头雾水。因为追求文采，忽略了信息的传达。

王小波说《哥德巴赫猜想》这篇报告文学写得很浪漫，而"一个人写自己不懂得的事就容易这样浪漫"——注意，他这里用的词是"浪漫"，与我们所讲的"文艺、雕琢、诗情画意"其实是一个意思。据此，我们可以说，应用文写得不够质朴，原因之一可能是对原材料吃得不透，写的是自己不懂的事。

另外需要说明的是，在应用写作板块中，我们选取了几种常用的文体，包括求职信、计划、总结、调查报告、新闻、会议纪要等，讲解时没有遵循概念、分类、特点、写作要求这样按部就班的序列，而是每种文体拎出两三个要点，以点带面地介绍相关知识。

三、案例解析

代表性案例中，蕴含着丰富的文章写作经验。善于分析，明了其中的成败得失，能帮助我们更快捷地掌握相关文体的写作要领。

案例1：用诗歌预报天气

墨西哥有一份报纸叫《墨西哥报》，他们别出心裁，把天气预报写成了诗歌，每天刊登在报纸的固定栏目内。在一个"阴转晴，傍晚有阵雨"的天气预报里，是这样写的：

晨风吹开飘动的乌云，
给城市黎明带来金黄；
黄昏将有沙沙的阵雨，
使喧闹街道一片静穆。

解析：

"阴转晴，傍晚有阵雨"，作为气象信息，它简明扼要，清清爽爽，一下子就能印到人的脑海里。有话不好好说，偏要写成诗歌，给读者的理解带来困难。相关调查数据显示，在我们国家，能准确阅读药品说明书的居民比例为15%。换句话说，有85%的人因为不能准确理解药品说明书而面临着吃错药的风险。插叙这个例子是想说明，如果我们的报纸，也仿照《墨西哥报》的做法，用诗歌的形式发布天气预报，那么，分不清的就不只是药物的用法，还要包括天气的变化了。

案例2："诗意判决书"

几年前，一份"诗意判决书"在网上走红。这份判决书来自江苏省泰兴市人民法院。法官在处理一对夫妻的离婚官司时，在判决书中使用了"众里寻他千百度，蓦然回首，那人却在灯火阑珊处"等诗句和大量个性化语言。法官表示，她了解到双方当事人曾有一段美好的恋爱过程,"而现在却要劳燕分飞,心有所感写出了这一份判决书",最终判决不准予离婚。

判决书节选:

> 本院认为,婚姻关系的存续是以夫妻感情为基础的。原、被告从同学至夫妻,是一段美的历程:众里寻他千百度,蓦然回首,那人却在灯火阑珊处。令人欣赏和感动。若没有各自性格的差异,怎能擦出如此美妙的火花?然而生活平淡,相辅相成,享受婚姻的快乐与承受生活的苦痛是人人必修的功课。人生如梦!当婚姻出现裂痕,陷于危机的时刻,男女双方均应该努力挽救,而不是轻言放弃,本院极不情愿目睹劳燕分飞之哀景,遂给出一段时间,以冀望恶化的夫妻关系随时间流逝得以缓和,双方静下心来,考虑对方的付出与艰辛,互相理解与支持,用积极的态度交流和沟通,用智慧和真爱去化解矛盾,用理智和情感去解决问题,不能以自我为中心,更不能轻言放弃婚姻和家庭,珍惜身边人,彼此尊重与信任,重归于好。综上所述,依照《中华人民共和国婚姻法》第三十二条之规定,判决如下:不准予原告黄某与被告王某离婚。

解析:

大众对于"诗意判决书"褒贬不一。有人认为该判决书有个性,有温情,有人情味,活泼生动,一改判决书固有的僵化模式;也有人不"买账",认为该判决书辞藻华丽,虽充满善意,但有失法律威严,有损司法形象。我们认为,这是代表法院下达的判决书,不是个人的评论,所以必须严谨、规范、庄重,角色不可错位。判决书不是散文、诗歌,要准确陈述事实证据和法律依据,而非文学性地描述情节。必须简洁、严谨,令人信服,而不是啰唆、含糊、拖沓。在判决书中释法说理是必须的,但应有一个限度,不可本末倒置。

延伸阅读

邹家梅:《新编应用写作》(第三版),暨南大学出版社,2010。

问题与讨论

1. 著名教育家叶圣陶说:"大学毕业生不一定要能写小说诗歌,但是一定要能写工作和生活中实用的文章,而且非写得既通顺又扎实不可。"你平日里写得最多的应用文章属于哪些文体?你觉得影响自己写作能力提高的原因是什么?

2. "真"讲的是我们的主观认识,"实"讲的是客观对象的实在性。结合自己的阅读经验,举例说明在文章写作中主观认识偏离客观实际造成的危害。

3. 有人说《哥德巴赫猜想》这篇报告文学写得很浪漫,而"一个人写自己不懂得的

写作与交流

事就容易这样浪漫"。查阅《哥德巴赫猜想》，挑出你认为写得最浪漫的内容，并思考为什么"一个人写自己不懂得的事就容易这样浪漫"。

第二讲　求职信

一、本讲介绍

写求职信是为了推介自己，进而在激烈的竞争中脱颖而出。这种"推介"要在很短的篇幅里完成。据媒体报道，有的招聘方十几秒浏览一封求职信。那么，如何在短小的篇幅里尽可能充分地展示自己，让用人单位对你的情况了然于心，就成了我们要面对的问题。

二、文体概述

一般来说，求职信的内容要素包括：① 自然情况（学校、专业等）；② 求职目标（应聘的工作岗位）；③ 求职条件（本领、能力等）；④ 表示面谈的愿望；⑤ 附件（专业课程一览表和成绩单、学历证明、各种获奖证书、发表的论文、推荐信等）。

1. 让用人单位认识你

在最短的时间里，让用人单位认识你，关键在于求职信的"薄露透"。"薄露透"是时装的潮流和趋势，写求职信也要做到"薄露透"，显山露水。

求职信中要显露的"山"和"水"，就是我们在上文提到的内容要素。但在"装扮"自己的过程中，我们发现，有的同学穿的是长袍马褂，把自己包裹得严严实实，不显山也不露水。这就犯了写作求职信的大忌。

比如有一名同学的求职信，一下笔便是社会形势："随着社会主义市场经济的不断发展和依法治国进程的加快，法律在我国政治、经济、文化生活中的地位日益重要，不论是管理国家和社会事务的政府，还是从事生产、经营的企业或者每一个普通的公民，无时无刻不与法律产生直接或间接的联系。"之后才介绍自己是哪所大学的毕业生。全文400多字的求职信，有用的信息极少，而且还淹没在废话的"信息泡沫"中。在十几秒的时间里，谁能耐得住性子，在满眼的废话里，搜寻这少得可怜的有用的信息？即使搜索到了，也是散碎的，说明不了什么问题。这名同学不是在求职，而是在讲空洞的大道理。没有哪个用人单位喜欢空谈家。

俄国作家契诃夫的作品以简明精粹著称。有一次给文学青年讲课，传授写作经验，他说，文章怎样才能写得好呢？你们拿起文稿，对折；撕开，扔掉上半部分，剩下的半张纸，句子可能是残破的，读不通。你梳理一下，加个标题，你再看，这剩下的经过改头换面的文章，肯定比原来的好。契诃夫是在说，很多文章的开头拖泥带水，太啰唆了。要拦腰斩断,做大手术。

梁实秋是现代文学史上的著名作家,他喜欢收藏书信,但并非来者不拒。他有11个"不收",其中之一就是"正文自第二页开始者,不收"。"正文自第二页开始",意味着第一页都是题外话。

上文提到的求职信,正文不是自第二页开始,而是从结尾开始。用契诃夫的办法——拦腰斩断,做大手术,都切不净坏死的组织。

那么,怎样才能防止"正文自第二页开始",让求职信"薄露透"呢?我们最容易想到的是"开门见山"。上小学的时候,老师就讲过写文章要"开门见山"。道理早就懂了,但为什么还是有很多人做不到呢?

这是因为不知道"山"在哪里。从某种意义上说,写文章就像采矿,要知道哪里是富矿,哪里是贫矿。选储量最丰富的地方开挖,选土层最薄的地方开挖。山西有煤,如果从山东开挖,可能最终也能挖到煤,但一定是挖了一条长长的地道,耗时费力。落实到写文章,就是绕来绕去,最后也绕到正题了,但这个圈子绕得太大了,可能都忘了此行的目的。

再打个比方,写求职信,当然也包括其他的应用文体,要走直线,不能像京戏演员那样走台步;不能像模特那样走猫步;也不能像老头老太太遛弯,写求职信是直奔目的地。

总之,求职信这样的文体,在写法上,没有太高的难度系数。"包装"应该是"简装",不要里三层外三层的"豪华包装"。要做到"简装",需要拎得清,拎得清就是突出内容要素,朴实自然地表达。

2. 让用人单位赏识你

如果说"让用人单位认识你",是求职信的"标配",那么"让用人单位赏识你"就是"高配",是更高的要求。

怎样才能"让用人单位赏识你"呢?最简单的回答,是让人觉得你是可用之才,是最佳人选,具备过硬的实力。这里讲解求职信的内容呈现,重点谈谈在条件确定的情况下,怎样通过合理的包装,更加充分地展示自己的实力。

首先,要让人家相信你。所谓"疑人不用,用人不疑",要让人家相信你,求职信就要有说服力,这涉及表达的技巧。比如在求职信中,泛泛地说自己成绩优秀,不如列出自己在班级的成绩排名;说自己有一定的社会经验,不如说自己参加过几次假期社会调查、社会实践活动;说自己表达能力强,不如说自己何时参加过辩论赛、演讲比赛、征文比赛,获得了什么奖励。它们的区别是:一个是虚,一个是实;一个是自我表白,一个是客观上的实证。其可信度是不一样的。

真实和可信,是我们生活中常常提到的词语。但要注意:真实不等于可信。真实不真实,对应的是客观实际;可信不可信,对应的是主观判断。它们的衡量尺度是不一样的。说得不好,真的,也让人觉得虚假;说得好,假的,也让人信以为真。当然,这样说不是主张在求职信中刻意造假,而是要让真实的更加可信。结合上面的例子,就是能够化虚为实,用看得见的具体材料展示自己的特长、优势、闪光点。

这里有两个关键词,一个是"具体材料",一个是"展示"。"具体材料"是细节性的、

实证性的材料,"展示"是"摆出来让人看"。你的特长和优势,要转化成细节性的、实证性的材料"摆出来让人看"。看得见的特长和优势,才能最大限度地打消用人单位的猜忌和怀疑。这也应了百闻不如一见的道理。

其次,除了百闻不如一见,还要力争让人喜闻乐见。看见是一回事,乐意看、喜欢看是另外一回事。能够让人乐意看、喜欢看甚至是百看不厌的,一定是相当完美的精品。

"精品"求职信,概括来说,应该简要、简短、简单、简明。其中简要是突出核心信息,好钢用在刀刃上。简短是精粹,能用一个词语说明白的,不要用两个词语、三个词语,能用一句话讲清楚的,不要用两句话、三句话。要避免说套话,说不痛不痒的话。简单,强调的是本色、自然。要尽可能使用通俗易懂的语言,使用生活化的语言。简明是明了、明快,小葱拌豆腐,清清爽爽。

《人民日报》原副总编辑梁衡说过:"平时,人们越要突出一件事,就越要用最简洁的手法、最简单的色调来处理。"他举例说,"围棋是黑白两色,书本是白底黑字,这样才能使棋手和读者注意力集中"。对于求职信来说,要使用人单位的注意力集中于它所表达的信息,就要简要、简短、简单、简明。古人说"简为文章尽境",简是文章写作的至高境界,尽善尽美的境界。要达到这样的境界,套用一句流行语,就是要"断舍离"。"断舍离"是《咬文嚼字》杂志评选出的"2014年度十大流行语"之一。"断"就是断绝不需要的东西;"舍"是舍弃没用的东西、舍弃多余的废物;"离"是脱离对物质的迷恋,让自己处于宽敞舒适的空间。生活态度上要"断舍离",写求职信,也需要"断舍离"。"断舍离",才有可能"简约而不简单"。

这里的"不简单",还涉及其他一些细节。包括不能制作万能的、通用的求职信,要针对应聘的岗位调整内容次序,强化或弱化相关信息。比如应聘的部门是工会,突显的应该是文体特长;应聘的岗位是教师,偏重的应该是业务技能。此外不能浮夸油滑,说一些不着边际、无关宏旨的话。不能以第三人称写求职信,不能出现错别字,不能式样太花哨……这么多的"不能",是为了细节的完美,为了"喜闻乐见",为了"让用人单位赏识你"。

三、案例解析

案例1:空谈大道理的求职信

  随着社会主义市场经济的不断发展和依法治国进程的加快,法律在我国政治、经济、文化生活中的地位日益重要,不论是管理国家和社会事务的政府,还是从事生产、经营的企业或者每一个普通的公民,无时无刻不与法律产生直接或间接的联系。

  作为××大学法学系的应届毕业生,我庆幸自己所处的这个时代,给了我接受高等教育的机会,在圆满完成四年本科学习后,我相信社会会给我施展才华的舞台。

自从决定报考法律专业起,我已把法官视为自己的理想职业。在法治国家中,司法被认为是"维护社会公正的最后一道防线",而具体行使司法最终裁决权的,就是法官。他在庄严的国徽下履行着维护公平、正义的神圣使命。我希望在不久的将来,也能成为一名真正的法官,为维护社会公平、正义尽微薄之力。

我叫王××,现年23岁,今年7月将从××大学法律系毕业。在校期间,我掌握了扎实的专业知识,还参加了在法院的实习。我相信自己将在今后的工作磨炼中不断进步,充分发挥才干。

我有志于成为司法机关工作人员,请给我一个面试的机会。

解析:

这封求职信的内容,可以浓缩成一句话:

王××,23岁,××大学,法律专业,想当法官,有扎实的专业基础,曾在法院实习,请给我个面试的机会。

这名同学主要介绍的是社会形势和对司法、法官的认识,比如司法是"维护社会公正的最后一道防线",法官履行着"神圣使命"。没有把好钢用在刀刃上,浪费了笔墨,也浪费了自己的求职机会。

案例2:缺少"角色意识"的求职信

女士们、先生们:

你们好!我的运气真好啊!就在我即将毕业之际,贵公司正式开始投产了,首先我向贵公司表示热烈的祝贺!

我是××大学应届毕业生。在校四年中,我德智体全面发展,除各学科成绩一贯优异,专业基础知识扎实,动手能力强,长期担任小组长外,还有多种爱好和特长:能言善辩,能歌善舞,能写善画,各项球类运动都有一定水平,大家夸我是全才。当然我不能因此而骄傲,但是,实事求是地说,我还真有两下子:说、拉、弹、唱、打球、照相,样样精通。至于水平嘛,都称得上OK。

我有能力胜任各方面的工作。恳请贵公司立即回复为要,以免误事。

解析:

这名同学的求职信,开篇部分是"女士们、先生们:你们好!我的运气真好啊!就在我即将毕业之际,贵公司正式开始投产了,首先我向贵公司表示热烈的祝贺",接下来,介绍自己"是××大学应届毕业生……"这样的表达,非常不得体。具体来说是没有摆正自己的位置,角色意识不强。美学家朱光潜曾说:对待读者的态度,有"不视、仰视、俯视、平视"等多种。其中最可取的是"平视",平等交流。虽然求职信重在"求",也不必太"谦卑"。像上述案例中的"向贵公司表示热烈的祝贺"的说法,好像是领导在做报告、发表演说,这种姿态也是不可取的。所谓"修辞立其诚",求职信也要注意真挚、诚恳地交流。

延伸阅读

1. 宁波大学阳明学院组织2 907名大一新生给爸妈写家书,由于家庭信息不详、收件人姓名写错、收寄件人位置写反等,50多封书信被退回。

"如今很多大学生不知道怎样给老师发邮件、写信。"这是71岁的上海大学老教授戴世强的感慨。戴老师与学生通了500多封信,总共收到学生电子邮件246封,书写形式完全合格的邮件仅占邮件总数的13%!合格的标准为,有抬头,自报家门(写上姓名、学号),写明作业名称,有落款。

请你检索上述信息,加深对广义"书信"的理解。

2. 曾任美国第32届总统的罗斯福家中失窃。朋友写信安慰他,罗斯福回信说:"亲爱的朋友,谢谢你来信安慰我,我现在一切都好,也依然幸福。感谢上帝,因为第一,贼偷去的是我的东西,而没有伤害我的生命;第二,贼只是偷去我部分东西,而不是全部;第三,最值得庆幸的是,做贼的是他,而不是我。"结合上述案例,加深对"书信写作是作者综合素养的反映"的理解。

问题与讨论

1. 检视自己的习作,看看是否存在"正文自第二页开始"的问题,深刻领会"开门见山"的含义。结合具体案例,总结写好书信需要具备的相关条件。

2. 梁衡在《文章五诀》中说:为文如为人。一个人如果除工作必须说的话,便再不多说一句,此人大概精神不正常,绝没人敢与之为友、为亲。一个人除工作话外总还得说点闲话、笑话,甚至废话,这才有血有肉,显其音容,见其个性。一篇文章也是这样,只把观点说完,再无余字,那不叫文章,是告示牌上的布告,是路口的红绿灯信号灯,是药瓶上印的服药说明。文章的情思、机敏、智慧、美感等常要靠闲笔来表现,正如红花下要有绿叶,松竹梅旁总少不了太湖石。只有大手笔,才敢于用闲笔。小学生作文中没有闲笔。这里的"闲笔"与"简为文章尽境"的说法,是否矛盾?

3. 下文是一名同学在竞选学生干部大会上的演讲,题目是《过一次"官瘾"》。求职信与竞选演讲高度"神似",都在表达某种"诉求"。请指出《过一次"官瘾"》存在的问题,并简要概括对写作求职信的启示意义。

老师们、同学们:

  首先自我介绍一下:我是××系××班的×××。

  生性腼腆的我,今天却能一反常态,无比镇静地站在你们面前,奇怪吗?不必如此,一股巨大的力量催促着我、鼓励着我站出来,那就是为咱们这个大家庭发一丝光,施一分热的责任感。

  是的,我站出来了,信心百倍地站到你们面前,并发表着一篇关系重大的演说。它决定着能否赢得大家的支持,就是说能否赢得一个为大家服务的机会——当一名学生干部,一个学生官。

"当官",多么诱人的字眼,有权可掌,有利可图。自古以来,为了它,不顾骨肉亲情杀父者有之;为了它,殒命丧身者有之。使尽一切伎俩,就是为了做官。

"当官"有如此大的吸引力,坦白讲,经过深思熟虑,我也想争取过一次"官瘾"。然而,我要当的却不是某些人想当的那种官。而是一个清官,无权可掌,无利可图,相反还要付出一份代价。那我图的是什么呢?能为大家庭中每一位成员服务,为一切愿接受我的人才服务,我为这个大家庭能献出一份劳动将是我一生中最大的快慰。为了获得一次机会,我勇敢地站在这里。

不是推销商品,不是为了谋利,因而不需要自夸。我确信自己有一定的号召、组织能力,确信自己有一套可行的工作方法。我深信:凭着一颗赤诚的心,凭着一腔沸腾的血,再加上我们共同努力,我一定能把工作做好,不信吗?那就请给我一次证实的机会。

第三讲 调查报告

一、本讲介绍

调查报告是对某项工作、某一事物或问题进行实际调查、分析、研究后,将调查中收集到的材料加以系统整理,以书面形式向组织和领导或者向社会进行情况汇报的一种文书。本讲重点介绍调查报告的文体特征和写作要点。

二、文体概述

调查报告是机关单位或个人对某一社会现象进行深入调查研究后所写成的书面报告,作为决策的依据,要求有情况、有分析、有结论。

常见的"调查""调查汇报""调查综述""情况调查""考察报告"等,都属于调查报告。其作用为:推广经验、揭露问题,是决策的依据。

事——析——断,即提出问题、分析问题、解决问题,是调查报告的写作思路。一般包括:基本情况、成因、结论及对策,或主要成绩、经验、做法、启示等。

调查报告完整的名称,应该是"调查研究报告"。调查报告写作有"六分跑、三分想、一分写"的说法,强调"调查研究"的重要性。

1. 题材决定价值

调查什么,也就是调查报告的选题、题材,决定了调查报告的价值。

概括来说,选题要着边际,关痛痒。着边际是有针对性,关痛痒是与人们的切身利益息息相关。调查报告的选题价值,体现在对多少人有影响,有多大程度的影响,是否会立即发生影响,影响多长时间等方面。

我们以一个具体的案例说明问题。南京师范大学的6名学生,曾经对"新生代农民工"问题进行调查。"新生代农民工"是指年轻一代的农民工,多为80后。他们游走于城市和乡村之间,既回不到故乡,也融不进城市,是相当尴尬的没有归属感的一个群体。调查报告反映了他们的生存境遇和价值观念。调研成果引起社会广泛关注,后来"新生代农民工"这个名词被写进中央一号文件。媒体高度评价了这6名大学生的社会责任感,说他们的关注,"正影响并改变着中国一亿新生代农民工的命运",这就是影响力!

表面上看,"6名同学"和"一亿新生代农民工","一篇调查报告"和"一代人的命运",是那么遥远,好像永远也不可能有交集。但实际上发生了奇妙的"化学反应"。其中最根本的原因,是选题好,选题击中了社会上绷得最紧的那根弦,引发了最强烈的反响。

衡量一篇调查报告好坏的标准,首先不是写作技巧,而是所反映的事实的分量。如果事实无足轻重、无关紧要,即便写作上再精美,也不是好文章。这应了一句歇后语:麻袋上绣花——底子太差。花儿可能是绣娘绣的,非常精美,但可惜绣在了麻袋上,先天不足,朽木不可雕。

这种先天不足,朽木不可雕的例子,并不少见。比如有一篇调查报告调查的是刷牙前,牙刷要不要先蘸水。文中说,87%的人表示刷牙前牙刷要先蘸水,并且详细列举了蘸水的理由。又援引反对派的说法,说刷牙前,牙刷不要先蘸水。最后咨询口腔医院的专家,专家说,刷牙前,牙刷要不要先蘸水,完全是生活习惯,因人而异,医学上没有明确的说法。口腔专家的意思,是你蘸水也可以,不蘸水也可以,蘸不蘸水无所谓,就像你推门进屋,是先迈左腿还是先迈右腿一样,是生活中的小细节,无关紧要,无伤大雅。这样鸡毛蒜皮的琐事,即便调查得水落石出也不会有什么意义。

除了边缘化、琐屑化,选题的误区还包括太大、太小、太难、太浅等。

要走出选题的误区,需要立足现实生活,在生活中观察。法国作家左拉把写作活动说成是"百眼巨人,百手巨人"的工作。一百只眼睛是为了能够看见一切,一百只手是为了能够记录下一百只眼睛所看见的一切。观察是获取材料、确定选题的最为重要的一条途径。比如城市生活中,一般人习焉不察的盲道,原本是为盲人出行提供便利的,却暗藏着许多风险。某省会城市的一段盲道是用油漆画在地上的,没有凹凸感,它是让明眼人"看"的,而不是让盲人"走"的。画在地上的盲道是看上去很美的花架子,是典型的形式主义。这就是非常接地气的选题。这样的选题是直接从生活中来的。此外还可以通过相关新闻报道获取线索。比如新闻中说"有意愿创业的大学毕业生高达80%,可真正选择创业的只有2%",这其实就是一个很好的线索,我们可以调查一下影响大学毕业生创业的问题是什么。

2. 思路决定格局

调查报告强调大局观,搭好文章的架子,突出针对性、实用性,充分发挥调查报告作为决策依据的作用。

有一篇调查报告,题目是《远山的呼唤——关于土家族聚居的樟木村人口素质调查》。先是概述人口现状,其中最主要的问题是残疾人多,约占总人口的8.9%。其次是分析人口素质下降的原因,包括近亲结婚、环境污染、缺医少药。再次是解决问题的对策,包括宣传婚姻法,杜绝近亲结婚,大力提倡优生优育;重视生态保护,不能顾此失彼,杀鸡取卵;政府加大投入,解决偏远落后山区群众饮用水和医疗卫生问题。

这篇调查报告,表面上看很普通,实际上是用心良苦。文章大的层次是:问题、成因、对策。层层递进,一环紧扣一环,体现了非常严谨的逻辑关系。尤其值得称道的,是在开药方的时候,紧扣病因,比如针对近亲结婚,开出的药方是宣传婚姻法,优生优育;针对环境污染,开出的药方是生态保护;针对缺医少药,开出的药方是政府加大投入,送医下乡。可谓弹无虚发,正中靶心。这就是思路明晰,格局精当。

思路不明晰,格局不精当,最主要的表现是问题、成因、对策,这"三点"不在一条线上。各吹各的号、各唱各的调,演奏的或者演唱的不是同一个曲子,不是同一首歌。

调查报告的写作过程,是发现问题、分析问题、解决问题的过程。我们曾经讲过"题材决定价值",所发现的问题,应该是个"真问题"而不是"伪问题";是个大问题而不是无关轻重的小问题。此外分析问题要具体、深入,就是射箭要看靶子,对症下药,一把钥匙开一把锁。

"问题""成因"和"对策"不是三点成一线,发生偏移和错位原因是多方面的。其中最主要的,是材料吃得不透,没有做到烂熟于心。米开朗基罗说过,他在创作雕塑的时候,从来不是在创作形象,而是把那些强有力的形象从石头中释放出来,让那些沉睡在一块块大理石中的形象完全展现出来。这段话里,"释放"是最重要的一个关键词。石头里原来就有个形象,它是活的,艺术家的创作是把它解救出来、释放出来。艺术家的艺术创作是这个道理,调查报告的思路格局的谋划也是这个道理。文章布局谋篇,是对客观事物本身的内在联系和发展变化规律的反映。客观事物本身就有它的来龙去脉和气象,写作的思路和格局是对客观事物来龙去脉和万千气象的真实写照。没有眼中之竹,就没有胸中之竹、笔下之竹。

在日常生活中,养成问题意识非常重要。思路和格局不是临时抱佛脚"抱"来的,而是养兵千日"养"出来的。有个人,1998年开始有手机,截至目前累计接到"中奖"通知93次,奖金2 260万元,另有各种奖品如iPhone 68部、电脑36台、轿车27辆。不过,也收到法院"传票"93张,"被大学录取"57次。此外"女友被绑架"11次,"儿子被拐卖"13次……

能够看出,这是一个有心人。我们每个人都是垃圾短信的受害者,但没有像他这样做过精细的统计和汇总。更难得的是他的思考、他的处理措施,这位垃圾短信的受害者给出的对策是"技防""人防"和"立法",多管齐下综合治理。在我们看来,这就是思路和格局,就是视野和境界,而成就他的是日常的积累和思考。

三、案例解析

案例1：选题的常见问题

调查报告选题的误区有太大、太小、太难、太浅等。下面8个选题，是日常教学中，在学生作业中发现的问题，我们把这些选题分成了4组。

第一组：

(1) 物价上涨对社会各阶层的影响

(2) 社会主义新农村建设成果调查

这类选题太大。比如"社会各阶层"包含所有人；社会上有哪些"阶层"？我们可能连分类都分不好、分不科学。"影响"也涉及方方面面。大而无当，无从下手。

第二组：

(1) 大学生兼职出发点

(2) 大学生手机被盗，孰之过

这类选题太小。前者着眼的是兼职动机，后者聚焦的是手机失窃的过失。如果改为"大学生兼职情况调查""大学生物品失窃现象及安全意识的调查"，更为合适。

第三组：

(1) 底层性工作者生活状况调查

(2) 关于今年夏天蚊虫繁增的调查及数据统计

这类选题太难。难在连调查对象都可能找不着、认不清。更不要奢谈生活状况调查、数据统计了。

第四组：

(1) 关于无锡公交线路分布情况的调查

(2) 关于大学新生性别比例的调查

这类选题太浅。调查的目的是"去蔽"，就是去除遮蔽真相的外衣，使其显露本来面目。如果所谓的调查对象，原本就是秃子头顶上的虱子——明摆着，就没有必要再去调查了。思想家梁漱溟在《学问的八层境界》中，所讲的第二层境界是"发现不能解释的事情"。调查报告的选题，从某种意义上说，也是"发现不能解释的事情"，通过调研，去解释、去澄清。上述两个选题，如果将"公交线路分布情况的调查"改为"公交运营情况的调查"，选题就有内涵了；大学新生性别比例的问题，如果围绕某一专业最近一个时期的性别比例变化，在"变化"上做文章，就具有认识价值了。

案例2：江苏家庭建设状况的调查

一篇《江苏家庭建设状况调查报告》，主要内容是，在25岁以下的被调查者中，有44.7%的女性对婚恋节目中的"宝马女""拜金女""豪宅女"持认同态度，年轻人的婚姻观念有功利化趋向，感情成分减少。其结果是"婚姻关系脆弱化，离婚比率增高"。

面对离婚率高、婚姻观念功利化的问题，该篇调查报告给出的对策：大学必修婚姻课，测试合格方能结婚。具体来说，是高校应加快设置"婚姻家庭理念教育"必修课，帮助大学生树立正确的婚恋观,提高感情调适能力……

"问题"是离婚率高,"成因"是观念功利化,"对策"是大学必修婚姻课,这三点不在一条直线上,跑偏了。离婚率高是多种原因合力作用的结果,比如性格不合、责任意识缺失、家庭暴力等。不全是,甚至主要不是拜金的原因。即便离婚率高果真因为拜金、因为功利化,所开出的"药方"——大学必修婚姻课,也是远水解不了近渴。而且,大学里的必修课不是想开就能开的,成绩合格就不离婚了?一些人可能恰恰是看清了婚姻才选择了离婚。中老年再婚怎么办?去大学重修?那些没上大学的,你不让人家结婚?谁讲这门课?讲课的老师离过婚能不能登讲台?或者只有离过婚的老师因为更清楚其中的甘苦所以才有资格讲授?他(她)讲了这门课,年轻人就不拜金了?年轻人拜金是因为没学习婚姻课?另外,不拜金就不离婚了?

总之,"问题""成因"和"对策"单摆浮搁,不是相互贯通,不是三点成一线。在思路上,犯了"肠梗阻",在格局上也不精当、不严谨。

延伸阅读

1. 梁漱溟:《学问的八层境界》,《思维与智慧》2019年第8期。
2. 蒋高明:《调查:千疮百孔的中国农村》,《环境教育》2015年第8期。

问题与讨论

1.《无锡:除了少锡还少什么》是浙江某高校教授丁骋骋所写的一篇调查报告,曾引发无锡思想解放大讨论热潮。这是一篇对无锡"挑刺"的文章,丁骋骋说文章的发表让他收获了太多的意外。

起初,也有无锡网友埋怨他,觉得他的一篇文章增加了自己的工作量,周末因此要经常加班,丁骋骋心里有些过意不去。但随着无锡思想解放大讨论活动力度的加大,促进城市转型的方案策略频频出台,这样的变化又让丁骋骋高兴,觉得文章的价值得到了体现。网友们的抱怨也渐渐少了,积极和丁骋骋交流探讨解决问题的方法的人多了。他还笑称,自己的文章其实也可以从反面来理解,就是无锡什么都不缺,名人辈出、经济发达,就好比是做蛋糕的料都有了,关键是如何调配这些料,让蛋糕更好吃,而无锡要让城市优化发展,关键就是要调整结构。

检索相关材料,结合上述案例谈谈调查报告的社会作用。

2.《九城市公共厕所男女厕位状况调查报告》的主要内容:

每人每天上厕所6~8次,一年约2 500次,一生约有2年时间在厕所度过。

男女厕位合格比例为1∶1.5。国内城市男女厕位比例最失衡的是广州,比例为1.79∶1;比例最为均衡的是北京,男女厕位比例为1.22∶1。

调查还发现,女性上厕所的平均时间为89秒,而男性则为39秒,女性厕位不足的问题尤为突出。女厕排队、男厕闲置的现象较常见。广州、北京、南京、郑州等地女性为维权曾发起"占领男厕所"活动;全国12所师范类高校学生给本校校长写信,要求解决如厕难问题。

结合具体内容,谈谈《九城市公共厕所男女厕位状况调查报告》的选题特点。

3. 湖南师范大学10名同学完成的调查报告《湖南煤矿工人心理安全感的影响因素及提升策略》,曾引起国家安全生产监督管理总局的高度重视。10名大学生,在近2年的时间里,冒着生命危险走访湖南30多个煤矿,3次下矿井,调查500多名矿工。其间有矿主的威胁、亲历的艰辛、沟通交流的麻烦……检索相关材料,谈谈对"六分跑、三分想、一分写"的理解。

4. 选取一篇调查报告,分析其写作思路,加深对"思路决定格局"的理解和认识。

第四讲　计　划

一、本讲介绍

凡事预则立,不预则废。计划是对未来一定时期内的工作做出预想性的部署和安排的实用文书。计划是一个"大家族",有许多的"兄弟姐妹",规划、打算、设想、方案等都属于计划的范畴。一般来说,规划是大型的综合性的长远计划;打算是对某项短期工作的具体安排,又叫安排;设想是初步的、还未成熟的计划;方案是内容具体、周密的计划。应用时,要量体裁衣,准确选择文种。

二、文体概述

计划内容的三要素,包括:① 目标和任务(做什么);② 措施和步骤(如何做);③ 要求(做得怎么样)。

有的时候,在正文的前言部分,简要交代"为什么做"(制订计划的依据和理由)。所以,最完整的计划"套路",就是"为什么做""做什么""如何做""做得怎么样"。结尾一般是展示前景,提出希望,说明注意事项等。

计划内容的三要素中,目标和任务、措施和步骤,即"做什么""如何做"是难点。

1. "做什么"——要有科学性

确定目标和任务,要讲求科学性。如果做不来,就表明计划脱离实际,不科学。

比如有一名小学生,他的计划是长大以后,每年参加一次奥运会,每次奥运会至少拿6块金牌。一次拿6块金牌,如果是体育天才,加上刻苦训练,或许有可能。美国游泳运动员菲尔普斯在北京奥运会上就曾拿到8块金牌。但每年参加一次奥运会,谁举办?所以,这个小朋友的计划,永远也实现不了,永远也不能落实。从这个意义上说,制订计划,也是人生的智慧,人生的策略。

或许有人会说,我们不会像小学生那样单纯幼稚,不至于制订出"做不来"的计划。我们想说的是,事情远没有这样简单和乐观。弄不好,你也会出现目标定位上的失误。

比如河南某高校,曾举办向馒头宣誓——"忠于馒头,爱惜粮食"的活动。300名学生手举馒头,庄严宣誓:"每一个馒头都值得尊重",我们要爱惜粮食。很明显,活动的出发点是好的,是为了培养节约意识。但"做什么"——也就是向馒头宣誓这个活动,在我们看来,可能是个"馊主意"。这是因为,爱惜粮食是简单的生活常识,是3岁小孩都明白的道理,是我们必须坚守的底线。现在,一群大学生,居然郑重地宣誓,承诺连个孩子都该做到的事情,明显是小题大做了,分明是在自我矮化。许多人爱宣誓,医生宣誓不拿红包,司机宣誓不闯红灯,学生宣誓考试不打小抄……有一幅漫画,说一只老母鸡也来凑热闹,宣誓"本鸡下蛋,绝不带棱带角,保证是椭圆形,保证有蛋皮、蛋清和蛋黄"……宣誓的泛化,让誓言的价值大打折扣。食堂的墙上贴着"谁知盘中餐,粒粒皆辛苦"的标语不起作用,向馒头宣誓就起作用?所以我们有理由怀疑活动的实际效果。

举这个例子试图说明,在安排这项活动时,组织者的计划,确切地说,在"做什么""该做不该做"上,一开始就出现了偏误。非但不会有什么效果,还会有作秀的嫌疑。

做了不该做的,严格来说,属于"乱作为"。"乱作为"可能比"不作为"更可怕、更有害。据新华社消息,2014年,党的群众路线教育实践活动中,全国叫停的"形象工程""政绩工程"多达663个,这些"形象工程""政绩工程"常常是"先用几个亿建,再花几个亿拆",劳民伤财,穷折腾。出现这么多的"形象工程""政绩工程",根本原因之一是规划不科学。群众批评一些干部是"三拍干部",所谓"三拍干部",是遇事先拍胸脯——就这么干,出了问题我兜着;出问题了,他拍大腿——我怎么没想到;最后拍屁股走人了。广州市原市委书记万庆良被人嘲讽为"规划之神",他的"神规划",包括在山顶上开挖一个巨大的湖,在山地建百米大道……完全背离了自然规律,给我们的事业带来了重大的损失。所以,计划要制订得好,绝不是单纯的写作技法的问题。比写作技法更紧要的,是科学的态度,是实事求是之心,是深入细致的调查研究。提高计划写作能力,也要加强理论、政策、社会百科知识和表达技法等多方面的修养,不断提升自己的综合素质。

2. "如何做"——要有针对性

"做什么"明确了,下一个环节是"如何做",即明确措施方法。

如果说目标、任务的科学性,解决的是"顶层设计"的问题,那么,措施明确、措施到位、措施有力,解决的是"基础性的工作"的问题。制订计划,既要"顶天",还要"立地"。"立地"就是落到实处,要有可行性、针对性。

为了说明问题,我们从一个小故事入手。陕北榆林的统万城遗址,历经千年风雨,仍可见当初的轮廓,不像现在的豆腐渣工程,还没完工可能就垮塌了。它其实就是就地取材,用当地普通的黄土,手工夯实的。为什么这么结实呢?据说,除了修城墙的人,还有负责质检的人。一段城墙修完了,质检员拿个锥子,对着墙体,拼命往墙体里刺,如果

刺进一寸深,修城墙的要被砍头;如果刺不进一寸深,质检员要被砍头……也就是修完一段,或者修城墙的死,或者质检员死,两个人必死一个。修城墙的,担心被砍头,夯啊夯啊,夯得特别坚实;质检员担心被砍头,用尽全身的力气,刺啊刺啊,非要刺进一寸深……所以修得铜墙铁壁一般,历经千年风雨而不倒。

我们举这个例子,试图说明:他们的目标、任务是修城墙,为了修成铜墙铁壁,他们采用了极端措施——"你死我活"。今天我们不可能照搬这种做法,但这种打攻坚战的思考问题的方法,正是我们制订计划时需要具备的。

计划是决策内容的具体化,要措施明确、措施到位、措施有力。

电影《地道战》中有一句台词:各村有各村的高招。套用这句话,各单位、各部门或者是个人的计划,都应该有自己的"高招",能够啃硬骨头。现在很多计划,一是领导重视,二是层层落实,三是分工负责……罗列了很多条,似乎也没有错,但一看就是万能型的,缺少针对性。

我曾经让同学们思考根治"城市牛皮癣"的办法。"城市牛皮癣"指的是非法张贴的小广告。有同学给出的措施是刷油漆,凡是能张贴小广告的地方,比如电线杆、墙体甚至路面上都刷上油漆,让它贴不上去。小广告的确贴不上去了,但这要耗费巨大的人力、财力和物力,有一种牛刀杀鸡的感觉。还有的同学,没明白题意,说牛皮癣是个顽症,我爷爷就得了牛皮癣,浑身痒痒,痛苦不堪。看中医,没治好;看西医,没治好;最后用中西医结合疗法,治好了……

"如何做"是解决问题的智慧,解决问题的能力和方法。"做什么"是认识,是决策;"如何做"是行动,是解决问题。"做什么"固然重要,"如何做"也不可以掉以轻心。

那么,面对棘手的问题,我们如何思考解决问题的路径、方法呢?

有一个营销学上的案例:"假如你有100斤黄豆要卖出去,但市场上黄豆正滞销,有什么办法可以把黄豆卖出去?"

讨论时,同学们七嘴八舌:把豆子剥成豆瓣,卖豆瓣;如果豆瓣卖不动,就把豆瓣腌了,卖豆豉;如果豆豉还卖不动,那就加水发酵,卖酱油。

让豆子发芽,改卖豆芽;豆芽还滞销,就让它长大点,改卖豆苗;豆苗还卖不动,就让它再长大点,当盆景卖,命名为"豆蔻年华",到校门口摆摊儿,记住这次卖的是文化而非食品;如果还卖不动,建议拿到闹市区进行一次行为艺术创作,主题就是"豆蔻年华的枯萎",并以旁观者身份给报社打电话爆料,如成功,可迅速成为行为艺术家,并以此完成另一种意义上的资本回收,同时还可拿到报社的爆料费;如果行为艺术没人看,爆料费也拿不到,那就赶紧找块地,把豆苗移栽入土,灌溉施肥,锄草培育,几个月后有收成,再去市场卖豆子。

看来没有卖不出去的黄豆,只有卖不出黄豆的头脑……它印证了一个道理:水大漫不过桥,办法总比困难多。

具体来说,他们的办法是:产品升级、产品深加工;根据目标客户,精心打造适销对路的产品。尽管思维相当发散,但始终是咬定青山不放松,针对性特别强。

能够想出针对性这么强的措施、办法,想出这么绝妙的点子,最主要的原因是了解手里的黄豆、了解市场;集思广益,从群众中来到群众中去。这其实也是我们制订计划时,需要掌握的解决问题的根本路径。借用写作教材上的一般说法,就是熟悉上面的政策,熟悉现实情况,吃透两头,还要注意广泛听取方方面面的意见,尤其要多搜集、积累相关工作的宝贵经验。别人的经验,别人的成败得失,可以给我们提供可资借鉴的方法。要善于学习,所谓"没有金刚钻,不揽瓷器活"。善于学习,就是不断地打磨金刚钻,让它更锐利。

三、案例解析

案例1:非洲贫困儿童的援助计划

中央电视台《对话》节目,曾邀请中美两国的高中生同台比拼,其中的一个环节是制订非洲贫困儿童的援助计划:

中国学生从中国悠久的历史入手,从歌颂丝绸之路、郑和下西洋,到吟咏茶马古道;然后有人弹古筝,有人弹钢琴,有人吹箫,三个女生大合唱,一人一句;一会又是一个人深情地朗诵,接着是大合唱。最后说组织去非洲旅游,组织募捐,还去非洲建希望小学。

美国高中生的方案,从食物、饮用水、教育、艾滋病、避孕等细小的实际问题入手,每一项做什么、准备怎么做,具体到每项的预算,预算准确到几元几分,分工明确。

解析:

两相比较,我们同学的计划太"文艺"了,走的是"煽情"的路线,可能"看上去很美",但不接地气,中看不中用;美国高中生更务实,考虑了很多细节,善于具体问题具体分析。制订计划,需要这种务实求真的态度。

案例2:"农家书屋提升工程"的方案

某省公务员考试申论题中有一个对策题:针对"给定资料"中《一个农家书屋的自述》所反映的问题,省职能部门拟起草一份推进"农家书屋提升工程"的方案。假如你是该职能部门的一名工作人员,你认为方案中应明确哪些具体措施?

"给定资料"中农家书屋的自述:

……不过有时候我也苦恼,有的出版社推荐的书不是我想要的,我喜欢的书它们又没推荐上来。还有的时候,农民朋友需要的书出版社没有,送来的书又往往脱离农村实际……更让我难以接受的是,有的出版社让畅销书走市场,把卖得不好的书推荐给我。这实在是一种短视行为,中国有8亿农民,市场潜力巨大呀!

我的兄弟姐妹们有相当一部分过得并不如意,管理他们的大多数人员由

当地村干部兼职,村干部因为事务繁杂,客观上无法保证我们的正常开放。没有严格的借书手续,借后不还的现象较为普遍,图书散失现象时有发生,甚至有些地方没有落实专人负责,图书不编号、不登记造册,常年放在书柜里不对外借阅。当初建设时,县(市、区)新闻出版部门是责任主体,村负责提供用房,建好后由村负责管理、维护开放。但实际工作中,没有建立相应的监管机制,没有纳入年度政府目标考核。有些镇、村干部重视不够,县(市、区)文化新闻出版部门更无足够人力、物力对此进行直接而有效的管理。

我和兄弟姐妹们都希望能跟上网络时代的步伐,分享科技进步的成果。可有一部分的乡镇至今没有配备电脑,有电脑的也不都能上网。每当看到农民朋友因不能上网而离去的背影,我的心中特别难过。

我知道农民朋友喜欢音像、报纸、期刊,尤其是时政新闻类、实用技术类和生活保健类期刊,可这些我常常没有。我听说,在部分经济发达地区,有些兄弟姐妹已经跟当地的公共图书馆实现了通借通还,有的还建设了互联互通的数字书屋。有的建立了社会捐助平台,通过冠名捐助、结对帮扶等形式共建书香社会……我想,如果我所有的兄弟姐妹都能拥有这样的条件,农民朋友该有多高兴啊!

解析:

农家书屋的问题,包括:① 书的问题:想要的没有,有的不想要,脱离农村实际;② 人的问题、管理问题:兼职、缺少监管机制,图书散失,借阅不便;③ 电脑的问题;④ 农民朋友期盼通借通还,建设数字书屋(间接反映了相关问题)。

解决农家书屋问题的措施:① 图书配备,增量提质,满足农民阅读需求;② 明确责任,优化管理,方便借阅;③ 配备电脑,开通网络,跟上科技时代步伐;④ 丰富图书种类,实现通借通还,建设数字书屋。

措施要有针对性,对症下药,避免那种万能的措施办法。在计划的相关要素中,最容易出现的问题是有目标而没有措施,有措施但方法步骤不明确、不具体,不足以保证目标的实现。

案例3:千元桃树认养计划

春天到了,你有没有想过有一朵桃花因你而盛开?本月1日起,惠山区太湖阳山水蜜桃科技有限公司首次面向社会推出"千元桃树(500棵)认养计划",出资1000元就能拥有一棵专属于你的阳山水蜜桃树,不仅能够尽享赏花、采摘、农耕等农家乐趣,还能获得认养桃树所产的全部桃子。

推出桃树认养计划,一方面契合市民亲近大自然的心理需求,另一方面也是为了吸引更多的人走进桃乡,带动阳山生态休闲旅游的发展。桃树在国人心中是吉祥、仙寿以及青春美好的象征。太湖阳山水蜜桃科技有限公司专门在长腰山脚下划出一方优质桃林,面向企事业单位和市民推出"以桃会友,

'桃'冶人生"桃树认养计划。交纳1 000元认养费用,就将成为这棵桃树一年的主人。

认养期间,公司承担桃树日常护理、管理工作,为每棵桃树建立档案,详细记录桃树各阶段生长情况,并通过QQ群定期发布信息。认养者也可参与桃树管理。认养桃树所产的全部果实属于认养人,甚至提供代为采摘、送桃上门的服务,确保认养者吃到正宗的阳山水蜜桃。仅一棵桃树一年结的桃子,市场价格就不少于1 000元。

解析:

这是一篇新闻,反映的是某公司开展"千元桃树认养"活动。换言之,是以新闻的体裁样式,介绍了"千元桃树认养的工作计划"。阅读这样的新闻,便于帮助我们对计划这种文体产生整体印象。认真研读这个案例,试着把它还原成一份工作计划,就好像把牛肉罐头还原成牛一样。

延伸阅读

1. 检索"学风建设经验",摘录相关工作的具体措施,加深对计划中"做什么""如何做"等问题的理解。

2. 一些事关群众权益的政策,要么出台就被叫停,要么在出台后躺在纸上、挂在墙上,要么卡在"最后一公里"无法执行,这样的政策被称为"断头政策"。检索"断头政策",思考问题的成因、对策,强化科学决策意识。

问题与讨论

1. 报载,某高校学生自评"校园十大不文明行为","得票率"由高到低分别为:出口成"脏"、打架斗殴;购物、打饭时随意插队;乱扔垃圾、随地吐痰;取自行车时将他人的自行车推倒,不做处理;在公共场合吸烟;男女情侣在公共场合过于亲密;公交车上不主动给老弱病残让座;上课不遵守纪律,影响他人学习;对老师、同学不够礼貌;骑车在校园内横冲直撞。调查中学生们还提出了其他的不文明行为,如饭后不自觉回收餐具、随意践踏草坪、浪费水电、考试作弊、男生打球不着上衣等。

如果学工处、学生会要制订《××大学关于加强大学生思想道德建设的工作方案》,由你执笔完成初稿,你在方案中会提出哪些处理措施?

2. 一些同学在日常工作学习中,时常拟制策划书。请查阅相关资料,简要概括策划与计划的联系和区别。

写作与交流

第五讲　总　结

一、本讲介绍

总结是我们在日常生活、工作中使用较多的一种文体,是对以往某一时期的实践活动进行回顾,从中找出经验教训,得出规律性认识的应用文体。日常使用的小结、体会等,也属于总结。善于总结利弊得失,能帮助我们扬长避短,提高工作、学习的效率。

二、文体概述

生活中,很多人都要写总结,但很多人都写不好总结。写总结的难点,包括反思经验和教训、巧用事实说话、体现个性棱角。

1. 反思经验和教训

写总结首先难在人们分辨不清经验和教训。生活中有些现象矛盾丛生,纷繁复杂,经验和教训常常纠缠在一起,剪不断理还乱。比如消防队员出警,除了救火,有时候还帮人捅马蜂窝、取钥匙、爬树救猫……仅以捅马蜂窝为例,相关数据显示,在9个月的时间里,杭州消防出警1 371次,119报警电话一度成了"马蜂窝热线"……而且每次出警至少需要一辆消防车,五六名消防员。举这个例子是想说明:如果消防队员要写一篇总结,怎么看捅马蜂窝这件事?是便民服务还是浪费警力?是经验还是教训?或者是利弊得失兼而有之?这好像是在"定性",定性出了问题,在构思行文上难免犯错。比如看到的都是经验,大谈特谈群众利益无小事,急群众之所急,想群众之所想,平均一天捅五六次马蜂窝……显得太片面。

其次是难在知道是经验还是教训,但是认识得不深刻、不独到。报纸上,有个题为《重骗》的小故事:

一个冬天的傍晚,业务员小张的妻子在家吃饭,有一个青年来家,说今天有人请小张吃饭,怕晚上回来冷,请他将皮大衣带去,并把别人送的两瓶茅台酒先带回来。妻子见有两瓶茅台酒,深信不疑,将大衣给了那青年。小张回来,妻子一问,小张说没有此事,乃知皮大衣被骗,茅台酒倒不是假的。

过几天,有一个"警察"来,说你家小张的被骗案已破,警局要我来拿两瓶茅台酒作为证据,妻子遂将酒交给他。小张回来后说没有此事,乃知再次被骗。

如果小张的妻子要写一篇总结,反思其中的教训。那么最深刻、最惨痛的教训是什

么呢？

先前在教学中,同学们给出的答案是"不要轻信"。

"轻信"是最深刻、最惨痛的教训吗？显然不是。"轻信"几乎是所有骗局受害者共同的教训。在这个案例中,小张的妻子为什么就"轻信"了呢？是什么蒙蔽了她的双眼？其实就是那两瓶茅台酒。见有两瓶茅台酒,才深信不疑。结合她老公业务员的身份,会猜想：这可能是别人送的礼品。正是这礼品让小张的妻子放松了警惕。所以,用一句话概括,这深刻的教训应该是：贪欲遮蔽了我的双眼！

"贪欲遮蔽了我的双眼",较之于一般层面上的"轻信",它是更具体、更深刻的教训。它是由此及彼、由表及里,深入开掘的结果,是对当事人反思能力的一种检验。

中国公安大学教授王大伟说过：生活中,4%的人遭受了40%的犯罪侵害。一些人不善于总结教训,不断地上当受骗,成了受害的专业户。从犯罪分子的角度讲,是专门盯上了这个群体,专门拣软柿子捏。反思经验教训,既是写总结的要求,也是更好地适应社会的要求。

在《重骗》的故事中,小张的妻子吃了哑巴亏,其教训是贪欲遮蔽了双眼。她没有意识到,天上掉馅饼的时候,地上也有个陷阱在等着她。我们再换一个角度,看看骗子行骗成功的经验是什么。

所谓"盗亦有道",骗子也是讲究骗术的。在这个案例中,骗子的"经验"正是小张妻子的教训,好像一枚硬币的正反面。小张妻子无奈的地方,正是骗子最得意之处。按照这个思路,骗子最成功的经验就是,要有一个诱饵,要充分利用人的贪欲。

当然,我们不是在这里传授骗术。我们讲骗子的经验,讲小张妻子的教训,都是为了说明：交代经历、过程,是陈述事实；但从当事人的角度,反思其中的经验教训,则是提炼事理,表达认识。而且这种认识要深刻、独到。总结具有说理性,不是流水账,它要有一定的高度。它既是回头看,也是站在高处看。所谓回头看,是总结过往；而站在高处看,则是对成败得失、荣辱毁誉的了然于心。

2. 巧用事实说话

写总结,离不开用事实说话。无论是工作总结、学习总结,还是科研、生产总结,都要着眼于过去的实践活动。介绍实践活动是"摆事实",说明悟出的"经验和教训"是"讲道理"。二者之中,"摆事实"是"讲道理"的前提和基础。没有事实,所谓的道理,就成了无源之水、无本之木。而且总结中的"讲道理",也不是长篇大论,通常是画龙点睛,点到为止。总结的主体内容是陈述事实,讲求用事实说话。

写总结要用事实说话,而且还要"巧用事实说话"。这里的"巧"字,体现在精选典型材料和叙事精简等方面。

典型材料,是指具有代表性和普遍意义,能够起到以一当十、以少胜多作用的材料,是最有表现力的材料。

下面有个小例子,说的是从前一个江南人和一个山东人,各自夸耀自己的家乡美。

江南人说,我们江南好,江南多山多水多才子；山东人说,我们山东一山一水一圣人。

我们知道,这里的"一山",是五岳独尊的泰山;"一水"是中华民族的摇篮、母亲河——黄河;一圣人则是孔夫子。尽管江南有那么多山、那么多水、那么多才子,但是在泰山、黄河、孔夫子面前,明显是小巫见大巫。如果把这两句话看作是双方在辩论,那么获胜的明显是山东人。因为泰山、黄河、孔夫子是山、水和才子中的杰出代表,是更有说服力的典型材料。

需要说明的是,典型材料是在比较中出现的,有一个披沙拣金的过程,是优中选优的结果。据媒体报道,有一户人家四五天买一次菜,从不去菜市场,而是早起到早市买。不论斤买,而是买估堆货,回家挑出能吃的。电话只接不打,晚上看电视从不开灯。另一户人家是低矮破旧的茅草房,找遍了房间的角落,居然没见到一个电源插座。这些材料都是用事实说话,没有泛泛地说这户人家很穷、节衣缩食、节俭度日、一分钱掰两半花,而是"化虚为实",通过饮食等生活细节,展现了他们的贫寒。但哪一个更典型、更有说服力呢?明显是后面的没有一个电源插座更典型。因为它比"晚上看电视从不开灯",更能表现贫困。如果要做出取舍,只留用一个,应该毫不犹豫地留下第二个。

"巧用事实说话",还要注意叙事精简。叙事精简是为了提升信息的密度,让文章更充实。在有关"神九"航天员后勤保障的总结材料中,提到航天员的饮食,说餐桌上的每一道菜都经过千挑万选:

牲畜都是散养的,吃的是天然野草;鸭蛋来自纯天然野生鸭子;鱼类不投放任何饲料,鱼种完全是自然生长;专供奶牛需隔离休养一个月,以便把体内药物成分充分排掉;专供猪肉,仔猪是基地仔猪繁殖中心自己繁殖的,喂猪的玉米和麸皮也是自己种植生产的,挑选的待宰猪要观察精神状态,从吃食、四肢力度、皮肤色泽等方面进行综合考量;为确保零污染,养殖基地禁止任何陌生人进入。

上面这段话,信息量非常大。不光涉及牲畜饲养,还涉及整条食物生产链。是全方位、多环节的零污染。在具体写法上,一句话陈述一个事实,没有任何铺陈和渲染,比如它不用"严格把关""层层筛选""高度负责""认真落实""精益求精"这样的句式和词语,而是直陈其事,用事实说话,而且表达有概括力,毫不拖泥带水,使文章显得扎实、饱满、明快。

当然这种笔法大多适用于"面"上情况的概括。我们写文章包括写总结,要做到点面结合。如果反映"点"上的情况,就不能这样只有骨头没有肉了。

这里引出一个问题,就是叙事精简,一句话陈述一个事实,需要我们有丰富的材料储备,平日里要养成勤于搜集、积累的好习惯。所谓"巧妇难为无米之炊",再精明的主妇没有米也做不成饭,写作技法再娴熟的人,没有材料也做不出文章来。材料是文章写作的条件和资本。尤其像总结这种文体,没有材料就没办法写了。有一个和日常积累相关的事例:无锡有一位70多岁的老太太,1958年结婚。那个年代,生活条件都不好,为了精打细算过日子,她事无巨细,详细地记录下每天的收支情况。50多年来,她的家庭账目记满了17本,其中家庭账务55 249笔,保存购物收据1 267张,最大一笔开支为

4.5万元,而最小的支出才2分钱。

这个事例告诉我们:家,包含了一段岁月。家里的老物件,比如一张老照片、一张留言条、一张票根……都在默默地述说着一个家族的历史。老太太的账本让她在讲述往事的时候如数家珍。我们也想对写作材料如数家珍的话,就要用心积累。

3. 体现个性棱角

在反思经验教训、巧用事实说话的基础上,还要有特点、有个性,防止千人一面。总结写得不好,可能是因为雷同,和别人的差不多,或者是和自己往常的总结差不多。比如,有很多人,一下笔就是"过去的一年是不平凡的一年",一看就是套路化的表达。哪一年平凡?哪个人会说"过去的一年是平凡的一年"?曾经有媒体报道:56名贪官,至少有14人在悔过书的开头说"我是农民的儿子"。悔过书是回顾贪腐经历,总结其中教训的,也相当于我们这里讲的总结。1/4的重复率,使这些人的悔过,了无新意。

这两个例子只涉及总结的开头,是小细节。如果着眼于正文的主要内容,更需要彰显个性,突出新意。那么,怎样才能有个性、有新意呢?

最关键的一点,是着眼于"突破性",在"突破性"上做文章。具体来说,可能是做法上有突破,可能是效果上有突破,还可能做法、效果上都有突破。不同以往,不同寻常,给人眼前一亮的感觉。

比如湖南株洲一位小学教师,实施"三胡策略"进行教改实验。所谓"三胡策略",是在她的课堂上,解放学生的头脑,允许学生"胡思乱想";解放学生的嘴巴,允许学生"胡说八道";解放学生的手脚,允许学生"胡作非为"。我们知道,小学生上课的时候,纪律特别严明。这个老师的做法,完全是颠覆性的。对她的教改实验,领导、同行、家长和学生,褒贬不一。我们这里暂且不谈效果和影响,只想说明:她的做法是独特的、与众不同的、具有突破性的。这位老师写总结的话,就可以大书特书其"三胡策略"。因为标新立异,有个性棱角,也不担心和其他老师的总结撞车了。

如果做法上、效果上都有突破,那就相当于质的飞跃了,是更了不起的突破。媒体曾报道日本倒盖楼房。要盖十层楼,他们先在地面上盖好顶层,之后用一个特制的举重机把它托举起来,留出空间,接着盖九层;九层建好后,像小孩搭积木一样,把九、十层组接在一起,再托举起来,以此类推,建好八层、七层,一直到一层。为什么这样建造呢?他们的回答是:第一,最大限度地减少建筑工人的意外伤亡。在地面上施工,可以从根本上杜绝伤亡事故,非常人性化。第二个好处是提高了效率,避免了建筑材料上上下下的搬运,速度快了。当然,他们也说,这种倒盖楼房的方法,只适用于十层左右的建筑,太高的楼房比如摩天大楼,举重机就托举不起来了。

我们的传统观念、传统做法是万丈高楼平地起。他们现在是反其道而行之,倒着盖,而且效果还非常好。这就是亮点、经验和特色。实打实地写,个性有了,棱角有了,还能传递新经验。

我们举这两个例子是想说明,如果你是那位教师,只写常规教学活动;你是搞建筑的,只写万丈高楼平地起,而不写"三胡",不写"倒盖楼房",可能就没棱没角了。要注意挖掘、选取具有独特性、突破性的题材。所谓"条条大路通罗马",在工作、学习或者某项

活动中,不同的人,不同的部门单位,各有各的突破才是个性。比如课程学习总结,光写在什么时间、什么地点、学了什么,不写怎样学的、学得怎么样,就体现不了特点,因为别的同学也是这样的情况。

除了"突破性",要体现个性棱角,还要注意避免说大话、说空话。话说得越大、越空泛,离它所表现的对象就越远。比如有人是这样总结工作的:按照"强化一个意识,完善两种机制,实现三个转变"的工作思路,牢牢把握"一个中心""两个职责""三个原则""四个提高"等基本点,扎实推进,不断迈上新台阶……这是典型的官话、套话、大话,说了半天,可能连他自己都不明白说了什么。套话、大话,说来说去,说到最后都差不多,所以免不了雷同。这要求我们,写总结也要有求真务实的态度,有优良的文风。

三、案例解析

案例1:"土豪"课堂等教学改革

某高校专门花50多万元订购了136颗真钻石,供珠宝鉴定专业学生实践课"鉴宝",被称为最"土豪"课堂。此次采购的都是纯天然钻石,每一颗0.3克拉左右,都经过了GIA(美国宝石学院)认证。在课堂上,学生们使用这些钻石,运用颜色、净度、切工等鉴定标准观察探究。为保管昂贵的上课道具,学校有着严格的保管机制。每节钻石鉴定课专门有两名老师,一名老师负责教学,一名老师负责收发、核对钻石。

某高校园艺专业期末考试试题,要求学生捉10种害虫,每种害虫10分,总分100分。

某高校一位老师,为人力资源专业的126名学生各出了一道"专属"考题,要求学生结合所学知识对热点话题从不同角度进行分析,杜绝了学生作弊的可能性。

解析:

假设我们是某高校教学工作的负责人,上述情况就发生在我们身边,以此素材总结我们的教学工作,所面临的第一个问题就是如何验证其"成色",即区分成绩经验和问题教训。就像我们在"文体概述"中说的,这是在"定性",定性出了问题,在构思行文上就会犯错。

我们认为,真钻石"鉴宝"表明在教学"硬件"建设上下了大功夫,值得倡导;期末考试捉害虫,考虑到园艺专业的特殊性,也有其合理之处;"专属"考题则缺乏可行性。换言之,如果是总结教学工作的成绩经验,它们的含金量是依次递减的。

案例2:一个居民社区里的"窗帘约定"

在北京市西城区的白纸坊,有一个"窗帘约定":一扇窗帘拉下来代表需要买东西,两扇窗帘都拉下来代表身体不适,这是社区里年迈的空巢老人与志愿者之间的约定。窗帘"拉起拉下"的信号,透露出社区对老年人的浓浓关怀。此"土"办法已坚持了多年,现如今,小区 20 多户老街坊的心已被这份约定拴在了一起。

解析:

这个办法虽然"土",却十分管用,许多空巢老人得到了邻居和志愿者的及时帮助。这种邻里守望,让人倍感温馨,也不失为一种民间智慧。

此法也让人颇感无奈与担心。抱团取暖的背后,是养老的困局。虽然此法在绝大多数情况下管用,但有时也会造成误会。那些失能、半失能老人,操作起来也有难度。通过"窗帘约定"照看老人,难免有不周到的时候。

当下社会已进入"万物互联"时代,应有更先进的做法,来替代"窗帘约定"。有些地方推出了社区智慧养老终端,老人只需按下按钮向外呼叫,就能获得所需帮助。也有些地方推出社区老人集中就餐、就医陪护、上门洗浴等模式,解决老人的衣食住行与外出就医等难题,这些做法都值得借鉴与推广。

在写作上的启示意义:善用事实说话,有一分事实说一分话(不能因为有了"窗帘约定"就一好百好);反思经验教训,要有特点、有个性,防止千人一面。

延伸阅读

1. 要避免说大话、说空话。话说得越大、越泛,离它所表现的对象就越远、越模糊,因此也更容易成为套话,更容易成为"万能"的总结。检索"短、新、实",查阅相关资料,加深对"优良文风"的理解。

2. 检索"高校另类课程""校规和笑规",加深对相关现象的理解。

问题与讨论

1. "待用快餐"是爱心人士发起的一项公益活动,主旨是希望前去快餐店就餐的人提前买下一两份快餐寄存在店里,以便提供给有需要的流浪者、低保户等困难群体。目前国内 30 多个城市的 300 多家餐厅积极响应,踊跃加入"待用快餐"爱心活动。但相关调查显示,在南京、苏州、厦门、昆明、深圳等城市,认购者踊跃,认领者却不多,餐厅常常两三天都送不出一份"待用快餐",这份尴尬让他们始料未及。为了将爱心送出去,有的餐厅花了不少心思。比如,寻找流浪人员来餐厅用餐,或让员工将快餐送到困难群众手中。餐饮业老板感叹"好事不易做"。一些网友认为,这种慈善方式考验商家和市民的诚信,对成功推广存有疑虑。

如果你是"待用快餐"公益活动的一名志愿者,要总结"待用快餐"的经验教训,你的理解、认识是什么?

2. 从"用事实说话"的角度,谈谈下文的选材特点,并简要概括近年来贫困生认定工作中的经验教训。

  "我两天只吃一顿菜,其他时间只吃馒头""长这么大了,我从没喝过牛奶,也没吃过香蕉和菠萝""我唯一的电子产品就是一个1G的U盘,手机、电脑啥的都没有"……这是高校贫困生认定工作中,大学生在"晒"贫困。知情者透露:"辅导员让所有申请者上台陈述自己的家庭状况,由全专业的同学投票,票数高者为特困生,其余为贫困生。"据悉,被认定为贫困生后,可优先得到相关补助,但每个班只有为数不多的几个名额,于是引发一系列的"晒"贫困现象。

  网上"晒"贫困的帖子不断出现。其中,一名大三男生称:"除了校服外,我一年四季就两身衣服,从初中一直穿到大三;一个月的生活费,只有100元钱;我老家在沂源,而我在章丘上学,开学放假来校回家,我都是步行……"更有一名大四女生表示:"一袋500克的洗衣粉,我在学校用了整整3年,为了节省牙膏,我经常用清水刷牙。"

  某高校一名辅导员说,之前谈起"贫困生"字眼,有些学生还显得不自然,不会公然去"争抢"。现在,为了争到贫困生名额,不少学生大"晒"贫困……

3. 检索"河北涿鹿教改风波",按照"叙事精简",增加"信息密度"的要求,以三四百字的篇幅,高度概括事件的来龙去脉。

4. 结合实际,写一篇大学学习生活总结,要求有个性棱角,防止千人一面。

第六讲 新 闻

一、本讲介绍

  新闻是一种满足人们对信息的要求,讲求真实、快捷地反映社会生活中有新闻价值的事实的实用类文体,本讲重点介绍该文体作为"发现的艺术"所具有的特色,并解析其"倒金字塔"结构。

二、文体概述

  古今中外,新闻的定义有100多种,众说纷纭。在我国流传最广、影响最深远的定义,是陆定一的解释,即新闻"是新近发生的事实的报道"。着力强调新闻要"新"。我国著名记者范长江对新闻的解释是,"广大群众欲知、应知而未知的重要事实"。突出了新闻与读者的关联性。另外,19世纪70年代,美国《纽约太阳报》编辑部主任约翰·博加特说:"狗咬人不是新闻,人咬狗才是新闻。"这句话通俗易懂,非常流行,强调了新闻事件的反常和变异。

1. 新闻是发现的艺术

新闻是发现的艺术,没有发现就没有新闻。信息时代更需要用敏锐的目光去发现新闻,传递社会主义核心价值观,那么怎样从生活中发现新闻呢?概括来说,要善于发现生活的最新变化,善于发现有别于常态的异态。这句话里有几个关键词:

第一个关键词是"变化"。变化产生新闻,变化是新闻之母。新闻最主要的功能是反映生活的最新变化。越剧烈的变化,信息量越大,新闻价值越高。比如突然发生的各种天灾人祸,常常成为大新闻,就因为它们是突发性的,是"陡然平地起风雷"。

具体来说,在变化的形式上,有量变和质变;有由顺到逆,由逆到顺的变化;也有由无到有,由有到无的变化。比如现实生活中许多"老行当"正在退出生活的舞台,渐渐远离人们的视线。这些"老行当"包括话务员、报务员、赤脚医生、磨刀匠、补锅匠、铁匠、弹棉花的、修理钢笔的……这些渐行渐远的"老行当",不由让人发出对于岁月的感慨。这就是生活上的一种变化。如果没有这种变化,就不会有新闻。

第二个关键词是"异态"。新闻是一种变化,而且是一种不同寻常的变化,是有别于常态的异态。美国一位新闻学者曾说:"传媒的责任不是报道当天所有的飞机都安全降落,而是指出是否有飞机没有安全降落。"解释起来,所有飞机都安全降落是正常的、平常的,或者说是人们意料之中的,因此不是新闻;而有的飞机没有安全降落就是新闻了。这也应了"狗咬人不是新闻,人咬狗才是新闻"的道理。新闻发现,需要发现的就是这种异常的变化。

第三个关键词是"最新"。新闻有别于历史,其区别在于时间性。新闻报道要"抓活鱼""冒热气",新闻发现也要讲求时效性,甚至是争分夺秒。它不能像科学发现那样反反复复、经年累月地关注某一现象,相反它是快捷的、高效的。有些事实,如果我们发现不了,人家发现了,我们的"发现"就失去了意义。

那么怎样才能知道,某一事实发生了"变化",而且是"最新"的变化呢?答案非常简单,但做起来非常难,那就是要熟知旧有的情况。对旧有的情况越了解、越熟悉,越能发现新变化。旧有的情况是背景和参照系。对背景和参照系了如指掌,才能对新变化一目了然。马未都鉴宝,常常一眼就能看清是真品还是赝品。他平日里是泡在博物馆,对着真品看。再看赝品的时候,就感到特别"扎眼",一下子就辨别出来了。这就是所谓的"养眼"。鉴宝要"养眼",发现新闻也要"养眼",就是要用心积累。

除了要善于发现生活的最新变化,善于发现有别于常态的异态,还要注意新闻发现是一个由表及里不断深入的过程,是有层次性的,有不同的境界。比如20世纪90年代,河南省上蔡县新华书店一年出售中国地图17 500幅,创造了历史新高。地图被哪些人买去了?挂在什么位置?挂地图之前挂什么?当得知是农民兄弟买去了,挂在了农户家中最为神圣的"中堂"的位置,而且是取下先前的神像挂上了地图,挂地图是因为村庄里80%以上青壮劳力走南闯北,做木工、搞建筑、办家具商场、经销家用电器,走上了发家致富的道路,新闻事实的意蕴才显露出来:农村正经历着沧桑巨变,农民的思想

观念正由保守转变为开明,正由愚昧迷信转变为崇尚科学……这就是一种由浅入深的发现,有层次性。如果没有这种穿透力,只盯着地图的销量,就是肤浅的、外在的,做的是表面文章。

所以,发现要有发现力,要培养自己对客观事物的敏锐感知力。诗人北岛曾说,我们生活在一个没有细节的时代。他在大学里教散文写作,让大家写童年,发现几乎没有人会写细节,这非常可怕。写散文需要细节,写新闻也需要细节。美国新闻学家梅兹勒说:"要特别注意人物周围的环境,被采访者办公室有多大?书架上有什么书?从书架上取了什么书?摆在桌上的书哪一页被打开?有哪段被圈点了?桌子上摆了什么?是摆得井然有序呢,还是乱七八糟?废纸筐里有什么东西?"他的忠告指向的都是细节。不排除有的人可能连书架都没看见,更不要谈从书架上取了什么书、哪一页被打开、哪段话被圈点了。

2. "倒金字塔"结构

依次递减的"倒金字塔",涉及的是结构形式和表达技法。生活中,很多同学文笔优美,写起诗歌散文来,有模有样。但一写新闻稿,却常常是四不像。实际上,在写作的"艺术性"上,新闻远远赶不上文学作品。那为什么更简单的、更缺少技术含量的新闻,写起来容易走形变样呢?个中原因当然是多方面的,但最主要的一个原因,是这些人不清楚写新闻许多时候用的是"反劲儿",用的是和诗歌散文或一般的叙事文章相反的手法。

以新闻的结构安排为例,新闻结构具有鲜明的个性特征,包括由近及远、由果及因、由事及人、由个别到一般等。其中由近及远是指新闻叙事在时间上是回溯式的,是由"现在"到"过去";由果及因是先报结果再报原因,结果是第一位的;由事及人强调新闻以"事"为主,哪怕写人物,也总是从事写起;由个别到一般是由点到面,由具体到概括,不断地延伸扩展。这些特征,和我们平日里轻车熟路的写法,完全是相反的。

套路不一样,次序不一样,最明显的、最有代表性的是"倒金字塔"结构。作为一种结构样式,"倒金字塔"结构按照重要性程度依次递减、头重脚轻地安排材料,就好像是一个倒着的金字塔。先说重要的,再说次要的,与文学作品讲故事故意藏着掖着的做法正好相反。

为什么会有这么独特的结构样式呢?这要从它的起源说起。"倒金字塔"结构起源于美国南北战争。当时电报刚刚发明,电讯技术还不够完善,加上战争的干扰,常常是发着发着电讯稿,突然就中断了。为了及时发送最新鲜、最重要的信息,战地记者就先抢发最关键的信息……如果发报机没出毛病,战斗也没有打响,再加以解释说明,就这样,形成了"倒金字塔"结构。

"倒金字塔"结构符合快速交流的需要。它直着说(不是拐弯抹角地说)、明着说(不是指桑骂槐、含沙射影)。这样的表达最大限度地满足了读者求新、求快的阅读心理。

密苏里新闻学院的写作教材里有一句话,说得特别中肯:"如果一个记者从司机离家开始写一起交通事故,那么很多读者都不愿意读到底,不会知道司机死了。"新闻叙事一般情况下不使用顺叙,而是打破常规,把最有价值的信息放在最前面,也就是要者优先,直指问题的要害。要者优先,直指问题的要害,最关键的是分清轻重缓急,分清主要矛盾、次要矛盾。分不清主次,想要倒金字塔,也倒不过来。

总之,"倒金字塔"是一种结构技法,要运用得好,需要下一番苦功。

在强调新闻的艺术性和结构技法的同时,我国当下的新闻作品更要适应国内外形势发展,坚持党的领导,坚持正确政治方向,坚持以人民为中心的工作导向,尊重新闻传播规律,创新方法手段,切实提高新闻舆论传播力、引导力、影响力、公信力。

三、案例解析

案例1:大学新生"齐全哥"的故事

武汉某高校一名大学新生带十四箱行李报到,被称为"齐全哥"。这名新生由五人组成的豪华"陪送团"相送,连年迈的奶奶都坐着轮椅前来为他"助阵"。据帮忙搬运行李的志愿者介绍,除了几大包春夏秋冬衣物外,这名同学还带了一台立式电风扇,两个医药箱等。"一箱装着补品,一箱是日常用药。毛巾带了七条,还有牛奶、苹果各一箱。卫生纸准备了四年的,满满一大箱。"迎新现场,十名志愿者帮助搬运行李,不仅累倒了,也被雷倒了。

解析:

有别于一般同学的"轻车简从",这名被称作"齐全哥"的同学,因为"陪送团"豪华,所带物品齐全,而成为新闻人物。这就是有别于常态的异态。一般情况下,教育教学活动是循序渐进、按部就班的。所以教育新闻,多是延缓性、渐变性新闻,而不是突出性新闻、突发性新闻。从这个意义上说,教育新闻的发现,具有更大的难度。"齐全哥"的新闻发生在"特定日",特定日指节假日、纪念日等,如教师节、国庆节、植树节、五四青年节、学雷锋纪念日、校庆、运动会、开学第一天、放假前最后一天、新生入学、毕业生离校……新闻具有鲜明的"时令性"。着眼于特定日的活动,是发现新闻的一条捷径。此外,还要着眼于方针、政策、规章制度的落实情况;着眼于教学改革的经验、动态;着眼于新人新事新风尚,如爱心捐款、师生获奖、寒暑假主题活动、特色班级评选;还包括着眼于问题、放眼校园周边等。我们这里是以教育新闻为例说明问题,其他题材的新闻发现也是如此。

案例2:一起突发事件的两种表述模式

"中国第一街"王府井惊现杀人一幕

上午九时前往中国美术馆参观"法国印象派画展"。

下午一时左右又顺便往位于王府井灯市口的丰富胡同19号,参观早就向往的"老舍故居"。

行至丰富胡同口,忽听路对过吵吵嚷嚷,待看时发现一水果铺前有一男子正手挥黑色老剪刀,向一倒在地上的女子头部猛扎。约两分钟后,我忽然反应

过来,遂用手机打110报警。

最气不过的是,110报警电话竟然是系统语音回应,并且一而再,再而三地转来转去,最后出来一个男子问:什么事情?

我说王府井有人在杀人。

一男子昨在王府井街头行凶

昨天午后1点25分,王府井大街王府井饭店斜对面,一名男子手持剪刀连刺一水果店女员工十多下。警方赶到后,一直停留在现场的行凶者被押走。水果店女员工被送往医院进行抢救。事情发生的原因警方正在调查之中。

由于事发地点地处繁华路段,因此事情的起因谁也没有看到,大家将目光投向这里是因为听到了一声尖厉的呼喊声:"救命啊!"一位目击者说……

解析:

第一种表述模式,属于按部就班的叙述,它出自一篇博客文章;第二种表述模式,是媒体上的一篇报道。同样的内容,但言说的方式明显不一样。其中,第二种表述模式便是我们所讲的"要者优先""倒金字塔"结构。它是快速交流的需要,直着说(不是拐弯抹角地说)、明着说(不是指桑骂槐、含沙射影)。这样的表达才能最大程度地满足读者求新、求快的阅读心理。

延伸阅读

1. 陈力丹:《新闻理论十讲》,复旦大学出版社,2008。
2. 刘海贵:《中国新闻采访写作教程》,复旦大学出版社,2008。
3. 刘保全:《中国新闻奖精品赏析》,新华出版社,2006。

问题与讨论

1. 习近平总书记对媒体和媒体人提出过要推出"三有作品"(有思想、有温度、有品质)的要求,课后收集符合这三条标准的新闻报道,并与同学们分享。

2. 中央电视台和上海电视台曾联合录制"精彩中国上海篇"的专题节目。如何体现上海精神?经过讨论,最后选取了唐恩林、王卫雄、干惠芳等人的事迹。

黄浦江上的摆渡工唐恩林——他在黄浦江上摆渡30年。他有5个闹钟,这5个闹钟,30年来每天早晨3点3刻准时把他叫醒。他说:如果迟到,我自己扣奖金倒是小事,一船乘客都要受到牵连了,所以我下定决心不能迟到。

出租车司机王卫雄——他花了3年时间,绘制了一张上海厕所地图。有一次他载了一对老夫妇,乘客说他的女儿也是开出租车的,女孩子开出租车别的不怕,就怕憋尿。王卫雄听了之后,就决心绘制一张厕所地图。花了3年时间,绘制的手稿有15斤。地图印出来,全部被抢光。

里弄女裁缝干惠芳——她61岁,从小就喜欢唱歌,到现在随便做什么事情的时候都在唱歌。在社区文化中心,专家为干惠芳培训美声唱法,她到电视台去比赛,得了大奖。

结合"精彩中国上海篇",谈谈你对"新闻是发现的艺术"这句话的理解。

3. 新闻发现是一个由表及里不断深入的过程,是有层次性的,有不同的境界。以"五合章"新闻为例,谈谈你对这句话的理解。

贵州有一个国家级重点贫困村,仅有的一点经费的花费,常常引来村民的不满和质疑。经讨论,他们发明了"五合章"。"五合章"就是把财务报销用的公章分成五瓣,四名村民代表和一位村干部各管一瓣,合到一起才是一个完整的公章,如果有人不同意,就报不了账。这条新闻最大的亮点是善于聚焦,聚焦于"五合章"。如果停留于空泛的民主理财观念,新闻就失去了质感。

4. 下面是报纸上的一篇新闻导语,请指出它存在的不足:

许多市民对十几年前欧洲城开放的夜间乐园还念念不忘,尤其是每年暑期,去欧洲城看烟花成了不少孩子的固定节目,夜间乐园内的狂欢派对、仪仗队游行等令市民至今都记忆犹新。近几年,无锡虽然陆续开放了一些夜公园,但市民总觉得不够热闹。如今,无锡最大的主题乐园——"太湖欢乐园"重启夜间乐园,再次唤醒了不少市民童年的梦想。昨天晚上,太湖欢乐园进行了夜间乐园活动的盛大彩排,现场气氛令人震撼。

5. 精心选取校园里的新鲜事,写一篇300字左右的消息。

第七讲 会议纪要

一、本讲介绍

会议纪要属于应用文中的公文文体,又称"纪要"。2012年,中央办公厅和国务院办公厅联合发布的《党政机关公文处理工作条例》(中办发〔2012〕14号)仍将其列入15种主要公文之中,明确指出纪要"适用于记载会议主要情况和议定事项"。它不仅常用于党政机关,而且还广泛应用于其他单位。各组织机构所召开的办公会议、工作会议、

专题讨论会、座谈会、学术研讨会等等，往往通过纪要这一文种来记载和传达会议精神，或者传递与通报会议信息。

本讲具体介绍会议纪要写作的要领。

二、文体概述

1. 纪实中抓要点

会议纪要是各机关单位根据会议记录和会议文件综合整理而成的反映会议基本精神和主要信息的纪实性公文。"纪要"的"纪"字在古汉语中有两个义项，一是通"记载"的"记"，二是整理头绪的意思；"纪要"的"要"字指的是要点、重要内容、主要事项。由此可知，纪要应当纪其实、概其要。

那么，在写作过程中，我们如何对会议记录和会议文件进行整理加工，如何真实地反映会议的重要信息呢？这就要求我们在据实记载的基础上抓住要点。

首先要明确什么是会议的要点，我们可以先来看一看全球著名的英特尔公司是怎样要求会议的召集者和参加者抓住会议要点的。在他们公司的会议室墙上悬挂着标题为《问问你自己》的会议规则。其中对参加者提出的问题有"你知道本次会议的目的吗？""你是否拿到了会议议程？""你参加会议的任务是什么？""你知道要把会议结果向谁传达和怎样传达吗？"而对召集者提出的问题则有"会议需要做什么决定？""会后谁需要知道这项决定？"会议纪要的撰稿人在下笔之前对这些问题必须要了然于胸。

在写作中我们应当抓住的要点，是会议主旨、研究议题、讨论意见和决议事项等，这些关键信息是纪要的重要组成部分。

《全国文物拍卖管理工作座谈会会议纪要》第一自然段是这样写的："2011年1月11日，国家文物局召开全国文物拍卖管理工作座谈会。来自全国24个省、自治区、直辖市文物行政部门的负责同志，以及商务部、海关总署、国家工商行政管理总局、北京市工商局有关同志参加了会议。国家文物局副局长宋新潮出席会议并作了重要讲话。"这一段介绍会议概况，交代了会议的具体时间，说明出席会议的人员构成情况，其中重点介绍了"国家文物局副局长宋新潮出席会议并作了重要讲话"。这些文字内容所反映的会议信息仅有会议时间，但没有会议地点，我们只能推测开会地点是在北京；仅有出席会议的人员构成情况和国家文物局领导的信息，但没有会议主持人的信息。这一段文字作为会议概况的介绍，总体采用概括略写的方法是比较合适的，但在会议要点的把握上存在缺漏，记载的会议基本信息不够完整，特别是未能对会议的议题进行提炼和概括。虽然这篇纪要的标题和开头第一句之中都有会议名称的信息，我们可以由此推断会议内容是"文物拍卖管理工作"，但它不能替代对会议议题的介绍。

概括略写而造成会议重要信息的遗漏是纪要写作的硬伤。为了追求完整和准确，撰稿人的文字表达要有相当的概括力。譬如，我们经常可以看到纪要里写着"会议听取了××汇报"，接着又是"会议听取了××汇报"。其实，"会议听取了××汇报"只是会议研究讨论某一议题的第一个步骤，之后还有与会人员发言、会议主持人小结等程序，所以仅用"听取……汇报"来表达,不免以偏概全。

2. 内容上善取舍

会议纪要的内容,不能像会议记录那样全程实录,而应围绕会议的要点处理好材料的剪裁取舍问题。有人把剪裁取舍比作挑拣水果,是很形象的。一大筐水果可以分成最优的"佳果",一般的"衬果"和差劲的"弃果",在挑拣时通过分类进行取舍。同样的道理,撰写会议纪要,在综合梳理会议记录、会议文件和其他相关材料的时候也要进行分类,相应地采取精写、略写和不写的处理办法。属于会议要点的内容应当精写,如会议主旨、讨论意见和决议事项都要经过归纳和提炼才能形成,文字表达要求精要、精准、精练。会议概况、会议议题等内容往往进行略写。而对于偏离议题、内容重复的发言则可以舍弃不写。

下面的一篇纪要在材料的剪裁取舍方面值得借鉴。这篇纪要的题目是《关于上海港下放问题的会议纪要》,会上议定的八个具体问题是文章的主体部分和重心所在。第一个问题是管理体制的改革,只写了一句话——"从一九八六年一月一日起,上海港实行交通部与上海市人民政府双重领导,以上海市为主的管理体制",概括略写,惜墨如金,既精要又精准。第二个问题是"会议一致同意对上海港原则上实行'以港养港'的财务管理制度",这里不惜笔墨,把"以港养港"的具体措施说明得清清楚楚,对"年度利润包干"的做法,更是不厌其详地精确表述"年度利润包干基数"的依据、数额、扣减因素等操作细节。虽然篇幅很长,但语言简练精准,没有空泛冗余的文字。整篇文章只是记载会议的概况、主旨和议定事项,而不去反映会议的具体过程,始终围绕着会议的要点对会议材料和信息进行归纳概括和剪裁加工,这样的处理可谓取舍得当。

3. 结构上巧布局

会议纪要的写作,在结构布局上讲究巧妙合理,寻求一种最佳的反映会议情况的表达方式。写作中通常可以根据会议的不同类型,采用不同的结构形式:

第一种是集中概述式。根据会议进程,对会议基本精神、研究议题、讨论意见、决定事项等进行梳理和提炼,加以综合概述。这种写法多用于研究问题比较集中,讨论意见相对一致的小型会议。例如《关于上海港下放问题的会议纪要》,虽然议定了八个具体问题,但中心议题只有一个,这就是上海港管理权限下放的问题。此外,在运用这种集中概述的形式时,常常使用"会议认为……""会议指出……""会议强调……""会议要求……"等句式提领一个语段。

第二种是分条归纳式。有些工作会议或研讨会议涉及内容较广,将会议研究讨论的内容和议定的事项归纳成几个方面,依次分条陈述。这种写法常见于议题较多的会议的纪要。例如《浙江省第十三届人民代表大会常务委员会第三次会议纪要》,文中所记载的会议规模虽然不是很大,但会上所讨论研究的问题涉及七个方面,因而在写作上采用分条归纳式结构,逐一进行简要的陈述和说明。

第三种是发言摘要式。将与会者的讨论意见按议题顺序或发言次序进行整理,摘其要点,以求真实全面地记载会上讨论的情况和与会者各自不同的意见。这种写法多

写作与交流

用于座谈会纪要和学术讨论会纪要。例如《江南大学深入学习实践科学发展观活动领导小组第五次会议纪要》,其主要内容是,出席会议的学校领导围绕江南大学"怎样建设特色鲜明的高水平大学"的主题展开讨论,就"特色鲜明的高水平大学"的内涵各抒己见。这份会议纪要采用的就是发言摘要式的结构方式,将校领导的发言提炼成要点,按职位顺序逐一加以记载。值得注意的是,写作中要避免照抄照搬会议记录,记录和纪要是有严格区别的,提要性与选择性是发言摘要式写法的关键所在。由此也可以看出文章的结构总是为其内容服务的。

三、案例解析

案例:一篇会议纪要在写作上的得与失

上海大学生创新活动计划协作组成立暨第一次工作会议纪要

2008年6月12日,上海大学生创新活动计划协作组成立暨第一次工作会议在浦东新区召开。本次会议成立了上海大学生创新活动计划协作组,并就"上海大学生创新活动计划的组织、实施过程及管理研究"项目进行了研讨,同时对近期的工作任务进行了分工。市教委高教处傅建勤副处长、协作组7所高校教务处处长及相关负责人出席了会议。会议由同济大学承办。

会议宣布上海大学生创新活动计划协作组正式成立,由复旦大学、同济大学、东华大学、上海大学、上海财经大学、上海理工大学、上海海洋大学等7所高校组成。会议指出,实施大学生创新活动是市教委贯彻落实《中共上海市科技教育工作委员会 上海市教育委员会关于深化教育综合改革进一步加强创新人才培养的若干意见》(沪教委办〔2007〕64号)的重要措施。成立协作组的目的在于进一步统一思想、提高认识,搭建交流沟通的平台,积极推进上海大学生创新活动计划项目的顺利开展。协作组采取课题组研究的形式开展工作,近期将首先重点研究如何将"兴趣驱动、自主实践、重在过程、追求实效"的基本原则进行具体化和可操作化,推动计划参与学校的制度建设;其次要研究教师在这项活动中的地位、角色的变化,研究如何采取与传统课堂教学不同的方式来开展教学;第三,研究从市教委和学校的角度如何来评价、指导和管理大学生创新活动计划。

协作组负责人同济大学教务处廖宗廷副处长代表协作组向与会人员介绍了"上海大学生创新活动计划的组织、实施过程及管理研究"的立项背景、研究主要任务及预期目标。

协作组认为,国家大学生创新型实验计划是高等学校本科教学质量与教学改革工程的重要组成部分,基本目标是探索以问题和课题为核心的教学和人才培养模式改革,倡导以学生为主体的创新性实验改革,调动学生的主动性、积极性和创造性,使学生在本科阶段得到创新性科学研究的锻炼,培养科研的能力和创新的兴趣。在此背景下,市教委组织启动了上海大学生创新活动计划。目前首批实施上海大学生创新活动计划的学校有复旦大学、同济大学等16所高校。各校在实行计划的过程中面临一系列新问题,为此,成立协作组进行"上海大学生创新活动计划的组织、实施过程及管理研究"项目研究,以推动建立个性化、多样化的人才培养模式,促进教育思想、教学体制和机制的变革。

协作组提出课题研究的主要任务涉及七大方面以及明确了承担人:1. 研究和探讨大学生创新活动计划如何实现预期目标的途径和方法,由同济大学承担;2. 研究制订大学生创新活动计划项目的过程管理文件,由上海财经大学承担;3. 探索大学生创新活动计划运行制度、体制和机制,由东华大学承担;4. 搭建协作组、学校之间交流的平台,由复旦大学和上海大学共同承担;5. 研究大学生创新项目成果展示及交流的主要模式,由上海海洋大学承担;6. 建立上海大学生创新活动计划网站,由上海大学承担;7. 研制上海大学生创新活动计划评价指标体系,由上海理工大学承担。同时阐述了初步的研究思路或项目内容。

协作组提出项目研究的预期目标为:1. 形成一套上海大学生创新活动计划过程管理文件;2. 形成上海大学生创新活动计划评价指标体系;3. 建立上海大学生创新活动论坛(学术论坛、作品展示等)活动机制;4. 建成上海市大学生创新活动计划网站;5. 搭建学校之间、学生之间以及指导教师之间的交流协作平台;6. 提出一系列关于大学生创新活动计划可持续发展的政策建议。

与会高校代表还就各校开展大学生创新活动过程中的问题与经验作了交流发言,并形成以下意见:1. 要通过大学生创新活动计划建立和完善学校的创新人才培养相关机制;2. 要充分调动学校各方面的积极性,促进研究性学习的理念扎根到教师和学生的观念中,融入到本科教学和实践活动中;3. 可通过开设有关创新思维和方法训练的课程或在课程中加入创新方法内容,或者建立高校实验室及其他教学资源共享机制,为大学生创新活动的开展提供支持条件;4. 对大学生创新活动项目的过程要建立客观和适当的学籍评价,对获得验收的大学生创新活动项目给予证书;5. 要将创新活动融入到第一课堂教学,并进而固化到学生培养方案或教学计划中去。

与会代表一致表示,要认真实施大学生创新活动计划,加快探索创新人才培养模式,为提高高等教育质量做出新的更大的贡献。协作组拟定于2008年9月初召开第二次工作会议,由复旦大学承办。

解析:

这篇纪要是《上海市教育委员会关于印发〈上海大学生创新活动计划协作组成立暨第一次工作会议纪要〉的通知》(沪教委高〔2008〕53号)的附件,由标题和主体两部分组

成。标题采用"……纪要"的常用格式,符合文体规范。主体部分包括三个层次:一是会议概况(第一自然段),二是会议商定的主要意见(第二至七自然段),三是结尾(第八自然段)拟定下次工作会议的时间和承办高校。

这篇纪要根据会议的规模和特点,选择了集中概述式的写法。其中,第一自然段介绍会议的时间、地点、议题、出席人员和承办单位,文字表述简洁明快。第二自然段围绕"协作组"的成立,记述了大学生创新活动的背景和意义、协作组成立的目的、近期三方面的工作任务。第三至七自然段的内容为:会议听取协作组负责人的工作报告,议定近期工作安排和预期目标,明确协作组成员高校的具体分工,与会代表进行问题探讨和经验分享。第八自然段结尾,拟定下次工作会议的时间和承办高校。这篇纪要在写作上也存在一些问题,第四自然段关于上海大学生创新活动计划的背景介绍,与第二自然段中的内容存在重复,反映出撰稿人对会议要点的梳理尚欠清晰,对相关内容的逻辑关系尚未理顺,因此在语言表达上就很难达到精要得当、详略有致的要求。此外,在概括会议的议定事项时,第四自然段的"协作组认为"和第五至六自然段的"协作组提出",如果采用"会议认为""会议提出"的句式进行表述就更为恰当了。

延伸阅读

1. 徐中玉主编:《应用文写作》(第五版),高等教育出版社,2016。
2. 陆亚萍、詹丹、张彪:《应用文写作教程》(第三版),复旦大学出版社,2015。

问题与讨论

1. 请改写"案例解析"中的《上海大学生创新活动计划协作组成立暨第一次工作会议纪要》,使之完全符合纪要的写作要求。

2. 会议纪要与会议记录、会议决议、会议公报等都属于会议文书,它们产生的方式和各自的作用有何不同?

3. 下面是某县级市2021年4月8日在其网站(http://www.gaozhou.gov.cn/zwgk/content/post_874455.html)发布的一篇会议纪要(文字有删减),请指出这篇纪要在写作上存在的主要问题。

××市森林防火工作(××镇)现场会会议纪要

3月29日上午,××市森林防火工作现场会在××镇召开。相关市领导及镇街主职领导、分管领导、应急办主任参加了会议。

会议主要是×××副市长传达省森林防灭火"阳山经验"现场会精神及部署全市森林防灭火工作,市应急局局长邓钦信通报了高州市近期森林防灭火工作情况,大会上××镇还做了森林防灭火经验介绍。另外,参会人员一同现场参观了××镇"包山头,守路口"防火工作做法。

现场会取得圆满成功,市领导对××镇森林防灭火工作表示肯定,要求××镇要进一步做好森林防灭火工作,保持该项工作在全市前列。

××镇是一个典型的林业镇,地处云开山脉南麓,北倚云开山国家级自然保护区,是"广东省生态乡镇"。全镇有 3.3 万人,辖 14 个村(居)委会、246 条自然村,总面积是 103 平方公里,有林地 11.8 万亩,生态公益林 11.5 万亩,森林覆盖率达 77%,森林防灭火任务繁重。近年来,××镇切实担负起"促一方发展,保一方平安"的政治责任,积极统筹优化森林防灭火工作,在雨量减少、气候干燥等不利气候条件下,积极安排部署,落实灭火措施,确保了全镇火灾防控形势平稳向好。多年的森林防灭火工作中,××镇探索总结出一套"1+2+3"的做法:

"1"是指森林防灭火工作是镇"一把手"工程。"2"是指培养两支队伍,合力防救。(1)宣传咨询队伍;(2)镇防灭火队伍。同时,加大防灭火应急物资配备。"3"是指实行"镇+村+组"三级包岗守林制。

"绿水青山就是金山银山。"护林防火,重于泰山。××镇在森林防灭火方面做了一些工作,也取得了一定成效,但与严峻的防火形势相比,还有很多工作要做。该镇将进一步提高思想认识,压实责任,深入查找存在的问题和不足,做到防火责任再落实,措施再强化,全力确保人民群众生命财产和森林资源安全。

第八讲 毕业论文的写作

一、本讲介绍

学术论文通常是指对人文社会科学和自然科学领域中某些现象和问题进行比较系统的研究,以探讨其本质特征及其发展规律的理论性文章。本科毕业论文是高等院校学生为获得毕业资格、申请学士学位而撰写的一种从内容到格式都有严格要求的学术论文。从学生的角度看,它既是对四年来所学的专业基础知识、基本理论、基本技能的一次综合性检验,也是进入系统科学研究的起步。从教师的角度看,毕业论文写作指导是专业培养中一个至关重要的实践教学环节,切实加强该环节教学,提高教学质量,是提升学生综合专业素养和创新能力的有效途径。本讲阐述毕业论文的写作流程与要点。

二、文体概述

科学性、创新性、理论性、专业性是学术论文的四大文体特征。其中,专业性最为突出。以人的社会存在为研究对象的文科与以自然现象、物质为研究对象的理工科的论文写作存在明显差异,即使是在文科内部,人文科学学科与社会科学学科的论文写作也存在差异。就选题内容而言,前者关注"人的存在、本质和价值等问题以及人的自然属性、社会属性、精神属性"等"有关人自身的问题",后者探讨"人类的经济活动、政治活动、精神文化活动等社会现象",所适用的具体研究方法也不尽相同。对于初次接触学术论文写作的本科生而言,要落实好这一实践教学环节,必须紧密依托学科的专业背景。

1. 选题阶段:撰写文献综述,确保选题调研的有效性

通过调研确定选题方向和课题范围是学术论文写作的第一个步骤。选题最重要的原则是求新,新意是选题的要旨所在,也是最终决定论文质量的关键。毕业论文的选题还必须具有学术性,就是要在学科专业领域内提出专门性的问题,并运用所学专业知识去探讨、解决问题。诚如爱因斯坦所说,在科学研究中,提出问题往往比解决问题更重要,确定有研究价值的课题是学术论文写作的前提。明确的问题意识和力求出新乃是毕业论文写作之要义。

在教师指导下,学生结合个人兴趣确定选题方向后,首先要进行选题调研,以了解所选课题所涉及的学科专业背景和价值定位。选题调研过程中容易出现以下三方面的问题:① 没有掌握正确的文献查阅途径;② 材料收集不够全面、权威;③ 对材料缺乏细致整理与深入消化。图书馆纸质书刊与互联网数据信息资源是学生收集文献资料的两大途径。近年来,通过网络检索文献资料的学生比重不断增加,其中大多数学生习惯于倚重百度等普通搜索引擎,而对中国知网、万方、维普等大型学术数据库以及读秀等更为专业的数据库使用频率较低,文献检索的全面性及权威性难以得到有效保障。不少学生尚未掌握正确、高效的检索方法,对于所收集的文献资料,也缺乏细致深入的梳理消化。甚至有少数态度不够端正的学生"捡到篮里都是菜",有资料可资袭用即可。

上述问题必然对下一步确定选题产生影响,导致下列问题:① 选题陈旧无新意;② 选题范围不适当,难度超越自身学力;③ 选题不符合专业培养目标及其要求。以中文专业的毕业论文写作为例,最为突出的问题是选题陈旧。其原因无外乎两个方面:一是中文专业属于人文基础学科,语言和文学两大分支下有多门二级学科,内容博大精深,治学传统积淀深厚。对于新手而言,寻求一个有新意的选题确实有一定难度。二是学生主观上存在畏难情绪。每年的毕业论文选题,文学方向的选题远多于语言方向的选题,微观的作家作品研究又远多于宏观的思潮流派研究,创作现象评析多于文艺理论问题研讨,这些足以说明学生就易避难的选题心理。由于本科毕业论文通常要求字数在一万字以上,选题切入角度偏大是普遍现象,如"××作家作品研究""论《××》的思想艺术特色"……且所选择的对象多为研究已较为充分的著名作家作品,这类选题不仅研究空间有限,立论难以出新,而且论题大而无当、集中度不够,很容易造成具体论证的空泛化、虚浮化。当然,也有另一种情况,学生选择的课题虽然较为新颖,但往往具有较大的难度,凭现有学力很难驾驭,以致无法达成预定的研究目标。除以上常规问题外,近年来,中文专业毕业论文选题中还出现了专业性不足的问题,"中外文学作品中同性情谊之研究""从×××(影视作品)看'凤凰男'现象"……这些选题看似紧密结合社会生活热点,有较强的现实针对性,可是,以虚构的文艺作品为依据来探究现实生活中的某种社会现象,立论思路既不符合文学研究的美学逻辑,又有悖于社会学的实证研究逻辑。

这样的选题,显然难以合乎专业规范的要求。

选题直接影响毕业论文的质量。针对上述毕业论文开题阶段的常见问题,贯通学年论文与毕业论文实践教学环节,明确规定学年论文在初步确定毕业论文选题方向的前提下撰写文献综述是行之有效的举措。文献综述是一种文献调研报告,要求作者通过阅读某一研究主题的相关文献后,全面系统地分析学科领域内该课题研究的历史和现状,反映其新水平、新动态、新方法和新发现,并就存在的问题以及发展趋势做出尽可能全面、客观的评价。文献综述可谓一种"研究之研究"性质的特殊论文,目的在于深入消化相关课题的已有成果,在此基础上提出自己的见解,预测未来的发展趋势,为毕业论文的选题和开题奠定良好的基础。

2. 开题阶段:拟制精细提纲,力求立论构思的学理性

在选题文献综述的基础上确立论题,立论构思,撰写以论证提纲为核心的开题报告,是毕业论文开题阶段的主要工作。一份逻辑严整的提纲对于讲求学理性的学术论文写作是十分必要的,因为缺乏经验的初学者,面对有一定规模的毕业论文,难免会无从下手,或根本把握不住。这就更要注意拟制精细提纲,以明确论题、提炼论点、梳理论据材料,理清论证思路。

一份精细的论文提纲包括题目、论题概要、中心论点、大项目(上位论点,大段论旨)、中项目(下位论点,段旨)、小项目(段中一个个论据材料),精细的论文提纲能为论文正稿写作确立合理的框架结构。开题阶段拟制好论文精细的提纲,可以便捷而清晰地掌握立论构思的思维流程,及时发现论证思路中的问题,避免在正式进入初稿写作后走弯路。精细的论文提纲常见的问题:① 立论缺乏独立性,简单袭用、拼凑他人观点;② 中心论点及层次论点概括提炼不力,表述不够严谨;③ 同级分论点之间的逻辑关系混乱,分立标准不统一。

对于讲求独立见解的学术论文而言,第一方面的问题无疑是致命的。教师必须让学生充分明晓此理,申明学术道德规范,并从根本上予以修正。教师可从回顾文献综述入手,引导学生分析所选课题方向的已有成果、研究动态,从研究对象、论证材料、切入角度、研究方法等方面发掘有开拓空间的论题,在保证立论独立性的前提下力求出新。对于研究已经较为充分的课题,文科专业学生可立足当下的社会文化语境,或拓展论题的意蕴空间,或细心查阅文献寻找可资佐证课题的新材料,或尝试借助新的研究方法和途径来思考课题,寻求立论的新颖角度。即使立论不可能完全做到别出心裁,至少也应做到确立课题研究范围和目标时语言表述的独立性。

第二方面的问题与学生的逻辑思维能力直接相关。逻辑思维是指借助于概念、判断、推理等进行的有序思维活动,运用比较、分析、综合、抽象、概括等方法科学地揭示事物的本质。中心论点及层次论点提炼概括不力说明学生的抽象思维能力较弱,对此,教师可要求学生拟制提纲时从厘清、界定论题的核心概念入手,训练学生的逻辑思维能力,促进学生对论题展开条理性的深入思考。课题核心概念的厘清,往往会对学生的立论构思产生纲举目张的辐射效应。

第三方面的问题最为普遍。一篇学术论文中,同层级的分论点之间无外乎两种逻

辑关系——并列和递进,无论是并列关系还是递进关系,各分论点列举必须出自同一逻辑起点。

3. 写作阶段:立足细部推敲,确保正文的充实严密

执笔成文是毕业论文写作的最后阶段。扎实的开题工作为论文的执笔写作奠定了良好基础。不过,相对于普通议论文,学术论文内容上要力求观点鲜明、论据充实,论证条理清晰、逻辑严密;形式上从行文语体、篇章格式到引文标注都有着十分严格的格式规范,从几百字的精细提纲到上万字篇幅的文章,由初稿到反复修改,再到答辩过后的最终定稿,一篇高质量的本科毕业论文需要学生与教师共同付出艰辛的努力。文科专业的学生在毕业论文正文写作中容易出现以下问题,需多加关注:

第一,标题不够准确、简练、醒目。标题是文章的眼睛,学术论文的标题要求精练概括论题要旨,且字数宜控制在20字以内。文学研究类的论文标题还应力求生动,必要时可采用主副标题的方式彰显专业特性——主标题以描述性语词点明观点,副标题以"论……"动宾结构陈述句明确论题。精彩的标题有时要到论文定稿、核心观点确定后才能形成,教师应有意识地指导学生拟制出富有专业色彩的标题。

第二,摘要、关键词不符合要求。摘要是论文内容不加注释和评论的简短陈述,字数宜控制在文章字数的5%以内。摘要是论文写作中最见功力的部分,有些学生会感到困难。教师可指导学生在写好结论的基础上,以第三人称陈述句串接论文中心论点及主要分论点来完成摘要的写作。关键词是为了文献标引工作,从论文中选取出来,用以表示全文主要内容信息款目的单词或术语。一篇中文专业毕业论文的关键词通常由《汉语主题词表》收录的汉语言文学常用概念术语及论文中使用频率高的重要语词组成,数量为3~8个。很多学生对何为学术论文关键词缺乏清晰认识,需要教师加以指导方能较为准确地提炼。

第三,论点与论据之间的逻辑联系不够紧密,以描述替代论证或论证停留在蜻蜓点水的层次上。以中文专业毕业论文写作为例,不少学生在引用文学作品做论据时,大段摘引原文,过多复述故事情节,却缺乏与相关分论点的对应分析,大量描述性语句使论证浮于表面,难以深入,自然谈不上论证的力度。当然,该问题的症结在于学生的理论功底薄弱,短期内难以彻底解决。不过,遇到此类问题,可采用问题质疑方式,进一步思考所选用文本片段论据如何证明分论点,以问题激发、理清思路的方式来强化论证分析意识。

第四,语言表述随意,专业术语使用不规范,甚至出现语法错误。学术论文的语言体式、行文风格必须符合学术规范,如行文中应规范使用相关概念术语,尽量避免使用会降低分析论述的客观程度、具有主观色彩的第一人称句式;过于口语化的词句也应避免使用,以免影响论证的科学性;遣词造句在准确有力的前提下应力求简明练达;等等。需特别指出的是,文学研究类论文,语言表述在符合一般学术论文语体规范的基础上,还应有意识地追求理论性与专业性的有机融合,从段落主题句入手,逐字逐段细心推敲修改。

第五,参考文献标注不清(要素缺失)或格式不够规范,引文注释缺失或数量稀少。

参考文献是衡量一篇论文学术价值的重要标志,而文献研究本就是中文专业课题研究的主要途径,选题立论的独创性、观点论证的科学性可以从参考文献中得到集中充分的体现。文科专业论文中的参考文献主要包含两个部分,一是于页下标注引文的出处,二是于文末按顺序标注课题研究所参考的重要文献资料。引文注释及参考文献标注均有严格的标准规格,是毕业论文写作中需要格外认真处理的技术细节。不过,实际写作中,总有些学生对参考文献标注重视不够,处理马虎,要么引文出处标注不够具体,要么参考文献版本不清,甚至由于担心暴露抄袭问题有意隐去重要参考文献。教师对此应予以足够的重视,指导学生逐条检索、核对,认真仔细处理好参考文献标注。

三、案例解析

论题:对人性完整性的渴求

(1) 情欲的丧失与追求
(2) 女性的觉醒与反抗
(3) 人性的沉沦与丧失

解析:

此提纲分论点逻辑关系混乱,下位论点中出现了上位论点的核心概念"人性",不同层级的论点存在逻辑交叉;上下位论点中的"人性"与"女性"两个概念并非种属关系,下位分论点"女性""情欲""人性"三个主要概念更不在同一逻辑层面。该提纲显然需要大力修改,否则一旦进入正文写作,必然会出现许多问题。

延伸阅读

1. 周淑敏、周靖:《学术论文写作》,清华大学出版社,2018。
2. 王雨磊:《学术论文写作与发表指引》,中国人民大学出版社,2017。

问题与讨论

1. 学术论文与一般议论文有何不同?
2. 学术论文标题与摘要的写作有何要求?
3. 学术论文的语言有何特殊要求?
4. 做好选题调研论证是毕业论文写作的首要环节。请围绕一个选题,通过中国知网等专业数据库检索,收集相关文献,进行系统研读、整理,在此基础上写一篇1 500字左右的文献综述,概要分析选题的研究现状及其趋势。要求:思路清楚,观点明确,层次结构合理,语言表述明白。

第九讲　PowerPoint 演示文稿

一、本讲介绍

2021 年中共中央办公厅、国务院办公厅印发的《关于推动现代职业教育高质量发展的意见》中指出,"加快构建现代职业教育体系……为全面建设社会主义现代化国家提供有力人才和技能支撑"。智能时代的到来使我们重新审视人类的写作与交流素养所面临的新挑战,职业教育如何培养出适应未来社会的人才,使他们能够在数字化的世界里,利用信息技术手段进行新形态的写作与交流,引发了我们新的思考。

在信息技术高速发展的时代,人类的写作与交流通常会借助技术手段来进行,技术丰富了写作与交流的渠道和内容,同时也为写作与交流带来了新的挑战。PowerPoint 简称 PPT,是一种演示文稿软件。本讲通过具体案例,分享 PPT 演示文稿展示技巧。

二、PowerPoint 演示文稿概述

近年来,PowerPoint 因其易用、易传播等特点,已经成为现代社会人们用于交流的重要手段。利用 PPT 演示文稿,可以在会议、课堂、聚会等诸多正式、非正式场合与他人进行交流。因此,具备利用 PPT 演示文稿进行交流的能力,已经成为时代对大学生提出的新要求。

在 PPT 演示文稿的使用过程中,最重要的能力之一是利用 PPT 演示文稿进行信息的展示,这种能力与本章主题内容最为匹配。因此在本部分内容中,我们通过对两个案例的解析,分享 PPT 演示文稿的展示技巧。

三、案例解析

案例 1:让自我介绍"靓"起来——PPT 静态演示文稿的展示技巧

在某公司的一次招聘面试中,有两位实力相当的应聘者进入了最后的面试环节,老板让他们每个人制作一个 PPT 演示文稿来介绍自己,图 2-1 展示的是应聘者甲和应聘者乙制作的 PPT 演示文稿。如果你是这位老板,单从 PPT 演示文稿这个角度,会更青睐哪位应聘者呢?

围绕这个案例,我们共同探讨如何评价一个自我介绍 PPT。在这个过程中,还有一条暗线,就是当我们利用 PPT 演示文稿进行展示时,要注意的细节。

几乎每一位应聘者都会在自我介绍中阐述自己的优点与长处,但是如何使这种优点与长处更令人信服呢?评价自我介绍 PPT 的第一个标准,就是说服力。

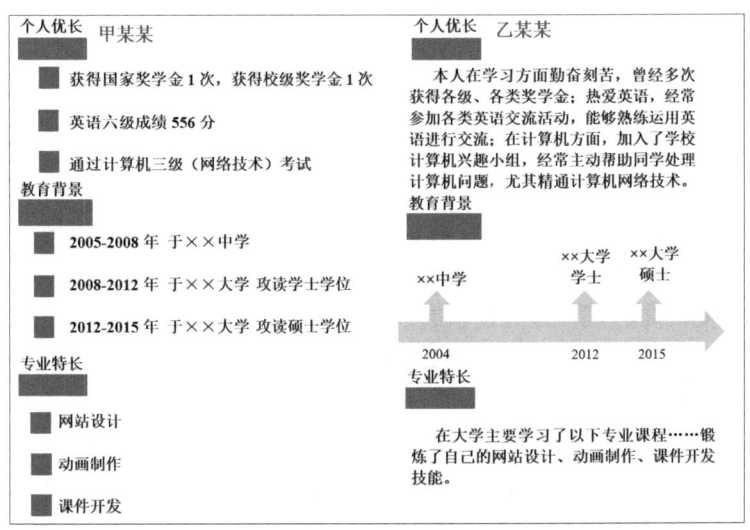

图 2-1 PPT 简历对比图

在应聘者甲和应聘者乙的自我介绍内容中,应聘者甲获得国家奖学金 1 次,获得校级奖学金 1 次,英语六级成绩 556 分,通过计算机三级(网络技术)考试。应聘者乙学习勤奋刻苦,曾经多次获得各级、各类奖学金;热爱英语,经常参加各类英语交流活动,能够熟练运用英语进行交流;在计算机方面,加入了学校计算机兴趣小组,经常主动帮助同学处理计算机问题,尤其精通计算机网络技术。

相对来说,应聘者甲的 PPT 更好。提供了数据,相比长篇大论,几个简单明了的数字,往往更具有说服力。

曾经有一家国外网站组织了一个名为"史上最差的 PPT"的评选活动,最终被评选出来的最差 PPT,是满篇的文字。我们在利用 PPT 进行自我介绍的时候,常常希望将更多的信息传递给对方,而达到这一目标最直接的方式就是文字阐述,于是很多 PPT 打起了文字战。殊不知,评价自我介绍 PPT 的第二个标准,是页面的简洁程度。

在上述案例中,应聘者甲按照时间顺序列出了自己的求学经历;应聘者乙则用了一张图片来表示这一内容。尽管二者都清晰地说明了自己的经历,但是应聘者乙的 PPT 页面在简洁程度方面,比应聘者甲更胜一筹。

使用让人一目了然的图、表来代替大量文字是提升 PPT 简洁程度的第一个策略;如果实在无法避免大量的文字,利用明确的层级标题引领文字是简化 PPT 的第二个策略;将主要内容集中放置在同一个页面,其扩展内容用超链接的方式放置在其他页面是简化 PPT 的第三个策略。简化 PPT 的最后一个策略,是适当运用构图效果,让观众在视觉上感受到清亮和明快,从而感觉 PPT 较为简洁。

评价自我介绍 PPT 的第三个标准,是 PPT 的逻辑。在案例中,应聘者甲和应聘者乙都介绍了自己的专业特长,其中应聘者甲遵循自上而下的总分逻辑顺序,应聘者乙则罗列了自己大学四年的主要专业课程以及自己在这些课程中得到的锻炼。通常情况下,应聘者甲的逻辑会让我们觉得更清晰一些。逻辑思维能力往往是招聘者非常重视的一种能力,如果自我介绍PPT展现出清晰的逻辑,将会在很大程度上提升自己的竞争力。

　　增强PPT逻辑性的策略主要有三种,第一种是为PPT添加一张清晰的目录;第二种是在每一页幻灯片内,只凸显一个主题;第三种是每一页幻灯片的内容遵循一种清晰的逻辑关系,比如总分关系、因果关系等。

　　通过对这一案例的分析,我们可以总结出PPT制作的三个要点:第一,在PPT中多用能够提升说服力的元素;第二,在不影响质量的前提下,通过运用图表、层级标题等策略,使PPT变得简洁;第三,通过添加目录等策略,凸显PPT清晰的逻辑。

案例2:让小汽车动起来——动画助力PPT的展示

　　华灯初上,晚风乍起。静谧的冬夜,街角那座古老的电话亭显得格外安详。一辆汽车缓缓驶来,在电话亭附近停下(见图2-2)。是要去打一通重要的电话吗?是要去经历一场美丽的邂逅吗?这幅画面暗含着一个能够引起我们无限遐想的故事。

　　读了上面这段优美的文字,大家的脑海中会浮现出一幅美丽的场景。如果我们用PPT来呈现这段文字的意境,应该如何做呢?

图2-2　小汽车动画案例图

　　首先,我们需要用绘图软件勾勒出一幅电话亭的效果图,并将其作为本页PPT的背景。之后,我们的任务,就是利用PPT,呈现一个小汽车运动的场景了。

　　大家仔细观察这辆小汽车会发现,小汽车由车身、车轮两部分构成,车身的形状元素包括自由曲线、弧形、长方形;车轮的形状元素包括圆形、椭圆形。因此,大家需要在PPT中用插入形状的办法一点一点地画出车身和车轮。

　　完成这些操作后,你肯定会习惯性地将小汽车的各部分组合起来。当我们把小汽车的各部分组合起来,为这个组合后的整体添加动画效果的时候,会出现轮子和车身一起向前平移而不转动的问题。但我们需要的动画效果是车身向前平移,而车轮转动前移。我们是否可以尝试,不对小汽车的车身和车轮进行组合,分别对其添加不同的动画效果呢?

　　在PPT的各种动画效果中,陀螺旋的动画方式,能够使车轮转动;动作路径的方式,能够使车体和车轮都向前平移。我们可以尝试在动画中,首先为小汽车的车身添加路径效果,再为两个车轮添加路径效果,之后,我们为车轮添加陀螺旋效果。大家会发现,一个很有趣的现象出现了,车身能够向前平移,车轮也能够转动前移。但是二者不同步。

这个时候,就要用到时间效果了。大家点击动画窗格里任意一条动画后面的箭头,会发现有"单击开始""从上一项开始""从上一项之后开始"等选项。"单击开始"就是在播放时,单击鼠标左键动画才会出现;"从上一项开始"是不需要单击鼠标,这条动画会和上一条动画一起出现;"上一项之后开始"就是上一条动画播放完毕后,这一条动画才会自动出现。

了解这个知识后,我们回到刚才的问题,如何使车轮向前移动和车轮转动同时发生?答案是将两个车轮的路径和陀螺旋动画均设置成"从上一项开始",播放时,动画效果就会出来了。

相比纸质媒介,PPT的一大优势在于能够动态地展示事物,使交流变得可视化、具象化。因此适当地使用动画辅助交流,是我们都要具备的PPT使用基本技能。但制作PPT动画进行交流的目的,是使交流更加流畅、简单,而不是炫技。因此大家在决定是否利用动画之前,首先要考虑交流的需要。

延伸阅读

1. 邵云蛟:《PPT设计思维:教你又好又快搞定幻灯片》,电子工业出版社,2016。
2. [美]芭芭拉·明托:《金字塔原理:思考、表达和解决问题的逻辑》,汪洱、高愉译,南海出版公司,2013。

问题与讨论

1. 增强PPT逻辑性的策略主要有哪些?
2. 提升PPT简洁程度的策略主要有哪些?
3. 请尝试在本部分中选择一讲你感兴趣的内容,以PPT演示文稿的形式将其展示出来。
4. 请结合你的专业,利用PPT制作一份以专业能力为核心内容的自我介绍。

第三部分

创意写作

第一讲　创意写作入门

一、本讲介绍

本讲从历史的角度阐述了创意写作的概念、内涵与核心理念,从学科的角度阐释了创意写作的人才培养目标,以此区别于传统写作与写作教育,为进一步的学习奠定基础。

二、教学内容

1. 什么是创意写作

何谓"创意写作"？它与母语、文学写作、文学理论及应用写作关系如何？这些问题长期存在分歧,主要存在两种不同的观念。持第一种观念者以保罗·道森(Paul Dawson)、简妮·瑟芭(Jane Souba)、格雷迪斯·坎贝尔(Gladys Campbell)、西蒙顿(Dean Keith Simonton)、安娜·海格(Anna F. Haig)、伯尔·霍格瑞夫(Pearl Hogrefe)、伊丝贝尔·福特(Isbel O. Ford)、多萝西娅·布兰德(Dorothea Brande)等学者为代表。他们认为,创意写作并非仅仅指文学性的写作,而是包括了其他以强调创意为特点的写作类型,是一切"以创意为特点的写作类型",从文学写作到创意写作,实现了从想象力到创意能力的转变。而作为写作教育,创意写作教学强调"学生们用他们找到的最合适的方式表现他们的所思所感",主要以培养"写作技能""创造力""创造性智慧""自我探索""积极性"为目标,而作家就是"有创作能力的人",而非传统意义上的"文学作家"。持第二种观点者则以马克·麦克格尔(Mark Mcgurl)、艾伦·泰特(Allen Tate)等为代表,他们认为创意写作就是"文学写作",作为一个学科,它主要培养文学作家。创意写作虽是高校(英语)文学的"革命者",但"大学以及英语系是文学最大的庇护人"。两种观点之间,罗伯·蒲伯(Rob Pope)的观点更客观,他指出:① 创意写作包括各种形式的写作,但是脱离了文学写作的创意写作是无根之木;② 文学可以通过创意写作成为以实践为基础的艺术;③ 文学研究、文学理论与创意写作之间存在潜在冲突。其观点③解释了高校文学教育普遍困境所在,而观点②则提供了具体的改革路向,对中国高校中文写作教育改革具有特别的警醒意义,观点①则对创意写作研究与认识普遍存在的如格雷戈里·莱特(Gregory Light)所说的"先入为主"任意想象现象形成反拨。

创意写作之所以难以像其他学科那样被明晰地表述,存在着多种原因。一方面,创意写作在国际化发展过程中,事实上存在不同的目标和发展模式,正如史蒂夫·梅尔(Steve May)指出的那样,创意写作是一个年轻的学科,它在不同的地区、不同的机制内

以不同的方式发展自己,并且拥有多样的目标,导致我们对它的认识难以统一。另一方面,创意写作本身是一个跨学科、跨领域的新型事物,对它的认识与研究需要相应的跨学科视角,罗伯特・斯滕伯格(Robert Sternberg)为斯科特・考夫曼(Scott Barry Kaufman)和詹姆斯・考夫曼(James C. Kaufman)在《创意写作心理学》中指出:"创意写作研究是跨学科的,涉及认知、社会、个性、心理学等诸多方面……"实际上,我们对创意写作的认识一直存在着单一、片面的问题。

综合考察世界上创意写作实践的种种面貌,梳理创意写作历史进展,同时综合各种研究对创意写作的理论描述,我们认为创意写作是指以写作为样式、以作品为最终成果的一切创作性活动。创意写作课程为文化创意产业及公共文化服务领域培养创意人才、写作人才,培养组织者和领导者。作为一个历史概念,"创意写作"(Creative Writing)最初在欧美仅仅是指文学写作和文学写作教育,后来随着欧美创意产业的兴起以及文化福利国家建设目标的提出与政策实施,它的领域逐渐扩大,泛指包括文学写作在内的一切面向现代文化创意产业,适应文学大众化、文化多元化、传媒技术的更新换代的多种形式的写作以及相关的写作教育。

创意写作兴起于19世纪末期美国高校的文学教育教学改革,首先以"一项在全国高校内开设的小说、诗歌写作课程的校园计划"和"一个招募小说家、诗人从事该学科教育教学的国家体系"的形式出现。

二战前后它在美国逐渐发展为一场全国性的社会运动,在应对战后军人战争创伤、黑人教育、移民浪潮、女权运动、多元文化差异、文学类型化以及文化创意产业发展等问题方面发挥了巨大作用,同时自身也发展为一门成熟的学科,在美国、英国、新加坡、澳大利亚等国家推广开来。

创意写作学科的创生和发展,极大地推动了战后欧美国家的创意教育及文化创新,对美国在冷战中战胜苏联起到了相当大的作用。目前创意写作已经是有80余年历史,包含近20个子类,具备本科、硕士研究生、博士研究生培养层次的大学科。

创意写作学科的诞生和发展,改变了欧美战后文学发展的格局,也彻底改变了欧美文学教育教学思想体系,为欧美文化创意产业的兴盛和发展奠定了学科基础。作为写作活动、作为社会运动和作为学科,是创意写作的三个指向。其中,学科是前二者的发动机。

2. 创意写作的内涵

跟许多人想象的不一样,创意写作这个概念具有作为写作活动面向产业、作为社会活动或者公益事业和作为学科的三个指向,包括:

作为写作活动面向产业——包括文学写作在内的一切创造性写作,但以文学写作为基础,离开了文学写作的创意写作是无根之木。

作为社会活动/公益事业——面向公共服务/文化创意产业/阶层发声/文化碰撞/民族融合等("创意写作为人民""创意写作从人民",如在美国应对战后军人战争创伤、黑人教育、移民浪潮、女权运动、多元文化碰撞融合、文学类型化以及文化创意产业发展等问题的过程中发挥了巨大作用)。

作为学科,创意写作是一个包括工坊、驻校作家制度、课程、学位、写作系统在内的完整教育教学体系,具有130多年的实践历史、80多年的学科历史,如今已经成为设有本科、硕士研究生、博士研究生培养层次的大学科,在许多地方它已经向中小学课程延伸。与我们很多人想象不一样的是,创意写作不是一门课程,而是一个包含课程系统的学科。

创意写作在英语国家学科系列中,长期被视作"彪悍的怪物"。所谓"彪悍",其实是指其强大的生命力;所谓"怪物",则是指它在很多地方缺乏一个严谨学科所需要的准备。但我们要认识到,这种状况的出现,责任并不在创意写作本身,而在于创意写作研究的滞后。

3. 创意写作的核心理念

创意写作关于写作与写作教育的理念,与传统写作有很大的不同,表现为:

① 人人可以写作,反对天才论。
② 创意可以激发,写作可以教习,作家可以培养。
③ 写作应该面向产业。
④ 写作应该面向公共文化服务。
⑤ 写作可以有个人写作及集体写作等不同样态。

4. 创意写作的学科目标

创意写作有多重指向,所以它有多重目标。跟我们这个课程最相近,与大家对它的期望相关的一个目标是,"培养作家"和"培育作品"。但是,在创意写作学科视野里,"作家"及"怎样的作家"有具体的指标,我们叫它"低目标"和"高目标"。

低目标包括如下四个方面的内容:

第一,知识目标:系统了解创意写作学科发展史和创意写作学科基础理论知识,深入理解创意活动与国家公共文化政策、文化产业之间的关系,加深对创意写作学科在国家文化、经济实力提升大战略中的重要作用的认识,提高进一步学习创意写作课程(海外高校对口专业深造或攻读创意写作硕士研究生)的热情与信心。

第二,能力目标:深入了解创意与写作规律,体验并实践创意活动组织与管理,结合创意与写作训练方案,提高创意写作技能,为学生在文化创意、影视制作、出版发行、印刷复制、广告、演艺娱乐、文化会展、数字内容和动漫等文化产业部门的就业提供写作技术支持。

第三,素质目标:通过创意写作实践活动,提高学生自我发现、自我认识、自我反思及自我超越的能力,实现大学生"全面发展"的目标。

第四,作品目标:以工坊制创作的形式培育作品,在培育作品的过程中培养人才。

高目标包括如下三个方面的内容:

第一,发现并重点培育具有文学与创意写作天赋的学生,制订适合学生发展的培养计划,培养具有可持续写作能力的作者。

第二,提高学生对国家公共文化政策和文化产业政策的解读能力,为国家培养公共文化和文化产业事业的高端领导者、推动者。

第三，培养创意师，包括广告人、策划人、传媒人、出版人、设计师、经纪人等。

延伸阅读

1. D. G. Myers, *The Elephants Teach：Creative Writing Since 1880* (Chicago：University Of Chicago Press，2006).

2. 刘卫东:《创意写作基本理论问题》，上海大学出版社，2019。

问题与讨论

1. 创意写作与传统写作在核心理念上有何区别？
2. 请为自己的小区或家乡设计一个推广名片，不少于500字，可配图片、音乐。

第二讲　创意写作的学科体系

一、本讲介绍

本讲讲解创意写作的学科体系。作为一门学科，创意写作有自己独特的学科理论、标志性的教学方法和完整的学科制度。创意写作的教学，有理论指导，也有学科规范。

二、教学内容

创意写作有着完整的学科体系，包括创意写作学科基础理论、基本学科方法和学科制度。要在创意写作课堂学习创作技能、创作作品，首先要对这个学科的基本观念和原理有所掌握。

创意写作以"潜能激发""创意心理突破""技能拓展"为核心理念，以"工坊制"创作为教学机制。首先，它要求学生全面改变知识接受的学习理念，变向老师学习为互相学习，变理论学习为创作实践。在创意写作课上，没有师生的分别，只有支持人和创作者，以及创作合作者。其次，创意写作的课程系统包括创意写作基础理论及历史；创意活动的组织策划与创意产业；创作潜能心理激发课程；写作技能技巧拓展课程；工坊制创作课程；非虚构叙事理论与训练；虚构叙事理论与训练；小说、戏剧、散文等分体写作理论与训练；等等。再次，在创意写作的学科体系中，不仅有本科的基础学习，还有硕士阶段的专业学习，甚至博士阶段的研究性深造。最后，创意写作教学有着产学研一体化模式。创意写作的教育教学十分重视创作实践。因此，创意写作教学常常不是在教室里，而是直接在企业环境、项目环境中进行的,要求在项目创作中培养写作能力。

1. 创意写作学科的基本理论框架

(1) 潜能激发理论

人人都有创意写作的能力,但是这种能力通常表现为潜能。创意写作课程要帮助学生把这种潜在能力激发出来,变成显在的能力。"自我发掘论"是创意写作基础理论的一个非常重要的基石。创意是自我人生的投射,创意写作是发现自我、反思自我、开发自我、形成自我并超越自我的活动。它的前提是对自我心思的体认,利益诉求的明确具体化。作为人生投射,它既要有"我曾经是谁"的反思,也要有"谁曾经是我"的追问,最终要回答"我是谁"的终极命题。写作可以记录个人的人生轨迹,而创意写作可以在反思的维度中超越自我。"有人问你是谁,你得讲自己的故事。也就是说,你会依照对过去的记忆以及对未来的期望来讲述自己的现状。你根据自己过去的状况和将来的发展来阐述自己现在的境遇。"英国相当多的高校创意写作学科把"自传""家族史"写作作为创意写作训练的重要起点,正是基于文学创作自我发掘的考虑。

(2) 创作能力的量化评估理论

创意写作能力人人都有,但是这种能力的指向和特征,每个人都是不同的。有的人适应虚构创作,有的人适应非虚构创作,有的人长于讲故事,有的人长于抒情。因此,创意写作课程应该对此进行量化评估,帮助学生了解自己的能力,发展自己的专长。

(3) 沟通交往和创意实现

创意写作把自己的本质定位为创意,写作是其实现手段;同时,创意写作认为创意应该从沟通交往出发,创意的实现是一个沟通交往的过程,学生应该在创意写作课上学会通过协同创意实现共同写作。无论是互相激发的个人写作,还是通过协同创作而进行的集体写作,都是学生应该掌握的技能和技巧。从更深的层面讲,沟通交往理论还要求把个人诉求、集体意愿、市场接受和读者接受等考虑进来,要求写作者学会接受利益和创意妥协。

(4) 类型成规与个人独创

创意写作认定每一种写作门类、每一种写作体裁、创作类型都有其类型成规,这种成规是个体独创的前提。而这种类型成规是可以习得的,因此,创意写作课程应该帮助学生学习这种成规,掌握不同类型作品的叙事方法。

创意活动不是天马行空,而是戴着镣铐跳舞。它要遵循种种文类成规,在接受对象可以理解的基础上展开写作。功能性创意写作有十分明确的写作规范、格式要求,即使是欣赏类创意写作,也并非作为规范的违反者和破坏者而存在。文类成规是读者在长期的阅读中所形成的期待视野,只有符合这个视野才能被读者理解和接受。我们相信在创意活动中存在着一种创造性成规。它和社会成规不同,你遵守社会成规,就意味着与别人雷同,比如红灯停,绿灯行;而创造性成规就不一样,你遵守它,并不意味着你就是在仿制。文类成规一直在创作与接受活动中存在,只有承认它、学习它、运用它,才能更好地从事创作。什克洛夫斯基认为,"不仅是讽刺性模拟作品,而且任何一般的艺术作品都是作为与某个样板的相似的和相反的东西创作出来的。新形式的出现不是为了

表达新的内容,而是为了取代已失去自身的艺术性的旧形式"。

因此,创意写作学应坚持"文类成规"的研究理路,将之作为创意写作学基础理论来建构。创意写作是有限制的,然而限制本身又具有两面性。成规具有创新性,合理利用成规,反而能迅速进入创作状态,有助于提高创意写作水平。成熟的艺术家决不会故意引人注意,明智的艺术家决不会纯粹为了打破常规而行事。文类成规也可以逆向运用,甚至存在一种完全反成规的创作。但是,文学史上大量的"先锋文学""探索文学"实践证明,它们最终也是建立了一个"先锋"和"探索"的文类成规,并产生了自我复制。罗伯特·麦基道出了"先锋"的真相,"先锋派的存在是为了反对大众化和商业化,等到它自己也变得大众化和商业化之后,便会反过来攻击它自己了。如果非情节'艺术电影'有朝一日火了起来,开始大赚其钱,先锋派就会调转枪头,谴责好莱坞将自己出卖给了刻板故事,并再次将经典形式据为己有"。

除了我们强调的个人挖掘和文类成规理论以外,美国创意写作学科在长期发展过程中还形成了国家和地方叙事理论、种族叙事理论、性别叙事理论以及我们传统的阶级叙事理论等,这些其实都是个人发掘理论和文类成规理论的交叉延伸。"个人"应该有更大的利益单位,比如政治团体、家族、国族、性别等,文类从内容上可以分出地方文类、阶级文类甚至民族文类来。这些创作规律都应该得到创意写作学的重视和研究。

2. 创意写作的教学方法

(1) 创意写作工坊方法

经过基本的理论学习和写作能力的训练提升后,我们要求所有的学生都能进入创作工坊,进行沉浸式写作、封闭式写作、协同式写作、互相激励式写作。

(2) 过程教学法

创意写作的过程包括策划选题、书写大纲、桥段试写、分工创作和完稿改稿。创意写作教学强调过程教学法,让学生体验一部作品从创意策划到最终完成的整个过程。

(3) 产学研一体化

引进产业界教师充任课外导师,引进产业界真实项目充当项目制培养的内容,充分接触产业和公共文化服务现实,培养实战人才和直接培育市场化作品。

3. 创意写作的学科制度

首先是驻校作家制度。创意写作强调"作家教作家",因此,教学过程中我们常常会引进驻校作家和专家,让作家和文化产业的业界专家来教学。他们也许不会讲特别精深的理论,却可以把创作经验直接教给大家。驻校作家制度和工坊制教学方法,构成了创意写作教学的基本内容。

其次创意写作拥有独立的学位进阶系统,覆盖了本科、硕士、博士教育。这个系统在国外已经非常成熟,目前这个系统在国内也在健全中。随着创意写作学科观念的普及和发展,国内招收创意写作本科生、硕士的高校越来越多,部分高校实现了博士培养,比如上海大学等。

改革高校文学教育教学体制,开设创意写作专业,搭建创意写作学学科体系,形成中国创意写作教育教学机制,建设以培养创意写作人才为目标的新型中文系势在必行,也任重道远。这一切都在探索之中,但是让创意写作成为国人创意思维的发动机、文化创意产业的助推器、中国在未来世界竞争格局中占领更广阔产业舞台的支撑点的愿望,已逐渐成为共识,相信在不久的将来,创意写作学学科的建设和发展的春天就会到来。

延伸阅读

1. Steven Earnshaw, *The Handbook of Creative Writing* (Edinburgh: Edinburgh University Press, 2007).
2. 许道军:《创意写作:课程模式与训练方法》,《湘潭大学学报》2011年第5期。

问题与讨论

1. 作家为什么可以培养?写作为什么可以教学?
2. 请介绍一部你最近看的电影。要求交代主要人物、情节、主旨以及看点等要素,不超过500字。

第三讲 创意写作的发展历程

一、本讲介绍

本讲讲解创意写作在美国的兴起以及在全世界的发展历程。创意写作的出现、发展与壮大,与它努力解决问题的使命感、不断调整自己的灵活性息息相关。

二、教学内容

作为学科,创意写作已经有80多年历史了,作为课程实践,则历史更为久远。我们应该探讨这些问题:创意写作是怎么产生的?产生的背景是什么?作为术语,它来自哪里?哪些人、学校在它的发展过程中起到了关键作用?在确立了自己的学科地位之后,它未来又将如何发展?这些问题可划分为创意写作概念的由来、创意写作的先驱和创意写作在英语国家及全球的传播等几个部分。

1. 创意写作概念的由来

创意写作有着自己的实践历史,也有自己的学科发展史。创意写作今天的种种面貌、路径与变异,与它自身的历史有着密切关系,许多现象都能通过它的历史得到解释。

写作与交流

1837年,爱默生(Ralph Waldo Emerson)在美国大学优等生荣誉学会发表的题为《美国学者》(The American Scholar)的演讲中,明确提出了"创造性阅读和创意写作"概念,为后来创意写作实践的发展提供了理论设想。此后写作的创造性研究和创意阅读的研究,也都在创意与教育革新、文化创新的视野里展开。爱默生认为,人在阅读和写作过程中,主动性被激发,因而阅读和写作是一种创造性活动。而整个文学教育,同样具有创造性。其中,文学研究从属于更高等级的持续不断的文学创造与再创造。研究的基础和对象,不应仅仅是文学作品,还包括文学活动。创意写作从概念的提出到理念的形成以及作为学科的建立,有着具体的针对性和逻辑清晰的发展历程。

此前,美国高校文学教育跟今天中国的文学教育一样,存在两大问题:① 文学教育内容以古希腊罗马文学(所谓经典文学)为主,当代英语文学遭到忽视,脱离时代生活。我们今天绝大多数的高校中文系教学以语言教学、古典文学教学为主,其受重视程度远远超过了现当代文学和写作教学。② 文学被当作语文学和修辞学材料,成为语文学和修辞学的外壳,忽视文学的艺术本质。

爱默生之后,创意写作进入美国文学教育视野。此后文学教育的观念开始逐步改变,文学教育界开始将阅读和写作视为创造性活动,因为它们激发了人的主动性。研究的基础和对象,不再是文学作品,而是文学活动。写作的创造性研究和创意阅读的研究,是在创意与教育革新、文化创新的视野里展开的。进而在"创造性的"文学教育中,文学研究从属于更高等级的持续不断的文学创造与再创造。

2. 创意写作的先驱

创意写作教学与传统写作教学不同的是,前者采用"作家教写作"的模式,这个模式是由哈佛大学开创的。1880年,哈佛大学首次开设高级写作的选修课程,时任哈佛大学修辞与演讲学首席教授的弗朗西斯·切尔德(Francis J. Child)最先尝试给二至四年级的学生每学期布置16篇作文,将文学教学的中心从分析研究转向写作实践,逐渐形成"文学研究最理想的结局,就是文学创作的开始"观念。切尔德之后,新一代写作教师在修辞学与演讲学课程的基础上,进一步推进了写作教学的探索,创立了"每日一题"的教学方法,即"主题必须是文章写作当天的见闻,表述控制在100字左右,文笔生动、流畅"。

勒巴隆·布里格斯和查尔斯·T. 科普兰是哈佛大学两位著名的写作教师,他们将写作教学与写作研究区别开来,开创"每日一题"和"开口朗读""勇于发言"等新的富有启发意义的写作教法,利用自己的声望扩大了英语写作的影响。据斯坦福大学该计划的创始人——华莱士·斯特格纳的说法,创意写作"开始于哈佛的勒巴隆·拉塞尔·布里格斯院长。20世纪初,他在自己的课上要求学生进行每日一题的写作(那是非常艰巨的一个时期,严苛的标准尚未放宽)。许多美国作家都是从布里格斯院长的课上走出来的……同在哈佛的查尔斯、汤森、科普兰也追随着布里格斯院长。这两个人,差不多培养出了半数那个时期的美国作家。"

巴雷特·温德尔在英语写作向创意写作转变过程中,功不可没。首先,他认为教育的全部意义在于激发创作的愿望。富有生机的研究,要满足如下标准,即能够激发好奇

心、抱负、愿望,以及自发的努力。任何艺术研究的真正目的,如他所说,"是产生一定的作品"……温德尔总结道:"文学研究的理想终结就不是享受诗歌,还包括创作诗歌";其次,温德尔认为在高校英语教学中严重欠缺文学技巧研究。他在英语写作课程上,十分注重文学技巧的研究和写作训练,这种思路在创意写作后来的发展中被广泛继承,而"作家可以培养""写作可以学习"就是建立在"技巧"的教学之上的。作为一个教师,温德尔开创并实践了新的教学方法,为美国创意写作教育教学甚至写作水平的提高,做出了很大贡献。

这里,要提到爱荷华大学。

1897年春季学期,爱荷华大学开设了诗歌写作课程,这是爱荷华作家工坊的雏形。1922年,爱荷华研究生院院长卡尔·西肖尔(Carl Seashore)宣布高级学位班接受创意作品作为学位论文,学生可以凭借创作而不是学术论文获得学位,文学院也开始开设写作方面的固定课程,由驻校作家和访问作家为创意写作选修课程教学提供写作指导,这是创意写作工坊迈向系统化、学科化的坚实一步。

1936年,诗人小说家韦尔伯·施拉姆(Wilbur Lang Schramm)利用自己的影响力,将这种课程系统化,创建了美国第一个实体化的创意写作系统,创意写作从此进入"系统时代"。

从哈佛大学到爱荷华大学,实现了"从英语写作"到"创意写作"的转变。具体体现为:① "文学"成为"思想与行动相统一、文本研究与创作技巧相结合的综合学科",文学教育和研究以创作为目的;② 创意写作开始具有自己独立的课程体系、学位进阶体系、评价体系,成为真正的学科。

二十世纪五六十年代,在战后"婴儿潮"、美苏军备竞赛的时代背景下,美国政府大幅增加教育财政投资,创意写作教学也在这期间得以迅猛发展。到1970年,全美已经有创意写作硕士点44个。"作家与协作项目联盟"(Association of Writers & Writing Programs,简称AWP)2010年发布的数据显示,全美已经建立822个创意写作系统,超过350所大学开设了创意写作工坊,多数设立在英语系下。规模提升的同时,创意写作教学体系也逐渐完善。在二十世纪二十至四十年代的进步主义教育运动中,受美工教育原则影响而产生的集体创作与集体批评被确定为工坊教学法。工坊创作活动与阅读研讨会成为美国创意写作教学的主要教学形式,并以学分的形式得到相应的量化。例如在早期的爱荷华大学,学生每学期2/3的课时是在工坊完成的,剩下1/3课时则用于阅读研讨会或独立学习。直到最后一学期,工坊活动时间才被毕业作品创作所占据。

3. 创意写作在英语国家及全球的传播

创意写作作为学科确立了自身地位后,发生了如下变化:

(1) 与国家公共文化服务结合

随着战后经济的发展,欧美等发达国家不断提高公民福利,20世纪中叶很多国家将公民文化福利纳入国家公共服务范围,高校创意写作学科开始与公共文化服务结合,很多高校创意写作师生走向社区,在社区组建写作工坊、戏剧工坊等,帮助底层居民发声。

写作与交流

(2) 走出校园，与产业结合

1997年5月，英国首相布莱尔为振兴英国经济，提议并推动成立了创意产业特别工作组。这个工作组于1998年和2001年两次发布研究报告，分析英国创意产业的现状并提出发展战略。1998年，英国创意产业特别工作组首次对创意产业进行了定义。此后，英国的创意写作学科发生了巨大变化，开始走出校园和创意产业结合。这种结合在澳大利亚则走得更远，他们专门针对学生制订了创作创业计划，帮助学生进入文化创意产业创业。

(3) 走出欧美，世界化传播

随着创意产业的全球化发展，创意写作学科也进入了全球化传播阶段，在亚洲，创意写作也在韩国、新加坡、中国港台地区、马来西亚、印度尼西亚等地推广开来，并迅速与本土文化结合，呈现出了新面貌。其中，中国港台地区的写作体系以及新加坡的探索，更多融入了中华文明和华语写作元素，独具特色。中国大陆也于2004年左右开始引进学科观念，2009年中国大陆第一个高校文学与创意写作研究中心在上海大学成立。如今全国已经有数十所高校开始开设本科创意写作课程，有些高校开始招收创意写作硕士，上海大学还开设了创意写作博士学位课程。

创意写作学科在中国蓬勃发展，但是从创意产业及公共文化事业在中国的发展进程来看，其发展速度还远远不够。随着中国承认文化产业的战略性产业地位，开放公共文化服务的民资介入，中国文化创意人才的缺口和文化原创产品的缺口变得非常大。

延伸阅读

1．［美］马克·麦克格尔：《创意写作的兴起——战后美国文学的"系统时代"》，葛红兵、郑周明、朱喆译，广西师范大学出版社，2012。

2．葛红兵、雷勇：《英语国家创意写作学科发展研究》，《社会科学》2017年第1期。

问题与讨论

1．你觉得今天的中文写作教育（高校和中小学）存在哪些问题？

2．你最喜欢哪一部（首）作品？请按照作品原来的结构，仿写一部（首）新的作品。如果原作篇幅较长，也可以只提供作品设计（但不少于500字）。

第四讲　创作潜能的激发

一、本讲介绍

本讲介绍了激发创意写作潜能的几种实用方法。头脑风暴、研讨会与心理学、心灵学及创意禅等等，能有效地激发创意写作的潜能，提升创意写作的效率与质量。

二、教学内容

创意写作的教学以及创意写作的自我提升，抓手在哪里？我们认为在自身。从作家培养角度来说，每个人都有创意与创作的潜能，但是需要适当的场景与科学的方法将其激发出来；从学习的角度来说，创意写作的出发点与目标都是自我，而自我也是我们唯一能控制的对象。创意写作学科的第一个理论支柱是"潜能激发与自我发掘"。

创意写作活动的显性形式是文字写作，隐性形式是思维训练。没有创意的写作是陈词滥调的重复，脱离创意思维训练的写作也是不科学的行为。创意写作思维训练十分重视借鉴现代心理学、教育学、创意学甚至现象学等学科积累的成果，反思自我心理认知结构，清理个人意识、无意识和集体无意识阻塞，打通记忆、联想和想象通道，训练逆向思维、发散思维，拓展思维的深度与广度，重建一个积极的认知和反应模式。创意思维训练可以借鉴的方法有头脑风暴法、研讨会、心理学、心灵学及创意禅等。这些训练方法有交叉、重叠之处，如何选择和使用应视学生和工作任务的具体情况而定。一般来说，不做单纯的思维训练，而是将其融汇到具体的任务教学之中。

1. 头脑风暴法

当你只是有一个题目，一个题材，一个模糊的创作方向，还没有明确的思路和想法的时候，可以召集创作小组或者适当引进部分"外脑"，让大家一起出主意，你就用得上头脑风暴法了。这种潜能激发的方法是美国人奥斯本（A. F. Osborn）所创，从20世纪50年代开始流行，最初是用在决策的早期阶段，以解决新问题或重大问题。头脑风暴法一般只产生方案，而不进行决策。它以激发创造性想法为手段，集体思考，使大家发挥最大的想象力。以一个灵感激发另一个灵感的方式，产生创造性思想，并从中选择解决问题的最佳途径。在这个过程中不可批评与会中人的创意，以免妨碍他人创造性的思考。这个方法的核心技术是创造自由宽松的空间环境，同时主持人要善于提问和鼓励。发言的原则是只专心提出构想而不加以评价；不局限思考的空间；鼓励想出越多主意越好。

2. 研讨会

研讨会是为创意写作活动某一专题在一集中场合做主题讨论、研究、交流而召开的

会议。当你完成一个阶段性成果，或者完成一个基本写作方案的制订之后，你需要更大范围、更高层次地征求意见，进行修改、扩充，并且做出决策。这个时候，你就需要研讨会了。

在规模上，研讨会除了邀请创作小组成员之外，还应邀请相关专家、作家、业内人士做主题发言，参加人数控制在20~50人，一般采用圆桌会议形式。这个时候，要求有明确的主题和目标，发言人要聚焦会议主题，发表意见，展开交流与交锋。与头脑风暴法不同的是，这个时候，交锋显得非常重要，允许和提倡争鸣。研讨会应满足不同观点意见的参与者演讲发言，因此通常安排多个参与者演讲发言。为保证交流效果，每场演讲发言的时间设定为15分钟左右。专家发言后，要有点评人员，负责对上一发言内容做归纳、提炼。专家发言之后，要安排小组人员提问，进行对话交流，就某些问题深入探讨，最终形成结论。

3. 心理学、心灵学及创意禅

（1）心理学

潜能观念的提出和现代心理学有关。许多现代心理学家认为人具有天生的创造性，但是这种创造性在后天的生活中常常被压抑，变成潜能。这种潜能潜伏在我们的潜意识之中，可以通过各种心理学方案和方法加以触发。弗洛伊德把作家的创作动力理解成白日梦，认为"力比多"催生了创作的激情，而白日梦是其表现形式。按照这种思路，潜能激发可以采用相应的心理学方法进行。事实上，心理学也的确发展出了多种门派的潜能激发方法，比如海灵格家庭系统排列等。当今美国的领导力培训机构，常常使用催眠、释梦等多种心理学手段来提升人的自信力、统筹力和创新力。

（2）心灵学及创意禅

这种方法又称超心理学方法，它主要借用超意识ESP系统，并结合宗教方案，用以解释人类认识上的"超感官知觉"和"心灵致动"现象，并借此开发相关能力。比如结合佛教禅修方法的创意禅训练，它通过冥想、静坐，让我们观照内心的念头；通过禅定，运用禅修的心法，提升个人创意创作能力。相传当年释迦牟尼就是通过在菩提树下的禅定而开悟。这种方法近年也有实例可循，台湾创意大师赖声川就曾说过，当他思维枯竭的时候，就去闭关禅修，通过禅修放空自己，也充实自己，提升创意能量。

我们以下列诗作《故事的中心》作为案例，加以简析。

故事的中心
轩辕轼轲

故事的中心从来都是一位主人公
但讲故事的却在故事中心栽了一棵树
虽然这棵树旁边也围绕着几个乘凉的人
但故事的中心总是在讲述着这棵树
为了反对这棵树我们捂住了自己的耳朵
但大嗓门的讲故事的还是让我们听到了这棵树

我们只好央求他把我们也编进这个故事
让我们沿着故事情节去靠近这棵树
我们故意用各种理由向他要锯和斧头
但他除了微笑之外什么也不给我们提供
我们只好让那些还没进入故事的回家拿工具
但等他们跑来时讲故事的已经口若悬河
把我们讲到了一座海天茫茫的孤岛
这棵树这时才凸显出作为中心的作用
它给我们果实果腹给我们枝条燃起篝火
在故事中还有一伙土著飞奔来给我们添乱
但我们及时地攀援到了遮天蔽日的树冠
从树上一出溜下来故事就快要结尾了
但供我们返回的船不小心被讲故事的忘掉了
这回他不得不给我们扔进来锯和斧头
这回他不得不给我们递进来造船的图纸
我们的手出现了老茧我们的脊背出现了汗
我们亲眼看到在树存在的位置出现了一条木船
没有油漆就没有吧没有铁锚就没有吧
没有香槟就没有吧反正我们一跳到甲板它就启航了
我们远离了故事中心我们现在哪还有心思
管谁是故事的中心在暮色中我们听到了
父母喊我们回家吃饭我们一个个扔下故事就跑
只有杜三没跑他爸正绘声绘色地坐在他身边

点评：这首诗最大的特点是新颖有趣。全诗从一个比喻开始扩散、流转，生发出更多的本体和喻体，妙趣横生，最后又兜转回来，收放自如。自觉使用发散思维、跳跃思维，往往会帮助我们突破想象的框架，也能带来写作的快感。

延伸阅读

1. 赖声川：《赖声川的创意学》，中信出版社，2006。
2. ［美］杰克·赫弗伦：《作家创意手册》，雷勇、谢彩译，中国人民大学出版社，2015。

问题与讨论

1. 头脑风暴法的特征是什么？如果你是主持人，该如何实施某一潜能激发方案？

2. 请讲述一个作家的成长故事,古今中外不限。不少于500字。

第五讲　思维训练与自我突破

一、本讲介绍

　　本讲介绍了创意写作的思维训练与自我突破的具体方法。曼陀罗法、心智图法、逆向思考法、优缺点列举法、强制关联法、检查单法是思维训练与自我突破的六种常见方法,它们在具体的训练上,要遵循向外与向内的特定指向性。

二、教学内容

　　激发创作潜能的根本是突破自我局限,让自己的心智得到提升。潜能激发在创意写作活动过程中是指自我激发和突破。

　　创意写作思维训练的根本是突破作家障碍。"作家障碍"(Writer's Block),也叫"写作障碍",是指不能用文字表达自身意思的现象。作家障碍的形成有多种原因,也有多种表现形式。就原因来讲,有心理原因、技巧原因、习惯原因、时间原因等;就表现形式来说,有找不到恰当的词语、无法组织素材、难以开头、拘泥于一种文体、不能流畅地写作等障碍。在所有的障碍当中,最为有害的是心理原因,即相信"作家是天生的,而不是后天培养的"。所以,许多高校的创意写作课程中有专门的心理突破课程,以解决部分写作者热爱写作,但是却不能动笔的问题。

　　但是,创意的本质是一种建构、创生新思想、新方案的方法,是突变出来的,而非素材与规模累积而成的。在创意写作思维里,现实世界永远不完美,创意写作的目的就是重建一个全新的世界。这个时候我们需要一些自我突破和激发的方案。下面介绍几种主要的方法:

　　1. 曼陀罗法

　　曼陀罗艺术起源于佛教,由日本学者今泉浩晃加以系统化改造而成。曼陀罗法是一种有助于扩散性思维的思考策略,利用一幅像九宫格的图,将主题写在中央,然后把由主题所引发的各种想法或联想写在其余的八个圈内。基本格式是:五个"W"摆在九宫格的十字当中,中心点摆的是 Who(何人),右边是 When(何时),左边是 Where(何地),下边是 Why(为何),上边是 What(何事)。因此横轴上是 Where→Who→When,是空间—人—时间的安排;纵轴是 What→Who→Why,是一种问的安排,问做什么,问主体,问为什么这么做。曼陀罗法既可以用于具体问题,开发创意,提高学习与工作效率,也可以用于把握人际关系,反思人生,对于具体创意写作训练也有指导意义,迅速解决作品中生活场景、人物、动机、时空等方面的拓展性和集中性描写问题。

2. 心智图法

心智图法，又称思维导图。它是一种借助观念图像刺激思维及帮助整合思想与信息的思考方法，主要采用图志式的概念，以线条、图形、符号、颜色、文字、数字等各种方式，将意念和信息快速地以上述各种方式记录下来，成为一幅心智图。不同于直线性思考方法，心智图法通过训练运用全脑思考，来激发我们的想象力和创造力。因此，它被认为是全面调动分析能力和创造能力的一种思考方法。结构上，具备开放性及系统性的特点，让使用者能自由地激发扩散性思维，发挥联想力，又能有层次地将各类想法组织起来，以刺激大脑做出各方面的反应，从而得以发挥全脑思考的多元化功能。这种方法可以让我们获得故事的多种发展方案，解决故事创意不足的问题。

3. 逆向思考法

逆向思考法主要借助于逆向思维或求异思维，对司空见惯的似乎已成定论的事物或观点进行反向思考，让思维向对立面的方向发展，从问题的反面深入地进行探索，树立新思想，创立新形象。逆向思考法不是一种培训或自我培训的技法，而仅仅是一种思维方法或发明方法，分反转型逆向思维法、转换型逆向思维法、缺点逆用思维法三种基本类型。这种思维训练，可以让我们反观自我是否落入了俗套，强制自己从俗套和俗见中挣脱出来，写出不同凡响的作品。

4. 优缺点列举法

优缺点列举法是不断地针对一项事物，逐一列出其优点、缺点，介绍其可能性及威胁，进而改善对策和解决问题的思维方法。

当你在故事大纲、人物小传的编撰过程中，出现多种选择和方向；在写作过程中碰到场景选择、细节描写等方面的不同方案时，编制优劣表，是一种很好的思维突破训练。

5. 强制关联法

强制关联法又称"目录法""目录检查法"，是一种查阅和问题有关的目录或索引，以提供解决问题的线索或灵感的方法。在考虑解决某一个问题时，一边翻阅资料性的目录，一边把在眼前出现的信息和正在思考的主题联系起来，从中得到构想。

强制关联法在具体的使用中，可以以"剪切和粘贴""混搭"的方式进行。"这个技巧的发明者是威廉·巴勒斯（William Burroughs），他会写下整个页面，甚至是整个故事和小说，然后逐字逐句地把内容切开，并重新整理，有时候他会随便把那些页面扔到空中，根据它们掉在地板上的位置来组织故事。""通过混搭，你要从 A 栏和 B 栏各挑出一个，把它们合在一起……去发现那些看起来不相干的事物之间的联系。"这种训练有助于打破固有的思维惯性，获取一种新的眼光，在没有可能的地方发现可能，在没有联系的地方建立联系，打开创作的思路。很多时候，思维自身的跳跃能带来意想不到的效果。

6. 检查单法

检查单法又称"检核表法"，是由哈佛大学教授狄奥提出的一种多路径思维的方法。

在考虑某一个问题时,先制成一览表,对每项检核方向逐一进行检查,以避免有所遗漏。此法可用来训练员工周密思考,有助于构想出新的意念。

表3-1　高级记叙文检查表

(1) 总体印象(每项三分为满分)

分数	检查内容	评价
	题目跟内容有关吗?	
	所有的对话都另起一段吗?	
	全文至少分三大部分或三段吗?	
	开头是怎样的? 吸引人吗? 理由?	
	文章有主题吗?	
	文章是通过一个什么故事写出一个什么道理?	
	文章有没有写成流水账?	
	文章是不是"概括性写作"?	
	文章的结尾有没有呼应主题? 是如何呼应的?	
	文章是用第几人称写的? 用其他人称可以吗? 为什么?	

(2) 具体内容(每项三分为满分)

分数	检查内容	评价
	故事的矛盾是什么?	
	正面人物是谁? 身份是什么?	
	反面人物或者反面势力是什么?	
	矛盾是如何产生的?	
	矛盾是如何组织的?	
	故事使用了伏笔没有? 是什么?	
	矛盾的高潮是什么?	
	有没有跟主题或者矛盾相称的人物性格、行为描写? 请举例说明。	
	有没有跟主题或者矛盾相称的外貌描写? 请举例说明。	
	故事使用的语言是否生动吸引人? 请举例说明。	
	矛盾的最后解决是否跟主题或者题目有关? 为什么?	

7. 七何检讨法

七何检讨法("5W2H"检讨法)的优点是提示讨论者从不同的层面去思考和解决问题。所谓"5W",指为何(Why)、何事(What)、何人(Who)、何时(When)、何地(Where);"2H"指如何(How)、何价(How Much)。

所谓故事外部悬念,就是通过对事件的重新安排、结构,故事信息的次第告知以及故事视角的选择等叙事技巧,使故事在自身事件之外获取新的阅读悬念。故事外部悬念的设置依靠叙事的技巧,主要通过对事件发生顺序的错置,事件信息的截留,事件视角的限制等,形成故事信息与阅读需要的不对等。从行动的角度来说,"事情是谁干的"所连接的因素,除了"何人"(Who)之外,还有"为何"(Why)、"何事"(What)、"何时"(When)、"何地"(Where)、"如何"(How)甚至"何价"(How much)等变量,而这些变量处于待填充、回答状态。因此,悬念主要由对"后来怎么样"这样顺向的疑问,和"为什么会这样"以及"怎样"等逆向或横向的追问构成。

思维训练(顺向、逆向;广度、深度等)锻炼写作的敏捷性、创造性、原生性,它们在结果上不可预料,但是在具体训练上有着指向性,并非天马行空、随心所欲。思维训练的指向有二:一是向外,重新处理自我与世界、社会、他人之间的关系;一是向内,重新处理自我与智慧、经验、习性、偏好的关系。无论是向外还是向内的思维训练,都可能帮助我们突破自我的局限,创作出超乎想象的作品。

延伸阅读

1. [美]于尔根·沃尔夫:《创意写作大师课》,史凤晓、刁克利译,中国人民大学出版社,2013。

2. Scott Barry Kaufman, James C. Kaufman, *The Psychology of Creative Writing*(New York: Cambridge University Press, 2009).

问题与讨论

1. 因为创意具有不可预测性,所以创意思维的训练也是天马行空、任性而为的吗?

2. 想象一下,你和你的家庭将移民太空中的一个地方,永远不会再回到地球,离开之前你们将会去哪里参观?就此写一个关于"我"与这个地方的故事,不少于500字。

3. 以"乡愁"为情境,放一段音乐,以自我的情绪沉浸为基础,以速写的方式完成一个情境写作。

第六讲 过程写作与要素训练

一、本讲介绍

本讲讲解创意写作的教法与学法。过程写作法与要素训练是创意写作教与学的主要方法,师生共同参与、完整性写作、全程分享与特定的文体写作、思维训练、要素训练结合是创意写作教学取得成功的关键。

二、教学内容

创意写作教学一般采用过程教学法,要求师生在课程进行过程中体验一个完整的项目过程,一同经历项目立项、策划、实施、稿件递交等,要求老师作为项目主持人参加项目。学生在这个过程中会碰到各种考验其写作技能的问题,创意写作课程则据此践行要素训练的原则,对创作技能进行分类训练。

1. 过程写作法

过程写作法(Writing Processes)的出现得追溯到 20 世纪 60 年代的美国。它最初是针对二语写作(Second Language Composition)传统控制写作法和现时—传统修辞法的弊端而产生的。许多美国教师在教学中发现,专注于纠正学生的写作错误并不能提升学生的写作水平,于是他们中的许多人转向了对创意写作的研究。托尼·席尔瓦(Tony Silva)发现写作不是简单的线性过程,而是伴随着思考和探索的活动。贾特·艾米格(Janet Emig)等研究者开始观察学生与专业作家的写作行为。他们发现优秀的作家首先关注的是思想而不是拼写正确,若作家在打草稿时注重拼写正确,那么就会受到干扰。过程写作就从这项研究中发展起来,并确立了自己的地位。过程写作法在美国教育圈中颇为出名,1996 年,国际阅读协会和全美英语教师联合会携手出版了美国《英语语言艺术标准》,该标准中列入了过程写作法的内容。

过程写作法认为,创意写作不是简单的语言、段落、篇章以及技巧、修辞的组合,而是包含着创意、构思、写作及反复修改的全部过程,将写作活动延伸到了传统写作活动中忽视或者说不被重视的上游环节。在其写作和修改的下游环节,创意不断产生和得到修正,修改是学生创意活动、写作活动、认知活动的循环往复,换句话说,写作其实就是再写。对思想内容的挖掘和表达,优先于语言的字斟句酌。

在课堂写作活动中,写作也不被认为仅仅是学生单打独斗的个人行为,教师以及同伴都可以参与到每一个个体的写作活动中,教师、学生、同伴形成多向反馈,激发创造性思维。作为教师的作家自然可以起到点拨和指导作用,同伴反映、集体构思、集体修改同样能够起到重要作用。也就是说,过程写作法旨在管理学生的写作行为。

过程写作法一般分预写作(prewriting)、打草稿(drafting)、修改(revising)、校订(editing)和发表(publishing)五个相关阶段。

所谓"预写作"就是写作前的集体创意、写作准备。在这个阶段,教师给予 3~5 个诱导性话题,激发学生的创作兴趣。

打草稿阶段,学生迅速把自己的想法写下来,不必考虑语法、拼写和形式问题,主要任务是解决主题创意问题。

修改阶段,每个学生将自己的创意进行口头或书面表达,根据同伴或教师的反馈,修改自己的初稿。

校订阶段,侧重于修改作文中存在的拼写、标点、语法等方面的细节问题,以使作文内容更加完善。

发表阶段,学生在班上或小组内朗读或传阅彼此的作文定稿。

过程写作法十分重视合作,不仅要求教师对学生的创意进行鼓励、支持和回应,更要求每个小组成员的积极参与和反馈。

2. 要素训练

创意写作坚信潜能可以激发,技能可以提升。创意写作既是关于"所有写作的写作",也是具体的文类写作,它与创意思维训练是创意写作活动的两翼。创意写作训练的主体是学生,主导者是教师,教师在这个活动中,承担活动的发起者、过程的维护者和结果的评判者角色。创意写作训练是系统的、循序渐进的、因人而异的。所谓系统训练,是指创意写作训练在内容上包括各种文类写作训练(包括打破文类的综合写作),感觉上的听、视、嗅、味、触和直觉上的运动、平衡、空间、时间、纠错等训练,思维上的回忆、联想、想象、推理等训练,以及技巧上的人物特写、场景描写、拼贴游戏、修改等专项训练。所谓循序渐进,是指创意写作遵循写作学普遍原理,有着由易而难、由浅入深、由专项向综合、由模仿向独创、由个人向他者的创作过程。一般来说,写作从检视自身生活、发展个人心思、书写个人自传或家族史开始,走向更为理性、深入、外向和综合的写作。在课程设置上,写作者一般要经历初级、中级、高级三个阶段。所谓因人而异,是指创意写作训练尊重学习者的写作经历、能力、禀赋和个人兴趣爱好,帮助学习者设置符合个人兴趣,有助于形成个人风格和可持续写作的训练方案。

(1) 文类写作训练

文类写作训练包括欣赏类阅读文本写作、生产类创意文本写作和工具类功能文本写作三个大类,面向文学消费、创意文化产业和社会活动等。一般来说,工具类功能文本有着比较严格的文类规范,在训练上注重文体的训练。生产类创意文本是打破文类规范的综合性写作,注重活动本身的创意,包括文案和活动策划。欣赏类阅读文本与传统虚构、非虚构文本多相重合,但着力的方向和重点不一样。创意写作训练更重视类型文学的写作和训练,比如上海大学开设的故事写作工坊、短篇小说写作工坊、长篇小说写作工坊等,都以类型文学创作为重点。

(2) 感知写作训练

感知训练包括实地考察式的听觉、视觉、嗅觉、味觉、触觉、运动觉、平衡觉、空间觉、时间觉、纠错觉的训练,和回忆、想象及移情替代式的感知训练两种。前者可以走出教室以田野采风、参观考察、人物采访、故地重游等形式进行,也可以在教室随意选定人物、器物、活动等,分门别类地激活身体器官感知世界的能力,全方位地打开切入世界的通道;后者则在虚拟中以体验、想象方式进行,主要以书面形式记录感知结果,也可以口头描述。

(3) 系统写作训练

经历感知写作训练后,创意写作进入系统写作训练阶段。在这个阶段,教师开始设置诱导性话题,结合学生个人生活经验和知识积累,展开回忆、想象、联想和推理等多种形式的思维活动,从回忆录、家族史写作开始,激励学生打破作家障碍,发展个人心思,合理利用成规,提升创意品位,从个人性的写作迈向有个性的写作。创意写作一方面承

认写作的个人性、创造性;另一方面又破除写作的神秘性,打破写作的私密化状态,大胆鼓励写作对他人作品的借鉴和模仿,调查和尊重写作受众,总结和遵循文类成规,在开放、轻松和互动的写作环境中进行创作。在生产类创意写作活动中,更以写作工坊为单位,集体创作为主要形式,训练学生适应现代文化创意产业的写作能力。

(4) 专项技巧训练

专项技巧训练包含于过程写作法的方方面面,体现在预创作及创作过程中,也体现在作品完成之后的修改、润色、提高等方面。此方法包括搜集和选择写作素材、开列提纲、提炼主题、培育意象、确立故事发展动力与阻力、设置故事情节、场景设计、人物传记设计、对话描写、人称转换、文体转换、拼贴训练等具体内容,而修改技巧训练及活动则可应用于任何一个写作环节,促使作品尽善尽美。在作品完成后,又可引入投稿、申请出版资助、出售作品版权等活动,这些活动既是创意活动的延伸,也是写作活动的转换。

最后,总结这一讲的内容如下:

第一,在创意写作课程中,要遵循过程教学法的原则,同时结合要素训练。组织者要合理设置写作单位,安排同伴反应小组和同伴校正小组,为集体创作做精心准备;要营造理想写作环境,引导写作者安然进入写作状态,提升观察能力、想象能力和语言能力,获得自信,开口说话,交流沟通,激发灵感;除此之外,还要注意设置诱导性话题,打破创作者思维阻碍,打开想象空间,让创作者迅速进入创作状态。

第二,对于课程参与者而言,要积极参与写作进程,尊重反应小组和校正小组的意见,互相激发,协同创作,扩大你的观察和想象领域;找到使你的语言更生动活泼的技巧;找到属于自己的故事,形成属于自己故事讲述的声音;明确自己创意的优势和劣势;通过大伙的赞扬和练习获得自信;战胜自己的恐惧,突破自己的障碍,享受每一节创意写作课。

延伸阅读

1. 葛红兵、许道军:《大学创意写作·文学写作篇》,中国人民大学出版社,2017。
2. 许道军、葛红兵:《创意写作:基础理论与训练》,广西师范大学出版社,2012。

问题与讨论

1. 有人认为,对写作的辅导、帮助只能存在于作品完成之后的下游环节,你怎么看?
2. 就某一个观点给你的反对者写一封信,请求他的理解。字数不少于500字。
3. 想一件你人生成长历程中的"第一次"——第一次胜利、第一次被打败,不管是什么,假装你自己又回到那个时刻,把它写下来。用一般现在时,记录下你当时的声音和观点。

第七讲　类型规约与个体独创

一、本讲介绍

本讲讲解创意写作的入口及创新依据。创意写作承认创作受到成规的制约,但是成规是生成性的,从成规上路并合理利用成规,是创意写作得到接受者认可的前提和创新的重要路标。

二、教学内容

经历潜能激发和思维训练过程后,教师开始设置诱导性话题,结合学生个人生活经验和知识积累,展开回忆、想象、联想和推理等多种形式的思维活动,从回忆录、家族史写作开始,激励学生打破作家障碍,发展个人心思,迈向实际写作过程。这个时候,我们就碰到了合理利用成规的问题。创作对于创意写作学科来说,首先从成规的习得和模仿开始。

创意写作一方面承认写作的个人性、创造性;另一方面又大胆鼓励写作对前人和他人作品的借鉴和模仿,调查和尊重写作受众,总结和遵循文类成规。

一位作家在作品研讨会上说,创新是条狗,追得作家屁滚尿流。这句话转化成学术语言,就是一个作家总是担心重复前人的创作,被别人尤其是经典著作的影响所笼罩。其实,这种思维是错误的。罗兰·巴特说,一部作品从另一部作品中来,不阅读,创作无法起步。以前,作者是通过进行创造性阅读来自学创作的;而现在,创意写作学科却提倡分类型创作,研究和总结类型成规,用来指导创作和创新。

对文类成规的学习和掌握,是创意写作学习的必要环节。

1. 什么是成规

"成规"的解释是前人留下的约定俗成的规则、方法,它实际上有两个属性:一方面,它给后来者提供现成的规范和模板,使得后来者能尽快进入和适应;熟悉成规、效仿成规是后来者学习的最有效途径。另一方面,它又是对后来者的束缚,它可能发展成对"后来者"思维的限制,如果成规成为后来者固守的对象,那么就更是如此了。

但是多数情况下,我们高估了打破成规的意义,而低估了遵守成规对人类的价值,尤其是在艺术领域。作家要对成规有充分的了解和尊重,又能在成规的导引下,做出充分的个人性创新。

没有成规,我们几乎无法在这个世界存活。如果不是基于预先假定别人的行为模式和自己相似,可以对别人的行为拥有比较确定的期待,我们的社会就不可能组织起来。比如,一个驾驶员如果不能准确判断迎面而来的人会从他的左侧还是右侧通过,那

他就几乎无法驾车。小说领域也是如此。

成规是协调性的,它是协调性的解决方案。没有一条铁律要求侦探小说一定要写"命案必破",但是,它恰恰成了多数侦探小说遵守的"成规"之一。

(1) 成规的生成性

成规催生创造性。围棋规则是一种成规,棋手遵守这个成规,却必然要走出创造性的棋局来,世界上几乎不存在两盘一模一样的棋局,就是这个道理。武侠小说"快意恩仇""行走江湖"等成规,多数武侠小说家都会不由自主地遵循,但是,写出来的作品却各具面目。所以成规催生创新作品。

(2) 成规的习得继承性

成规是可以习得的,比如我们研究侦探小说,会发现"命案必破"的成规;研究浪漫爱情电影、小说会发现其中常有男女主人公身份不对等的人物设置成规,《泰坦尼克号》就是如此。发现了这些成规,你可以学习它,用于你的小说人物和情节设计。

(3) 成规的突破:兼类型、反类型现象

成规有时候是需要遵守的,但是艺术领域的成规又是生成性的,因为它总是在不断地被颠覆。成规不是一成不变的,本类型常常会和其他类型嫁接而产生变异。武侠小说跟爱情小说结合,就会产生武侠爱情小说类型;历史小说和未来小说结合,就产生了穿越小说类型。而类型成规也会因为出现反类型现象而被打破,比如金庸小说《鹿鼎记》对武侠小说类型成规就进行了反类型的处理,他不写英雄人物,而写了市井人物韦小宝,他既不会武功,也不行走江湖。

2. 要重视对类型规约的学习

创意写作把写作分成不同的体式类型,分门别类来进行创作教学。因此,分体写作工坊,是创意写作教学和创作实践的常态类型。我们常常听说,美剧是由一个编剧小组集体创作的,他们有前期市场调研,中后期策划报告,有过程创作分工,等等。这就是类型创作的成规,这个成规由小组成员共同认可和遵守。

创意写作课常常把类型小说创作当作重点。那么,我们可以从哪些方面来学习和认识小说成规呢?

一是言语层面的成规,主要表现在小说叙事的文体上,比如语言修辞格等;二是叙事层面的成规,主要表现在小说叙事线条上,如叙事序列、事件类型、情节的时空结构等;三是叙事修辞层面的成规,主要是叙事主体结构,如隐含作者、外叙述者、内叙述者等;四是叙述视角层面的成规,主要是叙述者感知和讲述的角度,诸如主观视角、客观视角、限制性视角、二度聚焦等;五是叙述声音层面的成规,主要是叙述主体之间的复调结构。因此,小说成规确实是小说研究,特别是类型小说研究的重要命题,小说创意也确实是在既有成规基础上的创造。

3. 从成规上路,从模仿开始

一个真正的作家应该有这样的技能:他唤起了读者对此类小说的记忆和经验,他的作品符合读者对该类型小说的阅读期待。但是,一个优秀的作者又常常会在习得与尊崇中创造出新的成规,这种现象我们在金庸的小说、琼瑶的小说中可以看到。金庸小说尊崇中国传统武侠小说的基本叙事规则,但是,他把忠君等成分去除了,加上了现代意义上的忠情成分,让爱情进入了武侠小说。琼瑶也是如此,她集成了中国古代才子佳人小说的成规,但又把西方浪漫小说的要素引进来,进而创造出当代爱情小说新的成规。

对于一个初学者来说,从模仿一部经典作品开始,然后进行融合创新是非常好的思路,比如我们在起点中文网上看到的玄幻小说、宫斗小说等,就是最显见的例子。

该部分着重推荐阅读葛红兵的《小说类型学的基本理论问题》中提到的两则类型故事。

类型故事①

1. 痴女婿的故事

从前有个人家家里,有三个老齐整的丫头,三个女婿。大女婿、二女婿都老无厘的,就是三女婿有点儿痴乖乖的,不会说话。咯天子丈人老爹要过生日,请不少客人来,生怕三女婿痴乖乖不会说话,就对他说:"你到外头学几句话去,省得到时候给人家笑。"

三女婿听了老丈人的话,就出去学话了。他跑到一个河边上,看到有个人在侯盖(锯)树,就说:"师傅,你告(教)我一句话吧?"咯个人就说:"河边上盖树,沉(蹲)又不好沉,坐又不好坐。"

三女婿又往前,看到一个人在补芦苇帐(过去人家盖房子顶用的)。他也叫人家教他一句,咯个人就说:"新芦豆补旧帐,见了缝儿就插上。"

咯个痴子就记住咯句话,继续往前走。又看到河边有人站在咯里,就问咯个人在侯做什尼,咯个人告诉他,河里有老多鱼浮了头。三女婿就要他告一句话。咯个人就说:"河里鱼剥剥嘴,没得叉不得取。"痴女婿想想,咯句话倒不丑,记住了。最后,又看到两个人在打官司,输了官司的对赢的说:"我和你州里不会府里会!"痴子也记住了。

痴子急急忙忙赶到家里,酒席已经开始了,他站在咯里不晓得怎好。旁边人问:"你怎不入席?"痴女婿说:"我是河边上盖树,沉又不好沉,坐又不好坐。"别人一听,都说,咯个女婿口才好,叫他到一个空位坐。痴女婿说:"我是新芦豆补旧帐,见了缝儿就插上。"大家都说咯个女婿会说话哩,就叫他快吃菜。他说:"河里鱼剥剥嘴,没得叉不得取。"原来他的筷儿还没有,所有人都说咯个女婿会说,口才来事,丈人老爹欢喜得不得过。

吃好饭,大家要走了,都和咯个女婿打招呼:"我呢走啦,你学问不丑,再会再会,下次到我家里来戏!"痴女婿也老高兴地和大家说:"好好好,我和你州里不会府里会!"

---

① 转引自葛红兵《小说类型学的基本理论问题》,上海大学出版社,2012,第52-54页。做了部分修改,但基本保留了方言语汇。

2. 巧媳妇的故事

从前,有一个人家,爹爹是个癞子,媳妇自从进门之后,无论人前背后,说话总不提一个癞字,免得爹爹听了心中不适意,癞爹爹逢人都夸自家的儿媳妇贤惠、孝顺、会说话。

庄上几个促狭鬼暗里商量了,一定要癞爹爹的媳妇说出个癞字来。这一天,癞爹爹出门有事了,三个促狭鬼来了,敲开门以后便问:"你家癞爹爹哪去了?"媳妇说:"我家爹爹不在家,请问三位找他有什么事?"三个促狭鬼说:"有事是有事,就怕你说不清楚。"媳妇说:"我会说清楚的,你们请说吧!"

促狭鬼们说:"你家癞爹爹回来之后,你就告诉他,我们前庄的张癞子,后庄的李癞子,中庄的王癞子,三个癞子请你家爹爹腊月初八晚上打个灯笼、点支蜡烛,到癞和尚庙里去吃腊八粥。"

癞爹爹的媳妇说:"好的,你们放心,我一定和我家爹爹说清楚。"到了晚上,癞爹爹回家来了,那几个人躲在门外偷听媳妇怎么向爹爹说他们说的那一大串带癞字的话。只听得那媳妇说:"爹爹,今天你出去之后有人来找你的。"癞爹爹问:"来的哪些人,找我做什么事?"那媳妇又说:"来的是张生姜、李蒜头儿,还有王家麻萝卜,约你十二月初八晚上,请爹爹打个灯笼、点支红烛,到一年四季戴帽子的和尚那个庙里去吃顿菜酸粥。"从头到尾,不曾提到一个癞字,癞爹爹听得很舒心,三个促狭鬼听得很佩服。

点评:

《痴女婿的故事》《巧媳妇的故事》都是由南通方言爱好者收集整理的故事,里面有方言正字的问题,比如"新芦豆"中的"豆",应该写作"头","头"是南通方言中很有特点的"词缀"。它们表面上是两个故事,但用的是同一个叙事结构。

第一,主人公是女婿或媳妇并不重要,他们的身份,都是"家庭内的外来者"。

第二,主人公遇到的具体情况不重要,两个故事都包含了"说话得体"的问题。

第三,主人公都获得了外力的帮助(《痴女婿的故事》里,痴女婿出门,遇到三个帮助他的人;《巧媳妇的故事》,看起来恰好是一个相反的故事,是外来的三个促狭鬼来捉弄她,但是结果是一样的,三个促狭鬼帮助主人公在家长面前确立了自己贤惠的形象)。

第四,主人公(外来者)得到了承认。

某一种类型的小说,支撑其内在结构的是一种叙事语法,这种叙事语法具有生成性,能生成无数同类型的叙事作品,但是,就如同由同一种语法生成的话语不会让别人觉得雷同一样,小说叙事话语在同一话语语法作用下生成的故事,也同样不会让读者感觉雷同,甚至多数读者会把它们看作是完全不同的故事。

延伸阅读

1. 葛红兵:《小说类型学的基本理论问题》,上海大学出版社,2012。

2. 陈平原:《千古文人侠客梦——武侠小说类型研究》,新世界出版社,2002。

> **问题与讨论**

1. 遵守成规就是墨守成规吗？请你谈谈类型规约与个体独创的辩证关系。
2. 武侠、侦探、盗墓、穿越、乡土……或者是先锋、探索等等,这些小说类型中你最熟悉、最喜欢哪一类？请选择你自己最熟悉、最喜欢的小说类型,归纳出它在题材模式、主题模式、价值模式、情节模式、人物模式、语体模式等方面的成规。
3. 以《新完璧归赵》《新鸿门宴》《新空城计》为题,重写"完璧归赵""鸿门宴""空城计"的故事。

第八讲　创意写作工坊（一）

一、本讲介绍

本讲讲解了创意写作工坊的概念、在创意写作学科体系及实践活动中的地位、通常的称谓以及常见的活动形式。创意写作工坊是培养作家、培育作品的基本场所,也是培养作家、培育作品的主要方法。

二、教学内容

前七讲主要讲创意写作的学科理论、学科体系以及发生发展状况,也就是创意写作的本体论、发生发展论问题。从本讲起,转入创意写作的方法论和实践论方面,也就是创意写作如何教、如何学的问题。

创意写作方法论和实践论主要涉及两个问题：

第一个问题,作为学科,创意写作如何在自己的学科机制中,使用自己基本的学科方法,培养作家,培育作品,以及学生如何在这个机制中学习、训练、实践,最后成为作家。第二个问题,学生,还包括任何想成为作家的学习者、自学者,如何践行创意写作的学科理论,在创意写作实践中,突破作家障碍,发掘个人潜能,合理利用成规,逐步成长,成为作家。

第一个问题主要涉及创意写作工坊。创意写作工坊是培养作家、培育作品的主要场所。创意写作工坊在创意写作学科中地位特别重要,因此我们将用两讲的时间来进行介绍。

1. 创意写作工坊的定义

创意写作工坊（Creative Writing Workshop）是以创意写作实践或创意写作教育、

研讨等相关工作为导向,由若干参与者组合而成的活动组织。由于它多由作家领衔或是作家自身组建的团体、行会等,因此这些工坊的命名,大多与"作家"相关,更多时候被称为"作家工坊"。创意写作工坊,既是工作场所、工作组织,也是工作方法、教育教学方法。

2. 创意写作工坊在创意写作学科体系和实践活动中的地位

著名创意写作研究专家爱德华德·迪兰尼(Edward Delaney)用"车轴之于车轮"来描述创意写作工坊与创意写作的关系:没有车轴,车轮自然不会转,可见创意写作工坊对于创意写作,地位有多重要。

创意写作兴起于美国。作为一个学科,它在美国最成熟、最发达,因此创意写作工作坊也最成熟、最发达。现在美国有近千个创意写作工坊,作家在创意写作工坊里写作或者教写作,学生在创意写作工坊里锻炼写作,是创意写作工坊的常态。如美国创意写作研究最权威的专家 D. G. 迈尔斯所描述的那样,"写作工坊作为一套流程,已经成为这段时期作家们的标准训练和共同体验"。迈尔斯所说的"这个时期",主要是指二十世纪七八十年代。那个年代创意写作工坊就如此,今天更是这样。

3. 创意写作工坊通常的称谓

(1) "作家们的"工坊

如爱荷华作家工坊(Iowa Writers' Workshop)、哥谭作家工坊(Gotham Writers' Workshop)等。

(2) "作家的"工坊

如米尔福德作家工坊(Millford Writer's Workshop)、梧桐山作家工坊(Sycamore Hill Writer's Workshop)等。

(3) "作家们"工坊

如特基城作家工坊(Turkey City Writers Workshop)、西克拉里恩作家工坊(Clarion West Writers Workshop)等。

(4) "作家群"

没有出现"工坊",但依旧是"工坊",比如法典作家群(Codex Writers Group)等。

(5) 不以"作家"冠名的工坊

如瓦伦西亚 826 号(826 Valencia)、华文创意写作中心(上海)等。

4. 创意写作工坊的相关活动与组织

(1) 课程

如莫纳什大学的"小说入门",爱荷华大学的"小说工坊""诗歌工坊""翻译工坊"等。课程工坊主要是教学工坊,第一个创意写作课程工坊出现在 1897 年的爱荷华大学,当时叫"Verse—Making"(诗歌工坊)。东英吉利大学创意写作课程(UEA Creative Writing Course)由马措姆·布拉德比瑞(Malcolm Bradbury)和安格斯·威尔森(Angus Wilson)两位先生在 1970 年创建,由于这个学校的创意写作 M. A(文学硕士)被广泛认为是英国最有声望、最成功的学位,其候选位置竞争之惨烈,课程之难度非比寻常,因此"课程"名声反而超过工坊。

(2) 大赛

如"未来作家"、风城科幻小说大赛等。一些作家定期组织举办文学赛事,用以鼓励创作、培育作品、发现写作新秀。

(3) 民间培训机构

如纽约哥谭作家工坊、"小说阁楼"等。这些工坊主要是由高校之外的作家组建的写作培训学校,开展网上在线培训,开设各种各样的创意写作课程,接受社会人员报名学习。纽约哥谭作家工坊是美国最大的民间写作培训机构,学员有两万多人,这个工坊最大的特点是有着丰富的创意写作菜单课程,现在它能提供近百门课程。包括各种文体写作技巧、出版技巧、出售自己作品技巧的相关课程,当然它最有特色的课程是"突破作家障碍"课程。

(4) 社区活动组织

如"瓦伦西亚826号""创意生活书坊"(上海)"十二邻戏剧公益"(上海),这些工坊主要深入社区,以写作的方式,帮助社区居民发出自己的声音,表现自己的生活,以及解决实际的读写问题。

(5) 基金会

如阿尔文基金会等,为扶持作家、培育作品提供资金支持。

(6) 创意写作系统

爱荷华创意写作系统、休斯敦大学创意写作系统、沃伦威尔逊作家MFA培养系统。相对于单个创意写作工坊、社会培训机构或以工作为指向的工坊,它不仅有稳定的创意写作教师团队(作家或驻校作家团队),常设的创意写作工坊课程(诗歌、小说、戏剧、散文或者翻译等),各个层次的课程(本科生和研究生、知识型与技能型、长学期与短学期等),还能提供各个级别的学位(学士、硕士或博士),为学生提供更加系统的创意写作训练。依据所培养的诗人和作家数量、质量以及影响力,爱荷华大学的艺术硕士创意写作系统排在美国相关专业第一位。爱荷华创意写作系统的声名,与爱荷华作家工坊密切相关。

5. 三个重要的创意写作工坊

我们这里要提到爱荷华作家工坊、哥谭作家工坊、故事工坊三个工坊,它们各具特色,影响深远。

首先要提到的仍旧是爱荷华作家工坊。爱荷华作家工坊是创意写作学科孵化地,奠定了创意写作发展的基本模式。这是一个写作活动、教学和学习(自学)三位一体的工坊,教师、学生均取得了不起的成就。它有小说工坊和诗歌工坊两个分支,提供工坊和研讨会两种课程形式,课程分为本科和研究生两个层次,其中以研究生层次课程最为著名。小说工坊课程有五个分支,诗歌工坊课程有四个分支,分别由专门作家和教学人员任教。在住校的四个学期中,学生都被要求参加一个研究生层次的小说或诗歌工坊,每个工坊包括10~15名学生,在其中,他们互相品评彼此的作品。爱荷华作家工坊每年都邀请作家来访,教授诗歌和小说写作,诗人罗伯特·弗罗斯特(Robert Frost)和罗

伯特·潘·沃伦(Robert Penn Warren)等曾是这里的驻校作家。爱荷华大学网页显示，有数十位赫赫有名的作家、诗人在这里访问、教学。爱荷华大学启动"爱荷华国际写作计划"后，这个工坊更是跨越了国界，引来了更多的作家一起工作、交流、学习，各种思想、文化、价值观的碰撞，充分体现了创意写作"多元""民主"的理念，加深了世界各民族、各地区之间的相互理解。当然，受益的不仅是那些受到邀请的作家本人，还有那些在爱荷华大学学习写作的学生。余光中、杨牧、王文兴、白先勇、萧乾、艾青、陈白尘、茹志鹃、王安忆、吴祖光、张贤亮、冯骥才、白桦、谌容、汪曾祺、北岛、阿城、刘索拉、余华、徐迟、叶炜等先后造访爱荷华大学，享受了一段美好工作经历和生活时光。

哥谭作家工坊是美国最大的成人写作教育学校，1993年创建于美国纽约，现今同时在纽约市和网络上提供课程。这个工坊的主任亚历山大·斯蒂尔(Alexander Steele)编辑了《小说写作》《小说走廊》和《电影写作》三本书，相较于爱荷华作家工坊师生们的创作成就，哥谭作家工坊似乎逊色得多。

哥谭作家工坊之所以深受学员欢迎，与它的课程设置有关，正如他们在网站介绍中所言，工坊不仅提供写作的各种技巧指导，更有学员在其他地方无法寻觅的综合课程。归纳起来，纽约工坊的写作课程有以下几类。第一类是美国传统高校能够提供的创意写作课程，包括虚构和非虚构类；第二类属于创意文化产业方面的课程，这些课程，一般高校不开设；第三类倾向于生产类创意活动文本写作，如出版技巧(How to Publish)、剧本出售(How to Sell Your Screenplay)，近似于创意活动策划或文案写作课程；第四类课程则是与商业活动有关的工具类功能文本写作，如商务写作(Business Writing)。在学制上，哥谭工坊分为一日制、六周制和十周制，分别为低级班、高级班和大师班(level Ⅰ、Advance level 和 Master level)提供不同层次的课程，它们既可相互独立，也在训练上前后贯通，这些跟一般高校创意写作课程有很大不同。

哥谭作家工坊最有特色的课程是关于创意写作心理的课程，它们分别是"创意写作101"(Creative Writing 101)、"突破写作障碍"(Jumpstart Your Writing)。在创意写作工坊里开设创意写作心理研究的课程，为解决创意写作心理问题专门开设课程，抓住了这个学科的关键。"突破写作障碍"课程针对的问题是"Love to write, but hate the obstacles"(喜爱写作，但憎恶障碍)、"Tired of battling with writer's block"(被作家障碍折磨得精疲力竭)，它要做的工作其实就是明确回答"写作是否可以教学""作家是否可以培养"的学科根本问题。"创意写作101"是哥谭作家工坊最受欢迎的四门课程之一，它像总论，是关于所有课程的课程，它也涉及写作虚构(Fiction)和非虚构(Nonfiction)作品的要领和技巧，但重点放在写作心理的引导上。对于克服作家障碍，进行创意写作，这个课程也给出了具体的建议和承诺，如提供向多个方向发展的写作练习等。

许多创意写作工坊都设有故事工坊，在所有故事工坊当中，哥伦比亚学院(芝加哥)的故事工坊(The Story Workshop)名扬四海，然而比故事工坊更为有名的是前文提到的"故事工坊方法"。这个工坊方法由约翰·舒尔茨(John Schultz)教授于1965年开创，有意思的是，它最初是为中小学的写作课堂设计的，最后却被哥伦比亚学院小说创作系(The Fiction Writing Department)的系列创作课程采用,后来哥伦比亚学院的小说创作系成为著名的故事工坊方法教学实验基地。

延伸阅读

1. Dianne Donnelly, *Does the Writing Workshop Still Work*?（Bristol: Multilingual Matters, 2010）.

2. 许道军:《"作家如何被培养"——作为教学法的创意写作工作坊探讨》,《华东师范大学学报》2020年第2期。

问题与讨论

1. 假如你有一个未成熟的创意计划,你希望在创意写作工坊里得到什么?

2. 假想自己初进创意写作工坊,需要向伙伴们介绍自己。请你以5个"我是这样的一个人,我……但是我"句式写出自己的独特性和矛盾性,以加深大家对你的了解。列举完毕后,以其中某一句展开,扩写成一篇文章,然后加一个题目和开头结尾。不少于500字。

3. 校园里有大量的自行车,这些车有怎样的故事,又会带来怎样的故事呢?请说一说。

第九讲　创意写作工坊(二)

一、本讲介绍

本讲讲解创意写作工坊方法。作为独特的工作方法,它有自己的理想规模、多重目标设定、常见活动形式和运行原则。

二、教学内容

汤姆·基利(Tom Kealey)指出,创意写作工坊就是"一个关于学生作品的编辑会议"。在这里,你既是作家,又是读者;你既与工坊伙伴一起研讨经典作品,也与大家一起,像研究经典作品一样,研究你自己的作品,指出不足,提出建议,发展优势。通常情况下,每个讲习班工坊由10~15人组成,哥伦比亚学院(芝加哥)故事工坊只有7~12个学生,以保证每个学期每个学生能够有3次展示作品的机会。参加工坊必须先经过考试,作品通过老师的审阅才有可能得到学习资格,成员才能对彼此的作品进行讨论。

工坊教学的实践性、合作性、自主性与创造性,极大提高了学生写作的积极性与技巧。作为教学方法与教学模式,写作工坊的神奇之处已被人精彩地描述了,《纽约客》作者露易丝·曼南德把创意写作的教学理念概括为:"一群从未发表过诗歌的学生,能够教会另一群从未发表过诗歌的学生,如何写出一首可以发表的诗歌。"

　　创意写作工坊既是场所,也是方法,在更多的时候,我们提到"创意写作工坊"主要是指"工作方法"。这个工作方法,从学科或教师角度而言,是教育教学方法;从学生、学习者角度而言,是学习方法;从作品创作的角度而言,是新型写作方法,或者说新型工作方法。这个方法,在现代影视编剧、大型策划案、项目写作中,使用得非常普遍,也发展得非常成熟,比如一部影视剧的编剧署名通常只有一个,但实际上参与写作、讨论的是一个团队。上海大学葛红兵教授领衔上海世博会中国馆陈展方案的写作,这个写作方案不是一个人完成的,而是由一百多个教授、专家以工坊方法共同完成的。

　　2012年,上海大学的学生承接了上海九香汇餐饮主题设计任务,要求做一个主题文案。参与者有教师,也有校外专家;有研究生,也有本科生;有汉语言文学专业,也有艺术专业。所有参与者最初分"海纳百川""菩提树下""美丽华府""四季养生"和"牡丹亭"等五个小组独立工作,分别从地方、宗教、时尚、养生和文化等方面入手,形成自己的方案。在这个阶段,每个小组成员分别设计自己的主题创意,完成后在小组内讨论,比较优劣,最终选择最有创意的那一个,作为重点培育方案,随后的创意都集中到这个方案上来,其他方案则备用。然后是在大组讨论。在大组讨论中,每个小组选出发言人,代表小组做主题报告,陈述小组的主题创意、根据、实施方案等。教师组织专家团队,听取报告后匿名打分,决定最终扶持方案。随后所有的小组,也就是前面的五个小组所有成员都转而集中到最后那个方案上来,从各个角度进行完善。最后的方案由于集中了所有成员的智慧,因此相当完美,得到了客户的赞扬,并获得了专利。

　　作为工作方法,创意写作工坊到底如何组织、如何运行以及要注意什么问题呢?首先来谈如何组建工坊:多少人适合组建一个工坊?

　　规模:通常情况下,8~16人最合适,如果超过16人怎么办?我们可以在这个更大的群体中创建新的、下一级的小工坊、小组,这样更便于开展活动。

　　目标:建立工坊,老师和同学在这里要得到什么?有什么样的目标呢?一般来说,有三个目标:

　　第一,人的目标:创意写作的根本目的是帮助学生发现自我、成为自我、反思自我、超越自我,在创作中发掘自己的潜能,发现自己的可能性,从而为未来实现自己的梦想做准备。

　　第二,程序的目标:创意写作从技术上讲是培养作家的,但成为作家不是一朝一夕的事情,从哪里入手呢?首先从培养学生的创造力入手,通过头脑风暴、思维训练、专项技能训练、作品研讨、集体创意等方式,培养学生的创造能力、创意能力,这个创意能力包括创造、创作技巧。

　　第三,物的目标:所有的活动都要落实到创造物上来,我们要在写作中学会写作,在创造过程中学会创造。创造物包括创作的文案、著作、丛书,制作的刊物、光盘,建立的网页、录音等等。美国哥伦比亚学院"故事工坊"与众不同的地方在于,他们的学生不仅写作,还独立编辑、制作、发行了三本刊物,在写作、编辑、制作和发行过程中得到了极大锻炼。

在我们的工坊课上,我们不仅要求学生积极参与工坊讨论、创作作品,还要求他们编辑作品、制作课程刊物,同时是作家、编辑家、制作者。我们还要求他们把这些目标从设立到实现,所有的创意过程,做一个创意文案,做创意师。这个创意文案既是物质的,包括电子的 PPT、纸质的文字文案;也是思维的、程序的创意活动组织与管理。

比如上海大学的故事工坊课程目标包括如下几个部分:

一个写作活动的完整创意策划、参与、组织与管理;

一份完整策划文案的写作;

一部文学作品的写作、研讨、提升与完善;

一个文学刊物(电子与纸质)的策划、设计与制作。

在创意写作工坊里,大家主要做什么?

主要做两件事:第一件事,集体创意。我们常常认为创作纯粹是个人的事情,谁也帮不了谁,只有在作品写完之后,他人包括教师才可以介入创作。但在工坊里不是这样。教师、作家等他人对写作的介入从创作的下游延伸到上游环节,即构思环节,一起帮助工坊成员解决创意的核心问题。第二件事,集体研讨。创意写作工坊在某种意义上就是一个小型研讨会,在这里,成员像研读经典作品一样研读彼此的作品,发现亮点和特点,给予真诚的赞扬,帮助成员设计适合他们自己的解决方案。

在创意写作工坊里,所有成员要坚持以下几个原则:

① 保密(伦理)原则。工坊不仅是一个学习创作技巧的地方,也是一个完全敞开自己、完全相信伙伴、真诚地表达自己的地方,我们要保守其他成员的秘密。

② 合作原则。在创意写作工坊里,没有老师与学生,只有合作者。共同的任务是讨论作品,培育作品,寻找最佳方案。

③ 表扬原则。对作品的评价以表扬为主,为了将表扬落到实处,我们要求给同伴的作品至少提出三条优点;实在找不到,请真诚地找出特点,即你做不到的地方。

④ 不抗辩原则。这里的每个人既是批评者、读者,也是被批评者。我们在接受批评的时候,要坚持不抗辩原则。你要做的是记录。

⑤ 建设性原则。研讨会不是表扬大会、互相吹捧会,一定要提出意见。但我们的意见不是打击、否定,而是替代性方案。比如,如果是王安忆,会怎么写呢?如果我来写,我会这样……

> 延伸阅读

1. 班易文:《创意写作的诗意如何可能——中国高校写作工坊发展方向初探》,《雨花》2015 年第 10 期。

2. 刘卫东:《国外作家工坊研究:类型与实践》,《当代文坛》2019 年第 1 期。

写作与交流

问题与讨论

1. 你觉得一门创意写作工坊课(文体不限)应包括哪些内容,实现哪些目标?

2. 描述人物有多个角度,从专业的角度描述会更加深入。比如,警察描述犯罪嫌疑人的形貌、外科医生观察病人的身体状况、心理医生描述病人的精神状态、银行家描述客户的经济状况、领养人描述领养对象的经历、雇主描述打工者的技能等,他们的描述更加专业、准确、客观。现在依据下列要点,考察自己或者你作品中的人物,写一篇人物小传,详细描述出"我"或人物的表面生活与内心生活。要求:不少于800字。

(1) 人物表面生活

① 从警察的角度考察人物的外貌(像画师描绘犯罪嫌疑人那样):他/她长相如何?有无特别的地方?你能否凭外貌,一眼从千万人中将他/她找出来?

② 从媒人的角度描述人物的行为习惯(比如介绍一个陌生人去一个陌生的地方与你的人物相亲):他/她的形体及行为习惯如何?有无标志性动作?能否一眼从一群人当中被分辨出来?

③ 从医生的角度考察人物的生理健康状况:他/她是否有病?留下什么后遗症?在饮食起居上有何禁忌?

④ 从心理医生的角度考察人物的心理状况:他/她心理正常吗?是否心理阴暗,有抑郁症,有怪癖/洁癖?他/她的心理阴影是来自童年还是成年后的某次特殊经历?有恋父/恋母情结吗?

⑤ 从领养人的角度考察人物社会关系:他/她出自什么样的家庭?有无重要的远房亲戚或失散/失联的亲人?

⑥ 从雇主的角度考察人物的经历:他/她受过什么样的教育?有何工作经历,工作态度如何?是否经历过特殊的训练,有无特别的技能?有无犯罪记录,或与某个重大事件相关?

⑦ 从银行家的角度考察人物的经济状况:他/她出自什么样的家庭,贫穷还是富裕?甘于贫穷还是发誓"我要有钱"?家里有哪些贵重物品,祖传的还是自己买的?

⑧ 从婚姻中介的角度考察人物的罗曼史:他/她结婚了吗?如何看待婚姻、家庭?对婚姻现状满意吗?初恋是在什么时候,初恋对象是谁,结婚后还有来往吗?

⑨ 从房屋中介的角度考察人物的成长环境:他/她住在农村还是城市,城中村、一般小区还是富人区?居住环境如何,风景秀丽还是垃圾满地?

(2) 人物内心生活

① 天赋/缺陷:是否有特殊才能或特别的生理缺陷?

② 宗教:是否有宗教背景,或者没有入教却有宗教意识?是否有宗教禁忌?

③ 灵性:如何看待宇宙、自然、生命?

④ 身份:一直扮演什么角色?以为自己是什么人?

⑤ 信仰:相信/反对/怀疑什么?从什么时候开始的?

⑥ 道德:是否作假,具有双重人格?是否是个伪君子?

⑦ 性:性取向是怎样的?是否有过婚前性行为,次数频繁吗?曾经接受过什么样的性教育?性观念如何?第一次性行为在什么时候?

⑧ 动机:有什么非凡的志向、愿望?最想实现的愿望是什么?最害怕什么?

⑨ 友谊:平时跟哪些人交往?都是些什么层次的人?这些人对他/她有什么影响?最相信谁?

⑩ 谈话焦点:平常聊天重复的话题是什么?女人、钱、地位、艺术、远方,还是其他?

⑪ 自我认知:如何看待自己?了解自己吗?知道别人怎么评价自己吗?

⑫ 价值观:认为什么最重要?又会为什么放弃其他?

⑬ 时间分配:如何安排时间?有紧迫感吗?

⑭ 艺术创作冲动:有某种艺术才能或艺术爱好吗?

⑮ 英雄:最崇拜的英雄是谁,以谁为榜样?有牺牲精神吗?还是愤世嫉俗、怀疑一切?

⑯ 政治和意识形态:加入了什么党派?信仰什么理论?政治上激进还是保守?

⑰ 与权威的关系:见官就跪,还是铮铮铁骨?

⑱ 恶习:有无不良的嗜好或劣迹?

⑲ 时间线:如何看待时间,喜欢回忆过去还是展望未来?是安于现状、从不思考、活在当下,还是永不满足?

⑳ 与食物的关系:喜欢吃什么,是素食主义者吗?

㉑ 习惯:经常重复做什么?

㉒ 怪癖:有无特别的癖好?

㉓ 爱好:正常爱好是什么?

㉔ 慈善:是个志愿者吗?爱打抱不平吗?曾经捐过款还是一毛不拔?

(3)表面生活与内心生活的一致性与不一致性

以上对人物的考察结果,人物自己会认同吗?

(参照诺亚·卢克曼《情节!情节!——通过人物、悬念与冲突赋予故事生命力》中人物的设计方法)

第十讲 突破作家障碍

一、本讲介绍

本讲从创作过程中常见的写作障碍入手,介绍了"作家障碍""写作障碍"的定义,列举了它们常见的表现方式。在创意写作语境中,重新解释了"作家"和"写作"概念,从观念解放入手,提出了突破作家障碍的具体方法。大胆下笔,敢于模仿,在写作中学习写作是突破作家障碍的根本。

二、教学内容

我们热爱创作,立志成为作家,但为何在写作过程中顾虑重重,难以下笔呢?其实这是作家障碍在作怪,创意写作首先要突破作家障碍。不能突破作家障碍,你很难下笔,更别说成为作家。

在哥谭作家工坊的创意写作课程系统中,有一门课叫作"突破作家障碍",专门解决作家障碍的问题。需要开设专门课程来解决,可见这个问题有多么严重。

1. 什么是作家障碍

作家障碍是"阻碍写作者致力于成为作家意愿的心理因素"。与"作家障碍"相关的是"写作障碍",就是"将想法表述为文字时遇到的阻碍,也指不能顺畅地表达自己的现象",写作障碍不论存在时间长短,都会给写作带来不良影响。

"作家障碍"主要是心理障碍,"写作障碍"主要是技术障碍,它们共同构成了我们成为作家之路上的拦路虎,因为许多技术障碍也是心理原因引起的,所以我们可以将它们统称为作家障碍。

2. 作家障碍的种种表现

作家障碍有哪些?归结起来,包括认识的误区和技术的障碍两大方面。

常见的认识误区:作家是一群特殊的人群,他们是天才,一定是文学专业的;他们有特殊气质,像我们印象中的艺术家那样,大胡子,穿着花格子衬衫,有各种各样的怪癖;受到专门机构的承认,比如作家协会,并在专门刊物发表过文章等。

创作是一个神秘的过程,需要得到神启,需要灵感,而艺术之神和灵感的莅临却总是不可捉摸。因此,常见的技术障碍有找不到恰当的词语,无法开头,不能流畅地写作、思考,无法组织素材,害怕批评等。

3. 作家障碍的克服

克服作家障碍,首先要重新理解"作家"和"写作活动"。

(1)"作家"新解

什么是"作家"?在创意写作学科视阈里,作家不仅指我们所理解的"专职作家",供职于各种组织,有特定头衔的人,还包括一切有创作能力的人。只要你能写作、在写作,就是"作家"。

成为"作家"包含了两种含义:成为文学作家;成为创意写作作家,为影视制作、演艺娱乐、文化会展等所有文化产业提供具有原创力的创造性写作。从这个意义上说,"作家"不是神秘的人群,也不是搅拌生活出产作品的巫师。

在今天,成为文学作家依然重要,然而,成为创意写作作家也很重要,今天缺乏这方面的人才。

(2)写作活动新解

一方面,写作建立在发现自我、展示自我、成为自我的"自叙传"基础之上;另一方面,写作不仅是作家的自我表达,还必须考虑到写作的完整环节,即在本质上,创意写作活动是交流、沟通、说服的文字写作过程。反过来说,凡是有助于发现自我、展示自我、成为自我的写作活动,凡是有助于交流、沟通、说服的写作活动,都是创意写作,都是写作。

因此,作家完全不是特殊的人群,写作也不是什么神秘的过程。

那么如何突破写作障碍呢?这里提供一些其他作家、创意大师的经验。台湾创意大师赖声川、创意作家李欣频有很好的建议。美国著名作家多萝西娅·布兰德写于20世纪30年代的《成为作家》,在美国成为写作宝典,其中有许多实用而且大胆的建议,现列举如下:

第一,创作不是唤醒、激发无意识,而是利用和控制无意识,将正确的创作习惯和创作心理作为无意识的一部分。

第二,现在就开始写,只有写作,才会教人写作,要在写作中学会写作。

第三,要养成良好的写作习惯,包括养成在任意地点、任意时间进行创作的习惯。

第四,将写作转化成谈话,你的写作将会变得轻松。

第五,学会模仿,敢于模仿,你的写作更容易上路。要知道,任何写作、任何人类的实践活动都是从模仿开始的。从模仿开始写作,其实是一个秘而不宣的事实。

第六,学会跟读者谈恋爱;以谈恋爱的态度写作,你的写作充满喜悦,充满智慧,自然而然就有技巧。

第七,敢于啰唆;需要啰唆的时候,你就啰唆,因为创意写作是创作,有别于日常语言,有自己的腔调。

第八,跟读者吵架。学会了跟读者吵架,说明你找到了倾诉的对象。

以上各条都有助于我们突破作家障碍。无论如何,我们要放下包袱,大胆下笔,敢于模仿,一句话:下笔有益,你只有动手写了,才会在写作中学会写作。我们应该勇敢地克服作家障碍,如同奥维德《爱的艺术》中的诗人那样热情昂扬。

恋歌6:致妨碍诗人赶往情妇那儿的泛滥河流

松软泥泞的河岸上长满芦苇的河流啊,我这么匆忙地赶路,是要去会见我的情妇哩。请你将水流停一停吧,因为你既没有桥梁,又没有摆渡。

如果我没有记错,不久之前,你还只是一条小小的水沟,我可以毫不畏惧地涉水而过,因为你的最深处,也不过打湿我的脚踝。然而,远山上的融雪使你的水流暴涨,沿着你的泥泞河道,大水挟带着泡沫,狂野地向下奔涌。

你知道我为什么快马加鞭、日夜兼程吗?如果找不到渡河的工具,难道你要我必须在这儿停下吗?为什么我没有长出达娜厄的英雄儿子所拥有的翅膀呢?如果没有这双翅膀,他怎能砍下梅杜莎那长满毒蛇头发的脑袋呢?

此刻,我多么渴望眼前能够出现一辆谷神的战车,它可将万谷的种子,撒进无论多么坚硬的土壤。

噢,所有这些奇迹,仅仅是诗人的梦想。他们在过去从未为人所见,在将来也不会来到人的身旁。

然而，溢出宽阔河岸的河流啊，不管是昨天，还是在明日，都将活生生地在属于你自己的疆界里流淌。万一你阻止情人会见情妇的事情为人知晓，你的老脸怎能承受公众的羞辱？

……………

唉，算了，这些烦心的事儿与我有什么关系呢？我自己的不幸已够我承受的了！

看我，真是一个蠢蛋，居然对这条小溪大谈河流的爱情故事，在如此可怜的一条小溪面前提到如此伟大的河流的名字，唉，我是羞愧难当啊。我这是做什么白日梦呢，居然对它大谈阿克洛奥斯河、伊纳科斯和宽阔的尼罗河！

滚开吧，你这条丑陋、泥泞的溪流，永远灼热的夏天和无雨的冬天就是等待你的命运！

延伸阅读

1. [美]多萝西娅·布兰德：《成为作家》，刁克利译注，中国人民大学出版社，2011。
2. [美]乔利·詹森：《高效写作——突破你的心里障碍》，姜昊骞译，上海社会科学院出版社，2020。

问题与讨论

1. 有人认为，传统作家是文学家，主要遵从自己的内心；而创意写作作家主要为文化创意产业提供写作支持，受制于接受对象，因此传统作家高于创意写作作家，你同意这种观点吗？
2. 以"我无法成为一个作家的10个理由"为题，写出一篇完整的文章。不少于500字。

第十一讲　发展个人心思

一、本讲介绍

本讲从"创意"角度重新解释了"创意写作"。所谓创意写作就是从自己的心思出发，找到自己创作的真正动机，给自己的心思一个合适的形式。"心思的集体化"是打通作家个人和世界的关节点，让自己的心思与外在的世界相连，并得到他人的理解和共鸣。

二、教学内容

作家圣埃克絮佩里（Antoine de Saint-Exupéry）说："如果你想造一艘船，不要抓一批人来搜集材料，不要指挥他们做这个做那个，你只要教他们如何渴望浩瀚的大海就行了。"他的意思是，创意源于内心的渴望。创作也要从自己的心思入手。我们要牢记，作品就是我们的世界观，是我们的声音，代表我们对这个世界的态度、情感和想象。创意写作是发现自我、成为自我的过程，作品就是你自己。创意写作要从你的心思开始，从渴望开始。

如何从心思开始呢？首先，你要找到创作的 A 点。

1. 找到创作的 A 点

编剧陈秋平在分享编剧技巧时说：

> 下笔前一定问自己：这个剧本你非写不可吗？什么让你如鲠在喉？也许是一次愤怒、一段思念、一个画面、一场高潮戏、一个流泪片段，甚至可能是一次委屈。总之，找到这个动力源，把它当作 A 点确定下来。有了 A，才能推演出 B，由 B 再推演出 C 和 D。也许往下推演不顺而回过头来调整 A，但是，写剧本必须找到 A 点。

陈秋平说的这个 A 点，也就是我们平常所说的"创作动机"。创作动机有很多种，有的无关紧要，有的却至关重要，而这个至关重要的动机，在很多时候是被掩盖的，我们要找到它。找到了这个 A 点，也就是说，找到了我们不得不开口、不得不下笔的点，我们的创作就真正开始了。

在很多时候，我们可以将这个 A 点与"梦"对换。弗洛伊德曾在《作家与白日梦》里说过，写作就是作家通过文字实现自己梦想的过程。陈平原先生说过，武侠故事就是"千古文人侠客梦"，同理，我们也可以说，公案故事就是我们的清官梦，历史故事就是我们的家国梦，言情故事就是我们的恋爱、婚姻、家庭梦，等等。浪漫主义让"白日梦"实现，现实主义作家却表达了梦的破灭，或者对梦的质疑。有的更加复杂，比如《聊斋志异》《平凡的世界》这样的作品，既有梦的实现，又有梦的破灭，二者是交织在一起的。但无论如何，你只有找到了自己创作的 A 点，找到了自己创作的根源，首先感动了自己，然后才会感染大家。

寻找 A 点同样也适用于作品内部。比如我们讲故事，如果找到了故事人物尤其是主人公内心的 A 点，那么我们就找到了故事前进的动力。我们发现，这个故事简直就是主人公自己在行动，而他的对立面也自觉地去反对他，二者形成故事基本的枝干。

《功夫熊猫》讲述的是一个关于心思的故事。熊猫阿宝有一个成为像"盖世五侠"那样的大侠的梦想，这个梦想在它父亲以及顾客面前，是难以启齿的，但是它坚持了下来，最终实现了它。实际上，阿宝如何才能够实现自己的大侠梦呢？这个问题，阿宝的师傅

也苦恼不已,但是师傅最终找到了办法:利用阿宝对"吃"的欲望,教会了它武功。同理,阿宝成为大侠的过程,是它战胜邪恶力量,实现自己欲望的过程。

这个电影给我们很多启发。第一,人只要坚持自己的心思,不放弃,心思总有实现的可能。第二,要实现自己的心思,还得从自己的心思出发。有的人选择吃苦,为了目标硬碰硬,这样的例子现实中以及文学故事里都很多,但是这种"苦修"的方法肯定是有问题的。为什么呢?其实只要你在做自己喜欢的、不得不做的事情,是不会感到苦的。要么是自己没有在做自己真正想做的事情,要么是作家错误理解了人物的行动。第三,从写作的角度而言,我们写人物,首先要抓住人物的心思:他最想做什么?

2. 从个人入手,将心思集体化

不仅个人有心思、有渴望,群体也有心思、有渴望,比如阶级、民族、国家、地方,甚至在茫茫宇宙面前,人类也是一个群体。如何写出关于它们的故事?比如民族故事、国家故事、地方性故事,甚至人类故事呢?

原理是一样的,我们也要找到群体的 A 点,找到群体的心思、秘密。从他们的角度去看世界,思考问题,会让我们的写作更加真实,这就叫贴着人物去写、贴着对象去写。这样的故事是人物自己在行动。

有两个问题不可回避,第一个是我们能否以己度人,从自己的角度讲述群体的故事呢?答案是可能的。前面列举过的心理学、创意学、写作学等方面的例子证明,个人是可以与外面更大的世界关联的,像写自己一样写出外在世界、他人,将个人心思集体化是可能的。反过来说,只有从自己、个人入手,才能更好地写出他人、群体。

另一个问题是,我们在为群体代言的时候,会不会失去自我呢?多萝西娅·布兰德告诉我们,不会。她说:"我们每个人能够做的贡献只有一个:能够为人类普遍的经验之池注入我们从各个角度看世界所得到的体会。"从个人的角度,或者更大一些,比如地方、群体、文化、民族等角度,去面对人类共同的和永恒的问题,贡献自己的智慧,表达自己的想法,反而更有助于人类精神的成长和世界艺术的多样化。

3. 给心思一个合适的形式

找到了写作的 A 点,就开始创作吧。创意写作就是给自己的心思一个合适的形式。所谓合适的形式,一是形式与内容匹配,如果内容需要一个复杂的形式,我们就大胆地去突破写作的载体,它可以是文字技术加数字技术的产物,当代的创意文本,已经有许多是文字、声音、图片的结合。

合适的形式的第二个含义是,内容是自己的,形式也应该是自己的。记住,要用自己的腔调,独特的声音和模式,去讲自己的故事。腔调在哪里?不在自身之外,而在自身之中。不成熟的作家追随别人,成熟的作家最终回到自身。不要为衣服减肥,最好的衣服是适合你身材的衣服。有句话是这么说的,越是民族的,就越是世界的;现在也可以这么说,越是个人的,也越是大家的、世界的。

北纬 31°(节选)

张敏子 上海大学创意写作本科班学生

讲起漠北和杉的爱情可以用瞠目结舌来形容吧,他俩是高一时的同班同学。漠北,今年二十岁,高中的时候如果说她是美女,其实学校里的人知道她的并不多,只是班级里经常有女孩爱夸夸她。在高中喜欢默默无闻,看似风平浪静的清秀外表下有一颗不向任何人低头的倔强的心,爱钻牛角尖,学习成绩中等偏上,高中有的时候还能进年级前十。杉今年也是二十岁,只比漠北早出生一个月。高中的杉是典型的坏小孩,高二记大过,高三差点没毕业。是个运动员,典型的吊儿郎当,花心萝卜,属于喜欢四处勾搭型的男生。可是两个人怎么就在一起了呢?这要从四年前说起。

张敏子的《北纬 31°》找到了属于自己的故事,也有属于自己的腔调。她在用自己平时说话的腔调给我们讲故事,从容不迫,娓娓道来。这样,她在讲述故事的时候就不容易受到干扰,专心于故事和人物,这样的故事会讲得很精彩。

延伸阅读

1. [美]珍妮特·伯罗薇、伊丽莎白·斯塔基—弗伦奇、内德·斯塔基—弗伦奇:《小说写作:叙事技巧指南》(第九版),中国人民大学出版社,2017。

2. [美]雪莉·艾利斯:《开始写吧!——非虚构文学创作》,刁克利译注,中国人民大学出版社,2011。

问题与讨论

1. 当我们为群体代言的时候,如何做到不失去自我?

2. 因为某个原因,你穿越了!而且是穿越到你最熟悉也感到最为遗憾的朝代!你不想死去,又无法回到今天,只能面对现实……你会如何利用自己的优势一步一步改变历史,实现平生之抱负?请根据史料,设计一个完整的人生规划,包括爱情、事业、价值等方面。不少于 800 字。

3. 听音乐 Going Home,从音质、音色、音量、旋律等角度详细记录你的体验,然后根据你对这首音乐的理解,以自己为主角,写一个故事来解说这首音乐。

写作与交流

第十二讲　戴着镣铐跳舞

一、本讲介绍

创意写作从本质上说,是一种交流沟通,创意写作其实是戴着镣铐跳舞。有效的创意写作,要遵循艺术民主、文体成规和文类成规,并要找到自己的读者。

二、教学内容

创意写作是这样的写作,它一面在自由地表达,一面在戴着镣铐跳舞。为什么会这样？这是创意写作的核心理念决定的。创意写作认为,写作一方面是一种交流沟通,是以语言符号为主要工具的人与人之间的交流沟通；另一方面又是语言的艺术、文字的艺术或综合的艺术。交流沟通的本质决定创意写作要遵循人类交往的各种规约,艺术则要求个人的独创,因此创意写作就是在类型规约与个体独创之间找到微妙的平衡。过去,我们一直强调写作的独创,创作者个人的自由表达这一面,今天我们要特别强调写作的戴着镣铐跳舞的一面。

戴着镣铐跳舞有三重意思：一是要遵循艺术民主；二是要遵循文体成规和文类成规；三是要找到自己的读者。

1. 遵循艺术民主

曾经的某个时段,八亿中国人民看八个"革命样板戏"。在那个政治不民主的时代,艺术也不民主。人的政治生活和社会地位不平等,艺术样式和艺术趣味也遭到区别对待。有些作品一经出版,轻易畅销百万,而另一些作品根本就不能面世。但是所谓的"畅销",我们都知道,它们并不完全是市场选择的结果,这里面有太多的非市场因素。艺术接受这一方,几乎没有多少选择的权利。现在这种情况不会再轻易出现了,"鲜花"再也不能以"革命"的名义打压"毒草",高雅文学也不能打压通俗文学,纸媒文学不能打压网络文学。"百花齐放,百家争鸣"局面事实上已经形成。艺术的竞争,将是创意和趣味的竞争。

现在我们要牢记的是,创意写作是说服,不是说教；创意写作是寓教于乐,以情动人,不是命令；创意写作是为自己的反对者而作,目的是沟通、交流和协调。最后,我们要牢记主体间性这个事实,即你有自己的主体性,但是作为你的客体,他人也同样具有主体性,因此创意不完全是实现自己,也不完全是实现他人,而是双方妥协的结果。

2. 遵循文体成规和文类成规

创意写作要遵循文体成规和文类成规。公文文体和文学文体、小说文体和剧本文体等,在文体上有很大不同。不遵循公文文体,我们的事情可能难以办理;混淆了小说和剧本文体,会让我们的戏剧无法上演,带来的后果同样十分严重。

我们以小说和戏剧为例,来说明"小说是小说""戏剧是戏剧",二者不可替代。若以写小说的形式写戏剧,戏剧将很有可能无法上演;但反过来若以写戏剧的形式写小说,会导致小说的"死亡"。

同样是讲故事,戏剧对作品结构的紧凑性、矛盾冲突的集中性、人物语言的贴切性、事件发展的逻辑性等诸方面要求高得多,难度也大得多。比如,在小说里,作者的"强叙述"是被允许的,但是在戏剧中,一旦出现"强叙述",往往意味着编剧或者导演的失败。因此,从故事的构思角度来说,自觉使用戏剧的标准和技巧,不仅有助于提高小说故事的质量,而且也可以带来"视觉化""跳跃性""戏剧化"等多种美学效果,丰富小说的表现手段。同时,戏剧的通俗性、大众化也对某些心理体、探索体小说的过度私语化、独语化形成了反拨。小说和剧本都是讲故事,但二者却是以不同的方式讲故事,二者不可替代。艾弗·伊文斯说:"小说是用一种特殊的方式讲故事。"特殊性表现在哪里?将小说放在"口头讲故事""纸媒写故事"与"演员演故事"的视野下,小说讲故事的"特殊性"就清晰起来。小说记录、处理事件,相对于口头故事和戏剧,有着自己独有的经验和便利,比如口头故事与小说可以共享连贯叙事、插入叙事技巧,但交替叙事,这是口头故事和戏剧难以达到的,当然戏剧可以用"蒙太奇""闪回"的方式部分弥补缺憾,但它们实在难以连续表现大幅度跨时空的事件、情节与细节。

小说还有口头故事与戏剧难以达到的效果:其一,语言的欢乐,阅读的快感。它们或优美,或明快,或幽默,或雄辩,尤其是那些"悠然心会,妙处难与君说"之处,小说大师、经典作品的语言给我们带来了多少美感。其二,叙事的便利。小说可以深入人物内心、潜意识、黑暗世界,发掘与表现内心的冲突,这是口头故事和戏剧难以做到的。其三,作者的声音可以出现在作品中,影响读者对故事或人物的判断,增强表现力,引导读者移情;而在戏剧中,画外音是拙劣的手段。其四,虚拟的简洁。小说是虚拟的艺术,既有虚拟的权利,又有虚拟的便利,相较于戏剧写实的"笨拙",小说可以天马行空。其五,小说永远是地方性的,在某种意义上,小说就是包括地方知识、地方思想和地方智慧在内的全部地方生活的叙事,类似于《藏地密码》《马桥词典》乃至《静静的顿河》这样的小说,在表现上述内容的深度、广度、跨度与细密度、精微度方面,是戏剧难以企及的,至少目前是这样。

我们的写作已经进入类型化时代,类型不是缺乏创意、幼稚、模仿的结果,恰恰相反,它是某个艺术类型发展到成熟阶段,区别于其他艺术样式、具有稳定艺术特征的产物。在过去,一种艺术类型的成熟往往需要很多年,甚至几百年,但是在今天,一种类型的成熟所需要的时间大大缩短。类型化,不等于肤浅、粗俗,它恰恰是整体个性的表现。就审美而言,类型有着自己的艺术规范和魅力;就认识论而言,类型有认识世界的特定视角和模式;就价值论而言,类型有着相应的精神诉求,承担了人类价值域的某一隅。类型规约要求创作者在创作时遵循创作类型的基本成规。选择了一个文体类型,同时也选择了一系列的限定:哪些可以做,哪些不可以做等。

3. 找到自己的读者

创意写作要有读者意识,时刻相信读者比你聪明,读者有自己的期待视野,读者有自己的趣味。我们不要相信一些作家和导演的话,他们有时候在"说谎"。

> 新浪娱乐:姜文导演说《太阳照常升起》是拍给自己看的,而《让子弹飞》是拍给观众看的。
>
> 罗伯特·麦基:这是导演经常会说的谎话,他们不会只是为了自己才做这部电影,他们确实是为了全世界的人才做的。但是当世界不喜欢的时候,他们会回头说,其实是为了我自己才做的这部电影,我并不在乎别人喜不喜欢,这是个私人的作品。当一部电影被大家喜欢,比如说《让子弹飞》,他们就说是的,我是为了观众拍摄的这部电影。对不起,我听过这个谎话上千次了,这是导演用来维护自己的一种方式。你会花50万,500万美元,只是为了满足你自己吗?

有的作家常常会说:"我的写作只是表达,不是交流。"

实际上他们不是不需要读者进行交流,而是需要更高层次的读者。比如知名刊物的编辑、有话语权的批评家、文学史家等,他们想直接进入文学史。实际上,被读者抛弃的作家是进入不了文学史的。

找到自己的读者和接受对象,这不是媚俗、投机,而是创意写作民主化的体现,也是市场化、自由化的结果。这本是一个常识。

延伸阅读

1. [美]罗伯特·麦基:《故事——材质、结构、风格和银幕剧作的原理》,周铁东译,中国电影出版社,2001。

2. [美]杰克·哈特:《故事技巧——叙事性非虚构文学写作指南》,叶青、曾轶峰译,中国人民大学出版社,2012。

问题与讨论

1. 你怎么看姜文说的"《太阳照常升起》是拍给自己看的,而《让子弹飞》是拍给观众看的"这句话?

2. 请以7~12岁年龄段儿童为阅读对象,写一个童话故事。不少于500字。

3. 参照故事模型,重写"牛郎织女鹊桥相会"这一民间故事。根据可能出现的情况,写出三个以上不同结局的故事。

第十三讲　提升创意品味

一、本讲介绍

创意写作鼓励创作,更要求创作好作品。本讲参照经典作品,提出压低创作视点、写出自己的对立面和坚持高级文化多元主义等三种提升创意品位的方法。

二、教学内容

我们这个时代的创作总量,超过任何一个时代,算上网络创作,说超过过去所有时代创作总量之和,也不算过分。但是,我们这个时代依旧缺好的作品。创意写作鼓励全民创作,其本意不是要制造作品泡沫,展现虚假繁荣,而是要在提高全民创新能力、写作能力的基础上,催生出好作品。

如何提升自己的作品的创意品位?我们参照公认的经典作品标准,提出这样几个设想:第一,压低创作视点;第二,写出自己的对立面;第三,坚持高级文化多元主义。

1. 压低创作视点

"视点"又译作"观察点""叙述观点"或"观点",是人们赖以观察事物的角度,包括观察事物的质量(比如正确、客观与否)。"视点"概念大于"视角",因为它不仅包括角度,还包括立场、态度。简单来说,就是你从哪个人物的角度以及哪个立场上去创作,讲述你的故事,构筑你的文学世界。纵观世界文学史、艺术史,从神话传说、英雄传奇再到日常生活叙事,文学与艺术的表现内容基本上呈现"下移"的趋势,而被表现的主人公也越来越卑微,从宙斯到恺撒到梁山好汉到刘姥姥再到祥林嫂,其间变化的不仅是故事趣味,也是人的观念。视点的下移,一定程度上说明了艺术民主的事实。

当然,压低创作视点不是一味地同情弱者,弱者可能也有自己的劣根性。有些时候,弱者们也会变成强者、霸权者,而另一些人却变成了弱者。在世界民主趋势浩浩荡荡,多元文化共存已成定局的今天,我们应该继续压低自己的视点,永远同情弱者,同情善良、美好、正义和持有真理的一方,维护人类的普遍美德,坚守某种理想倾向,如经典作品一样。

2. 写出你的对立面

我们总是容易认为自己是弱者,是善良、美好、正义和持有真理的一方,而把自己不理解、跟自己不一样的人和事物推到对立面,导致我们身边充斥着大量对立者。比如,爱好体育的学生反对书呆子学生,性情至上者反对拘谨之士,淫乱之人反对禁欲之人,暴力分子反对和平人士。你处在哪一方?

我要说，不要粗暴地对待你的对立者和你不理解的人。在生活里，你这么做，是你的态度，你的权利；在创意写作里，你这么做，会拉低你的作品的创意品位和境界。

放眼世界，许多伟大故事中的主人公恰恰是作者的对立者，例如，强大的偏执狂捕鲸队长亚哈(《白鲸》)、年轻的杀人犯拉斯柯尔尼科夫(《罪与罚》)、逃亡者哈克贝利·费恩(《哈克贝利·费恩历险记》)等等。这些作品都是以作者的对立者为主人公，我们以前以为他们是坏人，是邪恶之人，现在我们随着作者进入了他们的内心，却发现了许多意想不到的地方。他们有正面书写的价值和吸引读者注意力的魅力。《我的名字叫红》更是给予所有对立面以发言的机会，在道德与道德、文明与文明、东方与西方之间的碰撞中，我们理解了作者的焦虑、忧伤、思考，领会了这部作品的伟大之处。让不让你的对立面发言，反映出作者的思想境界的高低。

二流的作品创意总是很容易想到，从自己的视点出发，不给你的反对者任何抗辩的权利，仅仅从外部取笑他们，西方嘲笑东方，农民嘲笑地主，富人嘲笑穷人，这样的创意其实在加深我们对世界的偏见。这样的例子太多了，我们简直就是在阅读这样的故事中长大的，但是最好的故事不是这样的，比如我们在宣扬革命、赞美暴力的时候，有没有像雨果一样想到"在绝对正确的革命之上，还有一个绝对正确的人道主义"(《九三年》)？

3. 坚持高级多元文化主义

高级多元文化主义(high cultural pluralism)这一概念由美国学者马克·麦克格尔率先提出，是二战后尤其是20世纪80年代以来美国创意写作发展的核心特征之一，其内容是"理性""民主""普世"。多元文化主义强调对个体生命的充分关注，同时又在尊重所有个体的基础上，促成国家、民族、文化等多元的对话、交流、和解。

在某种程度上，高级多元文化主义与诺贝尔文学奖的理念是一致的。诺贝尔文学奖有两个标准，一个是"理想倾向"，一个是"最佳标准"，表达了"人类精神的成长"与"世界艺术多样化"的诉求。"人类精神的成长"是"普世"的，"多样化"是民主的，二者合起来是"理性"的。这是一个高标准，创意写作正应该以高标准为标准，以此提升创意品位。

延伸阅读

1. 高尔雅：《创意写作的兴起及理念传播——前期美国创意写作史概述》，《2015世界华文创意写作大会论文集》，2015。

2. 杨照：《故事效应——创意与创价》，辽宁教育出版社，2011。

问题与讨论

1. 有人说，诺贝尔文学奖在评价标准上存在着欧洲中心主义、意识形态偏见、种族歧视等弊端，因此没有权威性。你同意这种观点吗？请说出理由。

2. 假设我们已经就某个观点给我们的反对者写了一封信，请求他的理解。现在我们站在对方的角度,以对方的身份,给我们写一封回信,一一回答上封信提出的问题和亮明的观点。不少于600字。

第十四讲　从成规上路

一、本讲介绍

第七讲和第十二讲已初步涉及了创作成规的相关内容,本讲进一步讲解在创作成规制约下进行创新的三种基本方法,即"类型化创作""反类型创作"和"兼类型创作"。创意写作认为,成规不是创新的敌人,而是创新的对象、路标,创意写作要从成规上路。

二、教学内容

没有成规,创新不可想象;找不到成规,创新就找不到方向和落脚点。盲目创新,或者以为是创新,其实是真正的陈词滥调。创意写作,从成规上路。从成规上路意味着,创意写作既选择了一条科学的捷径,又自觉选择了戴着镣铐跳舞的限制。这种限制,包括各种文体的规范和各种类型作品的内部成规。

在成规的制约下进行创新的方法主要有三种:一是类型化创作;二是反类型创作;三是兼类型创作。下面我们以欣赏类文学创作为例,来分别说明这三种依据已有成规进行创新的方法。

1. 类型化创作

我们先谈类型化创作。什么是类型化创作?类型化创作就是在判断自己的作品属于哪种类型的前提下,在创作时自觉遵循已有作品类型的规约,坚守该类型的主导因素与不变因素,在此基础上实现有限的变量创新,从而使作品获得既定类型的审美品格,发挥应有的审美与教化功能。

类型化创作的要求是,首先对自己要创作的作品做一个类型评估,即自己创作的作品大致属于什么类型;其次找到这个类型的典型作品、代表作品,抽取它们的基本要素,总结不变成规和可变要素;最后在变量的基础上,实现置换变形、有限创新。

下面以"成长小说"为例。莫迪凯·马科斯《什么是成长小说》一文对成长小说的定义如下:

> 成长小说展示的是年轻主人公经历了某种切肤之痛的事件之后,或改变了原有的世界观,或改变了自己的性格,或两者兼有;这种改变使他摆脱了童年的天真,并最终把他引向了一个真实而复杂的成人世界。

　　成长小说是一种世界性的类型小说。我们考察发现,这种类型小说,在跨越不同时代、民族、文化、地域的情况下,仍旧具有共同的要素,如"年轻的主人公""考验事件""领路人"是人物要素和事件要素,"经历了某种切肤之痛的事件"是情节要素,"摆脱了童年的天真""引向了一个真实而复杂的成人世界"是主题要素。但"年轻主人公""考验事件""领路人"既是不变量也是变量,也就是说,主人公必须是"年轻人",要经历"考验事件",有"领路人"引导等,这是不变的;但"谁在成长""考验事件是什么""谁引导他们成长"又有巨大的弹性,是变量。

　　以中国当代成长小说故事为例。中国当代成长小说大约经历了"'新人'的成长""'新生代'的成长"和"'独一代'的成长"三个阶段。请注意,这里说的"中国当代成长小说故事"也是世界范围内"成长小说类型"的一个变体,其中的可变因素和不变因素都打上了中国当代的烙印。在这三个阶段的成长故事中,"谁在成长""谁来引导""考验事件是什么"等,各不相同,但它们在功能上是一致的,共同组成了中国当代成长故事类型,保证了这类故事的成长属性。

　　(1)"新人"的成长

　　代表作品有《红旗谱》《创业史》《欧阳海之歌》《闪闪的红星》等。在这些小说故事中,待成长的人物具备这样的要素:出生于底层贫苦家庭,具有单一而明晰的信仰、高尚的道德境界。而"领路人"则均是党,考验事件是"党和人民交给的艰巨任务"。都表现了劳苦大众只有在共产党的领导下,才能更好地团结起来,战胜阶级敌人、解放自己这一主题。

　　(2)"新生代"的成长

　　代表作品有《在细雨中呼喊》《英格力士》《成长如蜕》《私人生活》等,其中的年轻人既颓废、迷茫又具有极强的个性。"领路人"在这里可以是出场的另类成人,也可以是不出场的某个西方哲学大家,比如萨特、弗洛伊德,还可以是某种哲学观念,比如存在主义、女权主义。他们成长的目标不是成为"社会主义新人"或者"别人",而是自己期望的那个人,虽然那个人到底是什么样子,他们也说不清楚。

　　(3)"独一代"的成长

　　也就是80后、90后的成长,代表作品有《三重门》《梦里花落知多少》等。主人公主要的生活空间是校园,因此他们的成长跟校园、同伴(同学)有密切的关系。他们的成长没有新人成长小说浓重的历史感和方向感,也没有新生代成长小说浓厚的幻灭感和孤独感。他们既不可能按照传统的方式被引导成长(像"十七年"小说中找到精神父亲),又不能获得足够的力量自我引导(像"新生代"从西方的现代物质和思想中获得力量,自我引导),他们只能凭依同龄人的伙伴情意在彼此安慰、彼此同情中摸索,因为他们的同伴跟他们自己一样,也是不成熟、未成长的。因此,这类小说主人公的成长是未完成和不可能完成的,属于未完成型的成长故事。

　　2. 反类型创作

　　当某种作品类型大行其道、形成压倒性潮流的时候,定会有作品以"叛逆者""先锋""探索者"的身份,对所谓的"类型化"现象给予迎头痛击。我们总是会高估后者的艺术价值,而且经常不恰当地赋予它道德意义,以为前者是陈词滥调,后者是全面创新。但后者其实是类型在发展演变过程中正常的自我更新,仍旧是"类型化创作"的一种,完全不具备伦理上的意义。从技巧上讲,相对于长期形成的类型成规,它只是简单、讨巧的一种创新。我们把这种现象叫作"反类型创作"。所谓"反类型创作"是指在坚持已有类型主导品格的基础上,根据新的时代主题、文化语境、审美趣味,在创作过程中反向使用可变因素,使创作呈现出与已有类型表面上完全相反的审美特征的创作类型。它是最简洁的创新方式,但是看起来最叛逆,最有革命性、探索性。

我们以新历史小说为例,它表面上是传统历史小说,尤其是革命历史小说的反类型,但实际上,它仍旧是历史小说类型的一种,没有改变历史小说类型的属性。怎么判断呢?我们列举一下双方的要素,然后做个比较,就会看得很明白:

(1) 传统历史小说故事

① 主题模式:家国指向(王朝/新中国);② 人物模式:大人物(帝王将相/战斗英雄);③ 事件模式:大事件(杀伐征战/官场战场);④ 问题模式:历史是怎样的/中国向何处去(王朝气数/新中国是怎么建立起来的);⑤ 证据模式:叙事有来历(正史/党史);⑥ 结论(历史规律):必然性/已然性(历史有规律)。

代表作:《三国演义》《说岳全传》《保卫延安》《红日》等。

(2) 新历史小说故事

① 主题模式:家族/个人指向;② 人物模式:小人物(平民百姓/三教九流);③ 事件模式:小事件;④ 问题模式:历史就是这么荒诞;⑤ 证据模式:野史/地方志/家族回忆/传说/个人经历;⑥ 结论:偶然性(历史无规律)。

代表作:《青黄》《花腔》《一九四二》等。

对照一下,我们会发现,新历史小说的所谓创新完全是参照传统历史小说的框架,是在前者的基础上反向创作而已。

3. 兼类型创作

单一类型大致沿着"类型倾向"——"初具模型"——"模型成熟"——"类型变体"(变量创新)——"反类型"的方向演进,自我更新,但不同类型之间也并非毫不相干。相反,它们时时处于碰撞、学习与借鉴之中,于是出现兼类型现象。所谓"兼类型",是指一个类型在发展过程中主动汲取其他类型的特质、表现技巧后所形成的一个兼具几种类型审美内涵的类型。所谓"兼类型创作",是指以一种类型品格为基础,兼收两种或几种类型特质,加强作品的表现力与综合审美效果的创作方法。类型"兼并"之后,有以下几种形态:

第一,坚守原类型成规,汲取其他类型元素为自己服务。

第二,两种类型成规并存且相得益彰,呈现为真正的"兼类"。

第三,几种类型兼并后,由于着力点不同,则分属不同类型。

延伸阅读

1. 许道军：《故事工坊》，中国人民大学出版社，2015。
2. ［俄］弗拉基米尔·雅可夫列维奇·普罗普：《故事形态学》，贾放译、施用勤校，中华书局，2006。

问题与讨论

1. 类型化创作是鼓励创作公式化、雷同化吗？
2. 选择一种你最喜欢的小说类型，以此类小说的成规为依托，根据反类型创作手法，设计一部"先锋"小说。不少于500字。

第十五讲　尽善尽美

一、本讲介绍

本讲从作品修改的角度介绍了使作品尽善尽美的观点与方法。修改有三种方式和三个要求，修改不是最后的修饰，而是伴随着从创意到创作的全程，为了达成有效交流沟通，围绕着创意与写作所做的一切完善性工作。

二、教学内容

作品写完了，需要修改，做到尽善尽美。修改有错误的文本，主要是为了达到提高文章质量的目的，包括四种方法：删、增、理、换。写作是一个无穷无尽的过程，写作、修改、再写，直到尽善尽美为止。克利弗说得好，"写作就是为了再写"，修改无止境。杜甫追求"语不惊人死不休"的境界，《红楼梦》"披阅十载，增删五次"，《安娜·卡列尼娜》前后经过十二次精心修改才完成，你能说清哪一次是写作，哪一次是修改吗？从创意写作活动整个过程来看，修改不仅伴随着写作，还存在于看不见的创意阶段。所以我们说，修改是指在创意写作活动中为了达成有效交流沟通，围绕着创意与写作所做的一切完善性工作。

1. 修改的三种方式

修改有三种形式，即个人自我修改，他人指导修改，工坊集体讨论修改。我们鼓励工坊集体讨论修改，这里重点谈工坊集体讨论修改。

创意写作工坊尊重和利用一切写作规律，激发所有参与者的创作激情和潜力，但也不把写作本身神秘化,集体创作、集体修改是重要的写作实践方式。在构思阶段,针对一个选题,通过头脑风暴、研讨会等各种方法激发出所有参与者的创意,个人从自己独特的角度提出解决问题的方案,探询尽可能多的可能性,交与小组讨论,进入同伴反应阶段。这个阶段的修改主要集中在创意方面,提炼主题,选择方法,理清思路,设置结构,无须过多注意方案的语法、书写、组织等方面的纰漏。小组集思广益,共同丰富完善写作方案。同伴的创意可以被小组内成员共有,大家分享多个直接或间接的写作材料。我们发现,工坊集体修改其实是一个集思广益、不断丰富、再创造的过程。

个人的锻炼同样得到高度重视。在课题实践方面,集体修改围绕着最佳方案的选择,扶持与妥协、集中与折中、优化与选择并行不悖。而对于个人的写作,同伴反应小组包括指导教师参与的集体修改则围绕写作者本人的实际情况,帮助他选择适合本人的方案,寻找最佳的写作方向。与编辑修改不同,工坊小组的集体修改是建设性的,以激发创意思维、完成作品创作为主。在这个活动中,发表作品并不是唯一的目标,帮助学生发现自己、反思自己、超越自己,找到个人的腔调,形成自己的个性才是主要目的。

2. 修改的三个要求

(1) 把事情做到极致

创意是多方向的,一部作品的写作路线总是有多个选择、多种可能性的,如同下棋,不到最后一步,棋局依旧充满变数。但是就写作来说,从开头到结尾,最佳选择或许只有一个。修改就是要找到这个唯一,把事情做到极致。

(2) 把不是自己的剔除出去

风格无高下,也无等级,对于你而言,不存在最好与最坏,你只需寻找到属于你的风格。因此,在修改的时候,你完全可以将作品中不属于你的东西剔除出去,属于你的东西、适合你的东西,才是你要保留和发展的重点。

(3) 适得其所

你要为你自己的作品找到合适的形式,使其适得其所。

以故事为例。故事有三种,一种是用耳朵"听"的故事,比如评书;一种是用内心"读"的故事,比如小说;一种是用眼睛"看"的故事,比如影视。

一般而言,你的故事若是用耳朵听的,那么你就得尊重耳朵听的习惯,比如故事要有头有尾,关节交代清楚等;若是用内心读的,那么你的故事在文字上不妨精致,跳跃,留有空白,发掘人物内心世界,发挥作者的叙述权利;若是用眼睛看的,那么你的故事要求动作性强,戏剧性强,矛盾冲突集中。

很明显,今天的故事消费越来越倾向于影视。换句话说,"看"的故事成了消费的主流,而过去用于"听"的故事现在越来越边缘化,有的已经消失,比如当代文学史上的赵树理创作的"板话",就已经消失了,它竞争不过用内心读的小说,更竞争不过用眼睛看的影视。那么现在,小说如何跟影视竞争呢?我们认为,小说不必在动作性与可视性上与影视一较高下,相反可以向人物内心世界挖掘,发挥作者的主观能动性,通俗一点说,就是不妨写得更精致一些。

我们现在来看作家程永新与走走的对话,从中体会文学杂志《收获》的修改要求。

走走：所谓修改，修改的到底是什么？那些词语的推敲？情节？结构？可是写作最初的感情是没法被一次又一次触动的。修改要从什么地方入手？

程永新：你写出来的东西是你的感情，但这感情的轨迹有时会出错，你写一个男人，旁人一看走样了，那你就得兼顾除了你这个视角之外的情感走向。至于怎么修改，要看作品，每个作品情况不太一样，美学意义、文本意义、完整性、人物的走向、小说叙事的风格、语言，都有可能出现问题。一个初学写作的人，就像一个去医院看病的人，医生要指出他的病根在哪里，修改是一条捷径，能让他迅速提高。这些问题是不能预设的，每个作家、每篇作品都不一样。

走走：一些投稿到编辑部来的作者，他们说寄来的已经是修改过数稿的作品，他们是在没有任何专业建议的情况下自己修改的，我看不出有多少成效。这种修改是不是需要一个更高明的旁观者？

程永新：当然，你自己修改只是你自己的感觉，我是觉得，写完一个东西，放一段时间也许不是坏事。放一段时间以后，你再回过头去看，能看出哪些是亮点，哪些还需要完善，因为你写的时候是即兴的，可能跟这天写作的情绪、状况有关，有时好时坏的状态，所以写出的东西是参差不齐的。我们说作品里有股气在里面，放一段时间后再修改，就是为了让这股气畅通。

程永新是中国著名作家，作家谈创作是经验之谈。他又是中国最重要的文学期刊之一——《收获》的副主编，发现、扶持过大量先锋作家，对他们的作品修改提出过许多重要建议。如何修改？他认为"每个作家、每篇作品都不一样"，因此"这些问题是不能预设的"。这的确是真知灼见，因为一个作家的败笔也许在另一个作家那里是常态，一部作品里需要删除的部分却可以成为另一部作品的宝贝。他们谈的是小说，但是对其他文类的写作也有启发。写作者一般都能按照自己对写作和对自己作品的理解，经常性地进行修改工作。但是要成为职业作家，作品正式发表或出版，则要得到专业编辑的修改意见。尽管编辑的修改意见让许多作家抓狂，但还是有很多的作家从修改中受益。继续看走走与程永新的对话，了解一个习作者如何通过修改作品，成长为一个真正意义上的好作家。

走走：但这里也有某种侥幸或者说是偶然，如果你当初坚持是人情稿，所以不用，很可能就错过最初的发现，你的心软其实是成就了一个作家。

程永新：有某种幸运的成分，但他的小说有些好的方面，比如文字很好，叙述很冷静，很节制，不铺张，后来还慢慢有了某种悬疑性，也就是说，他有某种潜质。我们也发过一些有潜质的作家作品，但其他人可能后来没有成名，韩东算是写出来了，其实从上世纪八十年代到九十年代一直到今天，《收获》以及我个人，与年轻作家的交往始终非常频繁。除了朱文、韩东，后来还推荐了李冯，李冯差不多重要的作品都是在《收获》发的。像这样的还有一大批人，比如李洱，比如荆歌、金仁顺、须兰等。李洱改《导师之死》，那才叫改得辛苦啊！现在写小说的可能都无法想象。改了七遍还是八遍,我记不清了,李洱这人确实素质不错,当时他在华师大,悄悄地把他的小说给我和格非看,我们看一次就跟他会诊一次。他改了几遍后,我们觉得提高还是不大,难免流露出没有耐心的情绪,他也不生气,继续改,第四遍第五遍,后来他离开华师大,回到郑州后又改了一稿后给我寄来,我一看,跟原来相比,提高了很大一截,但是我还是说不满意,还跟他提了意见,但我知道那只是很小的缺陷。我跟他在电话里说完后他又改,这次改完后我知道:《收获》能用了。这个小说的修改过程其实是一个好作家诞生的过程。李洱的智慧在于他通过一篇小说的修改,明白了小说操作的很多技术性的问题。他后来的写作特别顺利。这跟他的潜质有关,还有他的那种耐心。其实很多好小说是改出来的。对于一个非常成熟的作家来说,有可能一开始就写出好小说,但像李洱当时的情况,他是一个初学写作者,虽然他的阅读欣赏能力是第一流的,我跟他交往当中感觉到,他对国内外作品的见解是很独特的,超过很多人,但就当写作而言,他还是在起步阶段,通过不断地修改一篇作品,从中悟到很多东西。

延伸阅读

1. 程永新:《一个人的文学史》,天津人民出版社,2007。
2. [美]詹姆斯·斯科特·贝尔:《从创意到畅销书——修改与自我编辑》(第二版),刘在良译,中国人民大学出版社,2016。

问题与讨论

1. 有人认为,"写作就是再写",你同意这种观点吗?
2. 选择前面你已经写过的作品中最满意的一篇,仔细修改后提交。篇幅不小于原作品。

第四部分

口语交际

第一讲　口才：现代青年的人生资本

一、本讲介绍

口才决定了人们的社会交际能力和交际效果，是人生成败的一个重要因素。本讲阐述了口语表达能力的重要性，介绍我国书面语和口语从"言文分离"到"言文一致"的发展变化过程以及口语表达的特点。

二、教学内容

我们把人的口头表达能力称为口才。口才，顾名思义，就是指口语交际过程中所体现出来的个人才能。口语交际是人类社会最基本的、最重要的交际活动。人们交流思想、传播信息、表达情感，大部分是通过口语交际进行的。

口语交际作为人类社会必不可少的一种社会活动，人们对它的研究还不够充分，不够系统。也许是因为口语活动随时随处都在发生，过于平常，大家习焉不察，反而没有意识到需要留意它、重视它、研究它。然而，随着新的技术革命浪潮的掀起和信息化社会的到来，社会生活中人们对口语交际的效率、效果的要求越来越高，社会对各类人才的口语表达能力的要求也越来越高。口语交际在人们的生活中既十分平常又奇妙无穷，所谓"一言而兴邦，一言而丧邦"，更是把说话与国家兴亡直接联系起来。所以，研究口语交际的特点和规律，探索口语交际能力的培养途径和训练方式，是时代发展的需要，是现代教育的一项重要工作。

1. 三寸之舌强于百万之师

我国历史上，儒家把"言语"作为培养教育和考察评价学生的重要方面。善于辞令，具有良好的口头表达能力，在我国古代受到极大的重视。我国先秦时期的思想家荀子早就指出："口能言之，身能行之，国宝也。"（《荀子·大略》）意思是说，口才好，又能亲身实践，这样的人是国家的宝贝。

翻开史书，我们不难发现口才所发挥的巨大作用。毛遂自荐，拯救危难中的赵国，靠的是口才；晏子使楚，不辱使命，靠的是口才；蔺相如完璧归赵，维护了国家的尊严，靠的是口才；邹忌劝说齐王纳谏，靠的也是口才；《三国演义》里诸葛亮舌战群儒，把孙权手下主张投降曹操的张昭一伙驳得哑口无言，靠的还是口才。这些故事几乎家喻户晓。古代的这些政治家、外交家，他们都能言善辩，有着相当强的口语表达能力。他们凭借自己的口才，为国家做出了贡献，历来受到人们的肯定和赞扬。我国南北朝时期的文艺理论家刘勰在《文心雕龙》里高度评价口才的作用："一人之辩，重于九鼎之宝；三寸之舌，强于百万之师。"（《文心雕龙·论说》）

有一个例子，可以说明古时候人们对口语运用已经有了相当清晰的认识。宋元话本小说中有一篇《快嘴李翠莲记》，描写京城李员外的女儿李翠莲的"快嘴"。李翠莲年方二八，容貌出众，女红针指、书史百家，无所不通。她能说会道，但是常常口无遮拦，不管说话的场合、对象，不考虑如何把话说得好、说得得体，只顾自己说得痛快，不顾别人听的感受。结果，这个本来应该正常出嫁、过上幸福生活的女性遭到众人嫌弃，最后只能出家修行度过余生。小说的描写角度和褒贬立场，生动地揭示了口语表达与个人生活的密切关系。

2. 从"言文分离"到"言文一致"

人类的语言是从口头语言开始的。口语的历史要比书面语的历史长得多，说话说了许多个世纪之后，才有了文字，才有了书面语言。书面语言是记录口头语言，以口头语言为基础的。但是我国先秦以后，汉语书面语与口头语言产生了明显的距离，成为一种脱离口语的固定形式。这是因为历史上人们没有调节好书面语和口语的关系，口语在不断发展，书面语的"文言"却相对稳固。说的和写的完全不是一回事，写文章用的是文言，日常说话用的是当时的口语，"文言"和"白话"的距离越来越大。科举考试兴起以后，在"以文取士"的科举制度下，口语长期不被官方重视。这样的导向使得中国人长期不重视口语研究、不重视口语能力、不重视口语能力的培养。

五四新文化运动的浪潮冲击了几千年来的封建文化制度，改变了文化教育的内容，文言和白话之争尘埃落定。与口语接近的白话文不断扩大影响，逐步取得了合法的地位，"言文一致"的时代才真正到来。我们使用的汉语口语，与白话文的内部结构基本一致，语音优美，词语丰富，表现力强。现代社会中，口头语言的表达能力，是个人语文能力的重要组成部分，应当受到充分的重视。

3. 口语表达的特点

虽说口语和白话文书面语表达意义、情感的作用基本一致，但由于口语靠听觉，书面语靠视觉，各自凭借的条件不同，使用情况不同，因而它们也有一定的区别。口头语言从幼儿时期开始就能在与人的直接交往过程中基本习得，而书面语言经常要通过专门学习才能掌握。口语表达有哪些特点？

第一，说话有声音和体态语的结合。说话有丰富多变的声音，本身能很好地表情达意，而且还能掩盖内容上的某些不足。说话还可以借助手势、姿态、动作和面部表情作为表情达意的辅助手段。

第二，说话是现想现说。日常生活中聊天、打电话等，一问一答，当场怎样想就怎样说。如果在大庭广众之下，在没有准备的情况下，说话人要迅速确定说什么、怎么说，要说得中心突出、条理清楚、措辞得体，就很不容易，比写文章困难得多。

第三，说话不能修改。说话是口耳相传，你一发出声音，就收不回来。如果你说错了当场更正，人家也还是听到了你说得不妥的那句话。说话既无法修改，又要求每句话都说得清楚明白，事实上是很难办到的。因此，偶尔的语言失当现象在说话中是难免的，也是允许的。

第四，说话容易受外界影响。说话不是一方的事情，而是说者和听者双方的交际活动。交际双方的情感千变万化,会互相影响。当众说话,要注意听众的反应,随机应变。两人交谈,要察言观色,根据听话人的反应随时调整说话的内容。

第五,说话可以大量省略内容。因为说话时的具体语言环境为语言的理解提供了很多信息。

4. 现代青年的人生资本

口才是一种综合性的能力,它不仅包括口语表达的技能,还包括说话人的思维能力和信息反馈能力。说话时需要考虑说什么、对谁说、为什么说、怎样说等一系列问题,这一系列行为能力的来源在于人的信息反馈能力。影响人的说话能力的关键是思维能力,思维能力包括形象思维和抽象思维的能力。

我们生活在一个社会交际极其重要的时代,现代人的人生就是由一个个社交场合组成的。在当今这个充满机遇和挑战、竞争和合作的社会,人人都渴望事业成功、家庭幸福、人生圆满……这一切都是通过社会交际来实现的,而口才的水平决定了人们的社会交际能力和交际效果,是人生成败的一个重要因素。在西方社会,人们甚至把口才、美元、电脑称为人生的三大战略武器。

在现实生活中,口才的优劣常常产生截然不同的效果:有的人语言不得体、词不达意,因而四处碰壁,人生不顺利;有的人却因语言得体、谈吐机智而备受青睐,在职场、官场、商场、家庭都左右逢源、应付自如。由此可见口语表达不仅是信息的载体,还是一种凝聚力,是人的综合素养的反映。口才好的人,被人赏识的机会就多,随时有可能把自己推向社会的较高层次。越是在竞争激烈的环境里越是如此。从斡旋国际争端到处理个人间的纠纷,从高级别的商务谈判到普通的工作交流,从求职应聘到商品推销,口语交际能力的展现无处不在,无时不有。在中国今天的经济社会环境中,口才可以创造巨大的价值,这一点,在马云、李开复、俞敏洪等人身上得到了淋漓尽致的体现。

有一个学者说:"人才不一定有口才,但有口才的人一定是人才。"拥有好口才,能够使我们在社交中游刃有余,能够使我们在危急关头化险为夷,能够使我们在事业的征途上一路顺利,让出色的口才伴随着我们每一位同学去冲击人生的理想目标!

延伸阅读

1. 孙海燕、刘伯奎:《口才训练十五讲》(第三版),北京大学出版社,2015。
2. 马志强、石艳华、高文苗:《语言交际艺术》(第三版),中国社会科学出版社,2013。

问题与讨论

1. 当代大学生的生活和学习中,口语能力在哪些场合具有重要的作用?
2. 普通话的口语和书面语是什么样的关系?
3. 选取一位公众人物,结合他(她)在访谈、演讲或主持等口语交际中的表现,分析其口语表达的优缺点。

写作与交流

第二讲 普通话:社会交往的通用语言

一、本讲介绍

本讲介绍汉民族共同语的发展历史和普通话的语音、词汇、语法规范。通过学习,学生可以了解不同方言区的人学习普通话面临的语音问题以及如何发好普通话中的平翘舌音、鼻音和边音、前后鼻音及儿化音等难点语音。

二、教学内容

1. 汉民族共同语的形成

每个国家和民族都有自己的共同语,共同语普及的程度是衡量这个国家和民族现代化水平的一个重要标志。当代社会,普通话是汉民族的共同语,那么你是否知道在古代,不同地区之间用什么语言进行交流呢?

远在春秋战国时期,方言之间的分歧就已经相当明显,但是孔子周游列国,晋国公子重耳流亡四方,辩士到各地游说,都没有因语言不通而妨碍交流。原来,那个时候人们的交往也有一种共同的语言。据《论语·述而》记载:"子所雅言,诗、书、执礼,皆雅言也。"就是说孔子在他诵读诗书和执行典礼的时候并不是说他自己的家乡话——鲁国的方言,而是用一种各地都通行的雅言。"雅言"在古代是指正式交际场合的共同语,写在书面上,就是大家都能看懂的书面语言。

既然说话和写文章都要遵循同一个标准,就必须有一种具有权威性的方言作为各地学习的基础。哪一种方言有这样的资格?马克思、恩格斯在《德意志意识形态》一书中指出:"方言经过经济集中和政治集中,而集中为一个统一的民族语言。"在我国古代,王朝京城所在地的方言,往往成为共同语的基础方言。因此,中国从商周到北宋的大约两千年里,共同语的基础就是以长安和洛阳为中心的中原地区方言。北宋以后,北京成为中国重要的政治、经济和文化中心,北京话也逐渐取代长安话、洛阳话,成为当时的权威方言。

2. 普通话的标准

"普通话"这个名称是在1955年才确定的。1956年,国务院发布文件正式规定:普通话"以北京语音为标准音,以北方话为基础方言,以典范的现代白话文著作作为语法规范"。这个概念从语音、词汇、语法三个方面对普通话的标准做出了全面的、明确的解释。我们学习普通话,首先应从这三个标准开始。

先看语音标准,以北京语音作为标准音,指的是把北京话的语音系统作为普通话的语音标准,它包括北京话的声母、韵母、声调以及它们之间的配合关系等。北京方言里听起来有浓厚地方色彩的成分不能作为普通话的标准。例如,北京人把"倾向"读成"qīngxiàng",而普通话的正音规范是"qīngxiàng";"花""小鸟""脚印"北京人一定要读成儿化的"花儿""小鸟儿""脚印儿",感觉这样才有北京味,而普通话里的儿化音则少得多,这些都可以不念儿化。一些带"瓜"的词,如"黄瓜""冬瓜""西瓜",老北京人都要读成轻声,而普通话里的读法是两可的,普通话轻声词语的范围远小于北京话。

普通话里的基本词汇是广大北方地区通用的词汇。一些北京话及北方方言里比较土的说法,如"甭(不用)""旮旯儿(角落)""今儿个(今天)""瞅见(看见)""腻歪(腻烦)",我们也知道是什么意思,但普通话一般不说。

所谓典范的现代白话文,主要是指现代一些名家的著作和政府公告、政论文章,这些著作和文章在写作过程中经过了反复推敲锤炼,可以作为普通话的语法规范。

普通话是高于汉语一切方言的现代汉民族标准语,但同时它又根植于方言的土壤,只要社会需要,一些方言成分就可以被普通话吸收。比如南方的粤方言、吴方言作为近年来比较强势的方言对普通话的影响是比较明显的。现在北方地区的人也吃"一品煲""盐焗鸡""生猛海鲜",称"付钱"为"埋单",所以只要大众接受,方言里的说法也能被普通话吸收。

3. 学习普通话的几个语音难点

方言区的人说普通话,难点在语音。北京话是发展最快、结构最简单的汉语方言,所以,以北京语音为标准音的普通话跟其他方言的差异还是比较大的。学习普通话语音,一方面要学习普通话里有而方言里没有的发音,另一方面要改掉普通话里没有而方言里有的发音习惯。下面我们就谈一谈来自不同方言区的人学习普通话面临的一些问题。

(1) 分辨 z、c、s 和 zh、ch、sh

普通话里有 z、c、s 和 zh、ch、sh 两套声母,但全国大部分地区的方言中只有 z、c、s 这组声母,或者只有一部分字能够区分这两套声母。从下面两张发音示意图我们就能清楚地知道,这两套声母之所以有区别,是因为舌尖和硬腭接触的部位不同。发 z、c、s 的时候,舌尖抵住或接近上齿背(见图 4-1),而发 zh、ch、sh 的时候,舌尖抵住或接近硬腭前部(见图 4-2)。抓住这个关键,勤加练习,你必定能很好地掌握这两组声母。

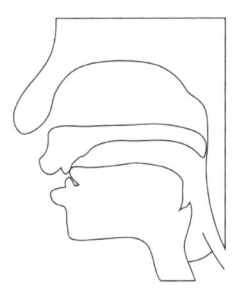 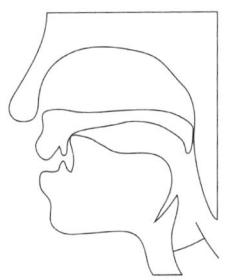

图 4-1　z、c、s 发音示意图　　图 4-2　zh、ch、sh 发音示意图

(2) 分辨 n 和 l

汉语方言中,n 和 l 混读的现象也相当普遍。据粗略统计,n 和 l 混读的地区占整个汉语区的一半。官话区中的西南、江淮、西北的一部分地区 n、l 不分,南方的湘方言区、赣方言区、闽方言区等方言区也有大片 n、l 混读的地区。区分 n 和 l,关键在于掌握这两个声母的发音方法。n 是鼻音,发音的时候气流从鼻腔出来(见图 4-3),l 不是鼻音,发音时气流从口腔流出(见图 4-4)。

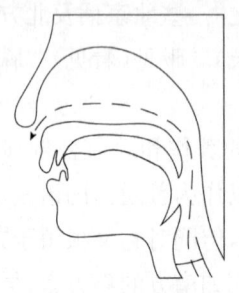
图 4-3 n 发音示意图

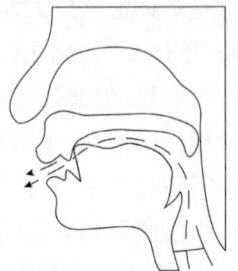
图 4-4 l 发音示意图

(3) 分辨鼻音尾韵母

有些方言发音分不清"人民"和"人名",或分不清"陈老师"和"程老师",这是前鼻音韵尾-n 和后鼻音韵尾-ng 相混所致。从-n 和-ng 的舌位比较图可知,练习发韵尾-n 时,舌尖轻轻抵住上齿龈(见图 4-5);练习发韵尾-ng 时,舌面要逐渐往上抬,舌根朝软腭的方向运动(见图 4-6)。

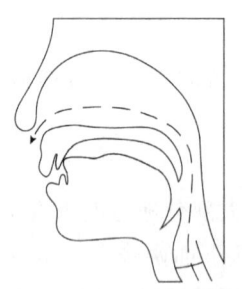
图 4-5 -n 发音示意图

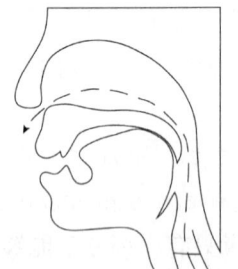
图 4-6 -ng 发音示意图

(4) 儿化音发音方法

普通话有儿化音,南方方言中一般没有。通俗地说,儿化是"儿"与它前面一个音节的韵母结合成一个音节,使这个音节的韵母具有一种卷舌音的色彩。"儿化"是一种韵母的音变。发儿化音,首先要有把两个音节拼合成一个音节的意识;其次,要了解儿化的发音规则。儿化不是简单地在韵母后边加上一个 er,其中包含一系列的音变现象,如直接卷舌、增音、脱落、更换、鼻化等。发音方法的选择取决于原韵母末尾的音素与卷舌动作能否共存,如果发音时两种动作可以同时存在,只需直接卷舌,否则,采取其他的音变方式。例如:

① 直接卷舌:a>ar:花儿　e>er:小车儿　u>ur:眼珠儿　o>or 土坡儿

② 增音:i＞ier:米粒儿　ü＞üer:有趣儿
③ 脱落:ai＞ar:锅盖儿　ei＞er:刀背儿　an＞ar:竹竿儿　en＞er:书本儿
④ 更换:in＞ier:背心儿　ün＞üer:花裙儿　-i[﹢]＞er:瓜子儿　-i[﹢]＞er:没事儿
⑤ 鼻化:ang＞ar:药方儿　eng＞er :门缝儿　ong＞or:胡同儿　ing＞ier :打鸣儿

儿化音需要我们慢慢体会、模仿,渐渐地我们就会习惯这样的发音方法,并能准确发好它。

现代社会,普通话在宣传、教育、社交等重要领域已经成为主体语言。说一口标准的普通话,不仅能让我们在口语交际中应对自如,还能体现知性、优雅的气质,从而塑造成功的交际形象。

延伸阅读

1. 江苏省语言文字工作委员会办公室:《普通话水平测试指导用书》(江苏版),商务印书馆,2004。
2. 王韦皓:《播音主持——语音发声语言表达基础》,语文出版社,2017。

问题与讨论

1. 现代汉民族的共同语为何以北方话为基础方言?
2.《中华人民共和国宪法》规定"国家推广全国通用的普通话",你认为推广普通话的意义何在?
3. 结合本人所在地区的方言特点,分析当地人说好普通话需要克服的语音问题。

第三讲　方言:个人身份的永久印记

一、本讲介绍

汉语方言丰富而复杂,它既是当地人沟通交流的工具,又承载了一个地方的历史和文化。本讲通过介绍方言的差异及分布,使读者了解方言的基本知识,认识到语言应实现主体性与多样性的和谐统一,口语交际中需具备说共同语和方言的多语言能力。

二、教学内容

首先,讲一个关于钱锺书先生的小故事。钱锺书先生有极高的语言天分,据说他平时与人交谈,根据不同的场合和对象,可以讲标准的国语、地道的上海话和牛津英语。

写作与交流

1979年,钱锺书先生访美期间,旅美华裔学者夏志清打电话到钱先生下榻处。当时钱先生正在房里睡午觉,接电话时正是睡意未消,欲醒不醒的时候。据夏先生回忆"这次小谈,我发现他无锡口音很重",但夏先生同时又觉得"这次他不提防有人打电话来,露出了乡音,更使我觉得他可亲"。这个故事告诉我们,方言是个人身份的永久印记,不管你掌握了多少种语言,最亲近的仍是乡音。

1. 汉语方言的差异

每一个民族都有自己的语言,分布在不同的地域,就形成了方言。不同地区的历史条件、社会因素的不同以及语言内部发展演变的不平衡,使得方言之间有较大的差异。

新东方创始人俞敏洪当年考入北大后,在第一次班会上做了一个自我介绍,结果班长站起来跟他说:"俞敏洪,你能不能不讲日语?"俞敏洪是江阴人,他的家乡话是地道的吴语,同学把听俞敏洪讲话的难度等同于听日语,可见中国方言之间语音上的差异有多大。我们学习普通话,将正音放在第一位,就是这个道理。

语音之外,不同方言词汇的差异也相当明显。上海的"生煎馒头"按普通话说就应该是"生煎包子"。"山药"这个词,石家庄人用来指"红薯",张家口人用来指"土豆"。这就是方言词汇中的同名异实。

方言之间差异很大,但不同方言之间存在对应转化的规律,所以学起来也不那么困难。这与第二语言的习得完全不同,无须另起炉灶,从头学起。所以,到了一个陌生的城市,不妨学着说些当地的方言,这不仅有利于跟当地人的沟通,也能体现个人情趣,提升魅力指数。

2. 汉语方言的分布

语言学家按语言学标准将现代汉语分为七大方言:北方方言、吴方言、湘方言、赣方言、客家方言、闽方言和粤方言。在这七大方言中,北方方言可以看作是古汉语在广大北方地区发展的结果,其余六大方言则是历史上北方居民不断南迁后,在南方逐渐形成的。

北方方言在方言中分布地域最广,使用人口约占汉族总人口的73%。它虽然分布区域广,但内部分歧却很小。

吴方言在这六大方言中最为古老。据《史记·吴太伯世家》记载,春秋时期,周太王的儿子太伯、仲雍为了让王位于弟弟季历(周文王之父),南奔至今天的江苏无锡、苏州一带。这支从中原来的移民,带来的语言便在当地扎下了根,我们现在听到的吴语就是在这个基础上形成的。

粤语同北方话有比较大的差距。在古代,粤方言区是汉族与其他民族杂居的地方,随着几次比较大的移民,汉人的比例逐渐占了优势,但是因山川阻隔,交通不便,中原汉人带去的北方话同北方汉语日益疏远,在特定的历史和社会条件下,粤方言就走上了自己独特的发展道路。所以,语言发展的不平衡,让粤语较多地保留了中古汉语的特征。粤语还是当今社会生活中非常活跃的一种方言。在香港,从日常生活交际到各类学校授课,从商业交易到媒体新闻,从一些报刊专栏到曲艺欣赏,粤语的应用非常普遍。在广州也是如此,地铁站报站名用粤语,在一些体育赛事的直播中,观众还能欣赏到原汁原味的粤语解说。

客家人具有很强的方言意识,他们素有"宁卖祖宗田,不忘祖宗言"的家教,走出家门同当地人说当地话,回到家里则要改口说自己的方言。加上他们喜欢在山区垦荒聚居,自成村落,因此容易形成方言群岛。据统计,全国有客家人居住的县、市有两百多个,在闽东腹地、浙南、皖南都有这样一些小小的方言岛。

闽语是七大方言中语言现象最复杂,内部分歧最大的一种方言,闽南、闽北不能对话,闽东和闽中也有差异。闽方言的传播区域大大超出福建省的范围,海南的大部分地区、广东东部潮汕地区、浙江南部温州地区的一部分、广西的少数地区,都是闽方言的分布区。一些东南亚国家的华侨中,闽南人是主要族群,闽南话成为华人社会的通行语言。

由于地理上的原因,湘方言和赣方言受邻近方言的影响比较大。湘语北区受北方方言影响较大,所以老湘语的特点更多地保留在南片湘语中。赣方言长期受到江淮方言和湘方言的影响,自身的特征并不是十分突出。

3. 方言与普通话和谐共存

方言是交际工具,更是文化的载体。在社会工业化、现代化进程中,丰富的语言资源正在快速消亡,作为区域文化载体的方言也面临同样的命运,有许多少年儿童已经不会说本地方言。在这种形势下,许多专业人士从各个角度强调了方言的重要性,呼吁保护方言。

中央民族大学戴庆厦教授指出:"一个物种的消失,只让我们失去一种动人的风景;一种语言的消失,却让我们永久失去一种美丽的文化。"

方言学专家钱乃荣教授曾说:"过去,有些人把方言与普通话对立起来,提出诸如'警惕方言回潮'之类的口号。但是他们却没有看到历史悠久而又天天运用在生活口语当中的方言词的生动性。其实普通话与方言的关系不是你死我活的,而是互补的,方言中好的词语会被普通话自然地吸收。"

的确,方言是各具特色的地域文化的基础,方言与地方的民风民俗、历史文化共生共存。中国数百种地方戏曲和说唱艺术形式都是以当地方言为依托的。仅吴语区,就产生了昆曲、越剧、评弹、锡剧、甬剧、吴歌等以方言为载体的戏曲和民歌。而且,用方言表达思想感情很容易做到细腻贴切,丰富生动。古装情景喜剧《武林外传》播出后,在全国范围内掀起了收视高潮。据统计,该剧中出现的方言接近二十种,全国各地的方言不仅为电视剧增添了喜剧元素,也使剧中人物更具亲切感,更容易得到各地观众的认可。

"乡音无改鬓毛衰",方言是我们自身的符号,每个人的心中都有一种最美乡音。和谐的社会语言生活,是共同语和方言各司其职,共同语和方言都得到发展,人们都具有说共同语和方言的多语言能力。普及普通话,不是要消灭方言,而是要使公民在说方言的同时,学会使用国家通用语言,从而在语言的社会应用中实现主体性与多样性的和谐统一。

普通话是口语交际中的通用语,如果我们还能从方言中汲取养分,使雅言与俗语相得益彰,那么我们的口语必将更加多姿多彩。

延伸阅读

1. 周振鹤、游汝杰:《方言与中国文化》(第2版),上海人民出版社,2006。
2. 甘于恩:《七彩方言——方言与文化趣谈》,华南理工大学出版社,2005。

问题与讨论

1. 共同语和方言差别很大,方言的存在是否会阻碍共同语的形成和发展?
2. 有些影视剧给历史名人配音的时候使用了方言,你觉得这样的处理好吗?为什么?
3. 以小组交流的方式,向同学介绍一种熟悉的地方戏曲或地方说唱艺术。

第四讲　朗读:书面文字的有声创作

一、本讲介绍

本讲通过案例分析朗读的基本要求和基本技巧。使学生意识到朗读是将书面语言转换成有声语言的再创作活动,指导学生在作品朗读中准确运用停连、重音、升降、快慢这四种表现技巧。

二、教学内容

1. 朗读的概念与要求

在人与人的交流中,朗读能起到宣传教育、陶冶感化、传递信息的作用。在现代社会,朗读成为一项重要的文化能力。在工作和生活中,我们免不了要在公开场合读一段书面文字,为什么有的人读得从容自然,抑扬顿挫,有的人却读得平淡无味,让人没有听下去的兴趣?可以这么说,对朗读的认识是否正确,朗读技巧的使用是否恰当直接影响到朗读的效果。接下来,我们将讨论何为朗读,朗读的基本要求有哪些。

有这样两段有声语言作品:朗读作品一,发音正确,表达连贯,但是语调缺少变化,语句重点不明确,没有读出作品应有的感情色彩和内部的逻辑关系。朗读作品二,声音优美,情感充沛,能给听众带来美的享受,但是语气语调夸张,情感起伏较大。

通过以上描述我们可以得出这样的印象:朗读作品一明显存在机械朗读的问题,朗读者并没有在理解作品的基础上有目的、有感情地朗读。朗读作品二则应该纳入朗诵的范畴,它更接近艺术表演,语言的呈现更加艺术化、个性化。这两种情况都不能视作真正的朗读。优秀的朗读作品应该感情真挚自然,逻辑清晰顺畅,态度鲜明,分寸恰当。

朗读和生活中的对话、舞台上的朗诵应该有所区分。朗读不是简单的见字读音,不是夸张的艺术表演,它是在深入理解作品思想内容的基础上,将书面语言转换成有声语言的再创作活动。朗读的语言亲切自然,但又不平淡乏味,它比自然口语更明亮、更生动、更具美感。

朗读的时候应该使用普通话标准音,应该读得连贯自然,不结巴,不重复,但从朗读的意义、作用、效果来说,仅仅做到这些还是不够的。曾有一位同学在学习过程中表达了这样的困惑:从小到大,老师一直说我朗读时没有感情,有感情地朗读真的那么重要吗?那样会不会给人矫揉造作,装腔作势的感觉?

的确,朗读静态的文字作品时,大多数人身上存在"理智"朗读的现象,就是朗读时缺少情感投入,声音单调呆板。生活中我们都会有这样的体会,热情生动的声音,会给人以真诚、亲切的感受,这就是所谓的"暖声";而平淡冷漠的声音,则给人一种消极懒散,爱理不理的感觉,这就是我们所说的"冷语"。朗读的时候需要用"暖声"来朗读,这样听众才会感到被尊重,被吸引,被感染。所以,有感情地朗读是一项基本要求,即使作品的文字叙述比较平淡和冷静,朗读者也要将对作品的理解引向特定的思想情感,使自己处于积极主动的心理状态之中。不用担心这样的朗读会给人留下做作的印象,只要我们仔细揣摩文章语言、人物形象、论点论据,朗读时就能比较好地把握感情的色彩和分量,使朗读有声有色,打动听众。

要想准确表达出文章中的思想和情感,必须读出对词语的感受。这种感受是作品的语言文字给我们带来的形象和逻辑的感受,它能在我们内心形成动力,为有声语言的创作做好充分的准备。一般来说,我们应该努力地让作品中的情、景、物、人、事、理在内心"活"起来;让文章中的各段落、语句之间的主次、并列、转折、递进、对比关系在脑中形成清晰的逻辑链条。有了这些内心的"语流",同时准确运用外部技巧,我们的朗读才能从缺乏活力的字音变成生机勃勃的话语。

朱自清的《春》中有这样三段文字:

> 春天像刚落地的娃娃,从头到脚都是新的,他生长着。
> 春天像小姑娘,花枝招展的,笑着,走着。
> 春天像健壮的青年,有铁一般的胳膊和腰脚,他领着我们上前去。

读好这几句话,朗读者要在内心描绘出三个并列的形象:刚落地的娃娃,充满生机;花枝招展的小姑娘,活泼俏皮;健壮的青年,坚强有力。在结构上,看似并列,却应该有先后、色彩的差异。"新的,生长着"的明亮,"笑着,走着"的轻快,"铁一般的胳膊和腰脚"的力度,不仅各有特点,又前后衔接。朗读时既表现形象,又呈现链条,才能给人以灵动和谐的美感。充分把握词语的感情色彩,努力理清文章的发展脉络,用有声语言将它们真切地表现出来,才能让听众从中清晰地理解和感受作品的思想内容和情感态度。

2. 朗读的表现技巧

朗读有没有外部的表现技巧可供学习？答案当然是肯定的。丹纳说："人的喜怒哀乐，一切骚扰不宁、起伏不定的情绪，连最微妙的波动，最隐蔽的心情，都能由声音直接表达出来……"运用朗读技巧，能加深我们对作品的理解和感受。一般来说，朗读的外部技巧主要包括停连、重音、升降、快慢四个方面。

（1）停连

停连是指朗读语流中声音的中断和延续。声音中缺少停顿，你的讲话就会给人混沌一片、不知所云的印象；声音的中断过多、过长，让人感到支离破碎，也会引起人的反感。只有停连得当，才能使朗读顿挫有度，语意层次分明。看下面这一段文字：

  这是入冬以来，/胶东半岛上第一场雪。∧
  雪纷纷扬扬，/下得很大。∧开始/还伴着一阵小雨，不久/就只见大片大片的雪花，从彤云密布的天空中/飘落下来。∧地面上一会儿就白了。∧冬天的山村，/到了夜里就万籁俱寂，/只听得雪花簌簌地/不断往下落，/树木的枯枝被雪压断了，/偶尔咯吱/一声响。∧

在书面语里边，停顿最明显的标志就是标点符号，朗读时停顿的位置和时间的长短应该同标点大致相应，一般是，句号（问号、叹号）＞分号、冒号＞逗号＞顿号。当然，不是所有的停顿都要按照标点来设计，有时为了强调语义和感情，在没有标点的地方也常常需要停顿。

"开始/还伴着一阵小雨，不久/就只见大片大片的雪花"，在"开始""不久"这两个时间状语后稍做停顿，可以把下雪的过程展现得更加清晰。

"冬天的山村，到了夜里就万籁俱寂，只听得雪花簌簌地/不断往下落，树木的枯枝被雪压断了，偶尔咯吱/一声响。"这里面的两处停顿，是为了突出冬夜大雪的画面，唤起听众对场景的想象和联想。

朗读中，如果停顿过于机械，容易显得单调刻板，因此在感情奔流、语言推进处，我们可以适当地缩短停顿，或延长一些字的音节来填充声音空隙。

  推开门一看，嗬！好大的雪啊！∧山川、河流、树木、房屋，全都罩上了一层厚厚的雪，万里江山，变成了粉妆玉砌的世界。

"山川、河流、树木、房屋"这四个并列的词语不能读成一步一停，"山川、河流"之间，"树木、房屋"之间可以有所连接，这样的处理能够带来灵动、活泼的感觉。

（2）重音

朗读时，把句子里的某些词语念得比较突出以显示它的重要性，这种现象叫重音。重音是要解决作品中词语之间的主次问题，它是体现语句目的，也就是句子重心的重要手段。

生活中,我们对自己所说的话的目的性、针对性是比较清楚的,例如:

谁在读英语?——我在读英语。
你在读英语吗?——我在读英语。

但朗读却不同,准确把握每句话的针对性、目的性,才能找准强调重音。例如:

九月十日是教师节。
一群大雁往南飞!
山,好大的山哪。

可以说,没有准确的语句重音,朗读就难以达到准确地表情达意的要求。当然,语句中也有些地方,如表示比喻、夸张、并列、对比、呼应、递进的地方,通常是读强调重音的。下面我们来看这两段文字:

梅雨潭闪闪的绿色招引着我们;我们开始追捉她那离合的神光了。揪着草,攀着乱石,小心探身下去,又鞠躬过了一个石穹门,便到了汪汪一碧的潭边了。

瀑布在襟袖之间;但是我的心中已没有瀑布了。我的心随潭水的绿而摇荡。那醉人的绿呀!仿佛一张极大极大的荷叶铺着,满是奇异的绿呀。我想张开两臂抱住她;但这是怎样一个妄想呀。

这段文字描写了梅雨潭的绿,所以文中具有形象感的词语,如"闪闪地、汪汪一碧、极大极大"应该读作重音;"揪、攀、探身、鞠躬"这一组动词在文中用来表现动作的连续性变化,读成重音有利于清楚地呈现事情发展变化的轨迹。"绿"是这段文字中反复出现的中心词,强调的时候应该稍做变化,除了用提升声音强度的方式来表现,还可以用提高字调,拖长字音,实中转虚等方式来呈现。

(3) 升降

朗读的第三个技巧就是语调的升降变化。语调由句调构成,而句调一般可以归纳为平直、上扬、弯曲、下降这四种类型。有的人说话和朗读缺乏生动性,很重要的原因就是语调上缺少高低起伏的变化。当然,上面所说的句调类型只是用来表示语势的总体走向,落实到具体的句子,内部还会增加一些曲折变化。例如:

开天辟地以后,天上有了太阳、月亮和星星,地上有了山川草木,甚至有了鸟兽虫鱼了,可是单单没有人类。

这是几个陈述句,如果在语调上都读成统一的下降调型,则显得平板,确少语意和

情绪的变化。根据语句的思想和情感,可以做这样的处理:第一句语势比较平直舒缓,第二句的"天上"和第三句的"地上"是前后呼应的两个句子,"天上"是前面一句的重音,在音高上应该成为句中的高点,然后语势逐渐下行;"地上"一句较为平缓,到了"甚至"这句又开始上扬。最后一句虽然是转折的语气,但在语意上需要突出强调,语势应在略降后上升。语调有了这样的变化,不仅重心鲜明,而且错落有致,富有抑扬顿挫之美。

（4）快慢

语速的快慢也是朗读中的一项重要技巧,它的变化取决于朗读时每个音节的长短和音节之间连接的松紧。说话的快慢是由说话人的感情决定的,朗读的快慢要与文章的思想内容相适应。一般情况下,表现激动的情绪,如快乐、焦急、慌乱、愤怒时语速加快;表现平静或沉重的情绪,如从容、沉着、悲哀、失望时语速放慢。例如:

> 望着望着天上北归的雁阵,我会突然把面前的玻璃砸碎;听着听着李谷一甜美的歌声,我会猛地把手边的东西摔向四周的墙壁。

这是史铁生描写自己双腿瘫痪后喜怒无常的一段文字,这里必须用较快的速度朗读才能表现作者内心的愤懑和压抑。可以说,语速的快慢与各种情感的对应最为清晰。

停连、重音、升降、快慢是朗读中用来表现语气和节奏的四个要素,只有通过朗读的这些外部表现技巧,才能将句子的思想感情准确地表达出来。当然,这些方法各有千秋。但在有声语言的流动中,它们却是一种"合声",都在围绕着"朗读目的"这一中心,为表达尽着自己的职责。应强调的是,外部表达技巧是受内部心理状态支配的,绝不能脱离内部心理状态单纯谈论表达技巧。

总之,我们在朗读中可以学会巧妙地运用声音的可塑性来提高一般口语交际的能力。

延伸阅读

1. 王韦皓:《播音主持——语音发声语言表达基础》,语文出版社,2017。
2. 张颂:《朗读学》(第三版),中国传媒大学出版社,2010。

问题与讨论

1. 有人认为,朗读不过是念字出声,不需要思考,不需要情感。你如何看待这一观点?
2. "一个夏天,太阳暖暖地照着,海在很远的地方奔腾怒吼,绿叶在树枝上飒飒地响。"朗读这段话时,是否可以在没有标点的地方设计几处停顿使语意更加明确？可以的话,请说出这样处理的依据。
3. 请读出下列句子中的强调重音:
乌鸦听了狐狸的话,得意极了,就唱起了歌来。

他把嗓子都喊哑了,可是除了呼呼的风声,什么也听不见。

她守护的那群骆驼,一头也没有丢失。

4. 运用所学技巧,有感情地朗读茅盾的《白杨礼赞》。要求语言规范,感情真挚自然。

第五讲　演讲:声情并茂的强烈感召

一、本讲介绍

本讲重点介绍何为演讲、如何进行演讲。结合案例介绍演讲的现实性、艺术性、感召力等基本特征。成功的演讲,应该有鲜明的思想主题、巧妙的组织结构、丰富的表现手法和生动的口语表达。

二、教学内容

1. 演讲的概念与特征

演讲,是一种单向的口语交际形式,运用有声语言和无声语言,就某一个问题,围绕一个中心表达真情实感,从而影响和感召听众。演讲具有几个基本的特征:

第一,演讲具有现实性。

演讲是一种现实活动,它不属于艺术活动的范畴。演讲者通过对社会现实的判断和评价,直接向听众表达自己的观点、主张、情感、态度,演讲者所表现的是自我,而并非艺术的角色;演讲以"讲"为主,这里的"演"是演示,是运用体态语增强有声语言的表达力度。

第二,演讲具有艺术性。

演讲是不是一种艺术?大家有不同的看法。演讲不同于一般的口语表达,不同于会话、交谈等。演讲具有艺术的表现力,但这种艺术是一种实用艺术,它不是以娱悦观众为主要目的的。演讲的语言高低起伏,抑扬顿挫,快慢适度,具有语音的美;演讲者的手势、身姿、表情、服饰得体,具有视觉的美;演讲叙事真切,说理精当,抒情感人,既有形象感,又有冲击力。所以,比起一般的口语交际,演讲通过视觉和听觉两种感觉器官影响观众,具有很强的艺术魅力。

第三,演讲具有强烈的感召力。

演讲的功能是综合性的,有说服功能、教育功能、情感功能、自我价值表现功能。古希腊哲学家亚里士多德说过:"演讲有没有效果,要看它对人有没有影响。"演讲的感召力,既来自演讲者对现实的精辟见解,也来自演讲者的真情实感和恰如其分的艺术表现。

对于演讲的性质或特征,人们有许多提法。有人说,演讲是典型的语言艺术和体态语的融合,从听觉和视觉两种感官上影响听众,所以这种口语形式最有感染力。有人说,演讲是说理性、抒情性和鼓动性三者合一,和其他口语形式有重大区别。这些说法都从特定的角度揭示了演讲的特点,对我们认识演讲很有帮助。

另外,我们应该了解一下演讲的分类。演讲的形式分类多种多样,从训练的目的看,演讲可以分为比赛型演讲和非比赛型演讲;从准备的条件看,演讲可以分为备稿演讲和即席演讲。认识演讲的分类,有利于按照不同的类别领会演讲的要求,从而进行有针对性的学习。

2. 演讲的必备要素

一个演讲者往往是一身三任:既是作者,又是导演、演员。构思演讲内容的时候是作者,准备演讲的时候是导演,正式进行演讲的时候又是演员。一次成功的演讲,有以下几个重要元素不可缺少:

第一,鲜明的思想主题。

从拟定演讲的题目到构思演讲的内容,都要竭尽全力使主题思想鲜明突出。演讲的题目要吸引人,具有启发性和鼓动性。例如《生命的支柱是什么》《我愿是株小草》《新经济的未来》,从这些题目上就能感觉到演讲者的思想倾向。

演讲的主题要尽量单一。无论是传扬一个理念,探索一个问题,还是赞扬一种行为,批判一种现象……从头到尾要线索集中。主题越是单一明确,留给听众的印象越深。如果想在一篇短小的演讲稿中完成几个中心问题的论述,效果会大打折扣。

第二,巧妙的组织结构。

听众是依靠听觉来领会演讲者的思想观点的,由于声音具有转瞬即逝的特点,听众难以反复去品味已经讲过的内容,这就要求演讲内容的层次结构不宜太复杂。有人曾提出演讲的结构要"响开头,曲主体,蓄结尾"。

"响开头"是指精心设计好开头的第一段话,力求一开场就调动听众的情绪。设计精彩开头的方法多种多样,有的开门见山,有的设置悬念,有的引用名言……各显神通。

"曲主体"是指演讲的主体内容丰富而有波澜,呈现出起伏的情感曲线,使听众的情绪有张有弛,始终保持兴奋。

"蓄结尾"是指结尾要画龙点睛,要求演讲者不要把话说完说尽,而是为听众留下思考的空间。很多成功的演讲都是在内容的高潮处、在听众情绪达到最佳状态时干脆利落地收尾,使听众回味无穷。

第三,丰富的表达方式。

演讲的基本目的是说理。与说理相对应的表达方式是议论。但是如果在演讲中单纯使用议论的方式,从道理到道理,就会讲得很单调、很枯燥。所以,高明的演讲者总是十分重视叙述、议论和抒情等多种表达方式的综合运用。讲故事的方法经常被采用。2014年7月,习近平主席在韩国首尔大学的演讲《共创中韩合作未来 同襄亚洲振兴繁荣》,讲了我国秦代的徐福东渡求仙来到济州岛的故事,说明中韩友好交往历史悠久。恰到好处的抒情渲染,更可以增强演讲的感染力。叙事、议论和抒情三者结合,浑然一体,演讲才能达到情理交融的境界。

第四,生动的口语表达。

如果说上面几点要求和书面文章的要求很相似,那么这一点要求是口语形式所特有的。演讲要求声音洪亮,感情真挚;演讲需要充满激情,语速的缓急、声音的起伏、语势的强弱,都应该根据表达内容的需要而变化。

下面让我们一起来分析于丹老师的演讲《传递美》中体现的演讲技巧。

传递美
于 丹

微信扫一扫
观看相关视频

其实今年的主题是"美就在身边"。

美是什么呢?我们平时都觉得美是风花雪月,美是茶余饭后的一种闲情,但其实这些都是小美;还有一种更大的美。美里面它也有信念,它也有道德,所以刚才我们看见的"最美的司机",在这一段,在2012年,其实他不过是一个群体中的一位而已。我们也看见了"最美的妈妈""最美的孕妇""最美的打工仔"……种种的最美,其实都是什么呢?都是因为一些道德行为的大美。

当然,咱们开学的都是些同学。大家可能会说我们这么小,遇不到这样的一种挑战,我们也遇不到能为大人承担那么多责任(的情况)。那要看我们平时能不能把自己融合在别人中间。在这个社会里面,让自己有一种爱和美的融合传递力。大家知道长大了的生活都很艰辛,不容易。有人比喻说生活就是一锅滚开滚开的水,你要是往里面投不同的东西都会受煎熬,但煎熬到最后,因为这些东西各自的质地不同,结果也不一样。你试试看,在三锅滚开的水里扔一个生鸡蛋、一根生的胡萝卜和一把干茶叶,盖上盖子,同样的时间沸腾它,揭开以后呢?生鸡蛋会被煮熟,变得硬邦邦。我们生活里有些只固守着自己的内心、自己的利益,不肯融合的人,他们最后就变得里里外外铁石心肠,他们有时候愤世嫉俗、以偏概全,觉得生活对不起他,但是他没有融合的力量,这就是被生活煮硬的人。第二个锅里的胡萝卜呢,经过煎熬煮得软塌塌,成了一团胡萝卜泥,这是被生活煮得没了自己的人,这些人因为没有生命的坚持,他们不能够带给社会自己的能量,所以他就失去了自我,这是被生活煮软的人。可是第三个锅里的茶叶呢,它在沸腾中,自己舒展了、丰美了、滋润了,同时它把无色无味的水改变成了一锅香茶。它是在煎熬里成全了自己,它也把它的美、它的爱、它的能量传递出去,改变了社会和别人。

也许不是我们每个人都会遇上吴斌叔叔这样的生死考验,但是大家想想,开学了,一个假期过去,见到同学们,你跟大家有这样一种茶叶进入开水的融合力吗?一个人是完全硬邦邦的鸡蛋呢,还是那种完全没有自我的胡萝卜泥呢,还是有第三种选择?有小我但是能融合,用大我去成全,我想这是生命成长我们真正要拥有的一种境界。所以,美有大小之分,我们从珍惜发现小美开

始,滋养一个大美的生命,时刻准备着把它传递出去给别人。

就从开学的第一天,就从开学的第一课,就从我们每一位同学开始,让我们把美传递出去。

于丹老师从对美的理解开始说起,通过对比引出"道德行为的大美"。

这个开头紧扣了"美就在身边"的主题,联系那些先进人物的事迹,一下子切入正题,摆出了歌颂道德美的基本观点。

结尾总结小美和大美的关系,把每个普通的学生和道德的大美联系起来,鼓励每个人都成就美,传递美!这样的结尾,可以称为"发出号召,催人行动",既照应了"传递美"的思想主题,又起到了教育作用、鼓动作用。

这段演讲给我们印象最深的是主体部分的三个比喻。于丹老师演讲的主要思想——小美和大美的关系,个人和社会的关系,都是靠这一组比喻来阐发的。表现思想主题的方法、手段可以是丰富多样的,于丹老师在这里没有选择一个生动的故事,也没有引用一组名人名言,而是精心构思了一组比喻。用三种东西被烧煮以后的不同变化、不同形态,比喻三种人的不同表现,从而赞扬了与社会、与人民融为一体的人。这种表达技巧的优势是生动且简洁,比喻说完了,其中的道理也就显现了,承载的思想也就被听众接受了。

演讲的要求和技巧,例如鲜明的主题、巧妙的结构、综合运用表现手法等,在于丹老师这段简短的演讲中都有较好的体现。

延伸阅读

1. 张斗和:《说话是一门学问》,语文出版社,2015。
2. 乐嘉:《演说家是怎样炼成的》,中国友谊出版公司,2016。

问题与讨论

1. 怎样理解演讲的艺术性?演讲的艺术性体现在哪些方面?
2. 于丹老师的演讲《传递美》,在口语表达上有哪些特色?
3. 在演讲中应该怎样处理叙事、议论、抒情三者之间的关系?
4. 通过小组交流的方式,以《生活需要微笑》为题进行一次3分钟的演讲。要求主题鲜明,条理清晰,感情真挚,能综合运用叙事、说理、抒情等多种手法。

第六讲　辩论：思想交锋的语言呈现

一、本讲介绍

辩论是思想对抗和语言交锋的活动，辩论的价值在于消除思想认识上的差异和矛盾，引导人们迈向真理之路。本讲主要介绍辩论的结构要素、语言特点及类型划分。为了讲解和训练的需要，把丰富多样、复杂综合的辩论技巧进行分解，重点分析其中的攻击技巧和防守技巧。

二、教学内容

古今中外，无论是重大的社会活动，还是民间的生活交往，人们的语言交际并不总是和风细雨，有时也会乌云骤起，甚至电闪雷鸣，出现激烈的思想对抗和语言交锋。这种对抗和交锋不是坏事，因为人们期望彼此的论争、辩驳会产生积极的思想成果。这种思想对抗和语言交锋活动就叫作辩论。

辩论是一种以宣扬真理、明确是非为目的的论争活动。持不同见解的辩论双方总是围绕某一看法、某一事物，展开辩驳诘问，力求战胜对手。

1. 辩论的社会价值

辩论是客观事物之间矛盾斗争的反映，是对立思想的公开对垒，是不同思想的正面交锋。世界上只要有人群，就会有认识水平的差异，就会有是非判断标准的不同。思想认识上存在的差异和矛盾常常需要通过辩论的方式进行交流、交锋，进而在更高层次上消除差异和矛盾。

马克思说："真理是由争论确立的。"辩论在本质上应该是为真理而辩。中国古代的墨子说："夫辩者，将以明是非之分，审治乱之纪，明同异之处，察名实之理，处利害，决嫌疑。"意思是，辩论就是要分清是非界限，考察治乱的原因，懂得区别同异的客观根据。可见古人早就认识到，辩论是分清是非、分清真伪的手段。"真理不辩不明"，思想的撞击产生真理的火花，辩论的价值在于引导人们迈向真理之路。

通过辩论可以辨明是非，探求真理，但是它并不能最终证明真理。真正可以检验真理的只能是社会实践。辩论不过是人们认识真理过程中纠正偏差，达成共识的一种手段。

2. 辩论的构成要素

辩论是一种特殊的口语交际形式。辩论有以下几个构成要素：

第一，辩论的双方必须处在同一个时空环境之中。思想认识上存在差异、矛盾，是

人们发生争论的基本条件。进而言之,矛盾双方还必须同时处在同一场合之中,争论才可能真的发生。

第二,矛盾双方必须进行直接的、正面的语言交锋。不同见解的人在同一场合之中,运用语言来对抗,才可能形成思想观点的较量。彼此间思想矛盾尽管很尖锐,但如果含而不露,就不可能形成对抗。四平八稳地发表意见,没有锋芒,没有反击,那同样算不上辩论,充其量只能算是交流和讨论。只有矛盾双方为维护本方立场,向对方频频发起冲击,才是真正意义上的辩论。"唇枪舌剑"是辩论的形象表现。

第三,矛盾双方必须就同一个命题展开诘问辩驳。持不同见解的双方必须就同一个问题发表看法,提出判断,进行推论,证明自己的观点,批驳对方的立场,比较各自论点的优劣和真伪。如果表面上看起来争得面红耳赤,慷慨激昂,但并不是争论同一个问题,而是各说各的话题,形不成针锋相对的"交火"和"杀伤",那就不能算辩论。

第四,矛盾双方必须以决胜负为目的。大凡辩论都有明确的目的性。辩论者总是想证明自己见解正确、对方观点错误,希望征服对手,让人心服口服。只有弄清是非曲直,才是有意义、有价值的辩论。

3. 辩论的语言特点

从口语表达的角度看,辩论具有如下特点:

(1) 表达的双向性

辩论表现为双向互攻的信息交锋,这种双向性决定辩论者不但应重视自己观点的正确论证,而且要重视论敌的反应和反馈,及时调整自己的攻击方向,使攻击更具针对性和杀伤力。双向互攻性表达较之单向传播式表达难度更大,反应速度要求更快,智力含量更高。

(2) 语言的犀利性

辩论语言是一种具有挑战性的攻击式语言。与演讲发言、交谈说服相比,辩论语言更有力度,语气更显刚性,常常咄咄逼人,显示出犀利的锋芒。即使在柔和的辩论中,也常常话中有话,体现出柔中寓刚、绵里藏针的风格。

(3) 攻防的统一性。辩论双方互为论敌,双方都想征服对手又要避免被对方击倒。那么,表达时就要把攻击和防御巧妙地兼顾起来。攻要有力,势如破竹;防要缜密,滴水不漏。可见,辩论的攻防是有机统一的。如同足球比赛一样,只守不攻,永远没有机会胜出;只攻不守,又容易被对方攻破。辩论的高手必然是能攻善防的。

4. 辩论的类型划分

在现实中运用较多并且在形式上又较为完整的辩论,大体上有以下几类:

(1) 公务性辩论

它以解决实际问题为辩论的宗旨,有很强的实用价值。主要包括法庭辩论、外交辩论、决策辩论、学术辩论、竞选辩论等。这类辩论通常是围绕某一特定的现实议题,在专门场合,有目的、有组织、有准备地进行。公务性辩论,以维护集体利益、法律尊严、重大权益为宗旨,所以意义十分重大。

（2）竞赛性辩论

竞赛性辩论是一种特殊形式的辩论。它是一种遵守游戏规则的高层次、高品位的智力游戏。辩论双方的立场观点并非发自内心，而是抽签决定的。这样一来，它与一般辩论有明显的差异。主要表现在：首先，竞赛性辩论求胜不求真。各方都以维护本方的观点为最高原则。其次，评判辩论胜败的是评委和观众。辩论的目的是征服评委和观众，评判标准有很强的主观性。再次，竞赛性辩论带有规定性和表演性。辩论是为了把一个唇枪舌剑的语言交锋过程表演给评委和观众看。最后，竞赛性辩论是一种团体性对抗。要求辩手之间高度协调配合。

（3）生活性辩论

生活性辩论是指在日常生活中人们因具体事务分歧产生的争论。这种辩论往往是在交际过程中产生矛盾时，进行的激烈的语言冲撞，具有随机性和突发性。生活性辩论往往是不正规的，感情色彩较浓，没有特定的规则，而且很难论出结果。如果把握不好，会引发更大的矛盾。因此，生活性辩论存在着有益和无益、必要和多余、文明和粗俗的区别。

认识辩论的性质和特点，有利于我们学习辩论的方法和技巧。辩论的能力不只是某些职业的专业能力，而是现代人普遍需要的一种生存素质，具备了这种生存素质，我们的思想会更深刻。

5. 纵横捭阖的攻防技巧

学习和认识辩论，我们常常会遇到一组关系。既然辩论的目的是探求真理，那就需要对真理有正确的理解。同时人类的认知是有规律的，辩论又是有方法的。那么，训练和提高辩论的能力，是贵在真理在手呢，还是重在技巧在身？这两者的关系应该是辩证统一的。探求真理是辩论的目的，辩论的方法技巧则是传扬真理的途径。毫无疑问，拥有高超的辩论技巧会帮助我们在探求真理的道路上走得更加顺畅、更加稳健。

在辩论对抗中，双方无不调动自己最大的智慧，使用最有力的武器，向对方阵地发起攻击，短兵相接，力图摧毁对方命题；同时，又密切注意对方动向，全力化解来自对方的任何攻击，严防死守，使本方观点的旗帜永远高扬。因此，针锋相对的诘问对答，紧张激烈的攻守辩驳是辩论的基本过程和主要形式，它对于辩论的胜负具有决定性的意义。为了讲解和训练的需要，我们把丰富多样、复杂综合的辩论技巧进行人为的分解，分析其中的攻击技巧和防守技巧。

（1）攻击技巧

案例1：论题为"网络使人更亲近/疏远"的一段辩论

下面这一段辩论词主张"网络使人更亲近"，一开始在阐明自己立场的同时，就向对方发动攻势：

> 从前人们是天涯海角各一方，而今人们却可以有网千里来相会；从前即使是小国寡民，人们也是老死不相往来，而今人们却可以千里姻缘一网牵。主席、评委，大家好！网络是由电子邮件组成的通信脉络，它的出现使人与人除

了正面交谈以外,多了一种通信渠道,让人们的关系产生了质的改变,更亲近。从宏观而言,网络使人类减少隔阂,增进了解;从微观而言,网络促成了人与人之间从无到有、从浅至深的情感转变。因此,今天对方必须论证网络的出现增加了人与人之间的隔阂,建立起了种种藩篱,并使得好朋友反目成仇,如此对方的立场方能成立呀。而我方将从两个层面来论证立场……

在这个例子中,辩手运用的方法是以攻为主,主动出击,目标明确,一开始就亮出对方的论点,竖起靶子,然后再引入分析与反驳。

案例 2:论题为"美是客观存在/主观感受"的一段辩论

这个辩题是哲学领域、美学领域的千古难题,涉及人类对美的本质的认识。所谓"美是客观存在",就是说美的存在不依赖人的主观意识。所谓"美是主观感受",就是说美一定是和人的审美联系在一起的,没有了人的审美,美就不存在。辩论中辩手先将对方的论点与自己的论点同时亮出,再引入分析与反驳。

到底是客观存在的美决定了人对美的感受,还是人的主观感受创造了美?今天我们双方辩论员在此辩论,就是要解决这千古难解的美学难题。如果说美是主观存在的话,那就是说,今天美的存在与否完全由个人主观意念决定,但我方今天就是要告诉大家,美的存在有它一定的规律,就因为这不变的规律,美的存在不以个人主观的意念而改变,这就是我方的观点——美是客观存在的。

这个例子运用了正反对举法。这种方法的好处是两相对照、泾渭分明,既有利于针锋相对地展开攻势,边破边立,也便于听众在鲜明的对照中甄别是非,分清真理和谬误。

案例 3:论题为"温饱是不是谈道德的必要条件"的一段辩论

这个辩题的正方立场是,人必须先解决温饱问题,才有可能谈道德,如果起码的生存需求都无法满足,就谈不上道德;反方立场则认为,人在任何时候都应该讲道德,而且许多人的确在温饱无法保证的情况下也恪守道德。在下面这个回合,进攻的一方在对方的表述中,及时发现失误和漏洞,机敏地捕捉到战机,穷追猛打,使对方陷入被动。

正方:最近的资料表明,二战中英国人民的温饱程度是有史以来没有过的,营养价值在当时食物平均分配制度下是最好的。因此你不能通过这个问题来否认它是在温饱基础上讲道德的。

反方:《丘吉尔传》告诉我们,那时候好多穷人是怎么去填饱自己肚子的呢?是去排队买鸟食还买不到啊!

这个例子就是反方发现了对方论证时的破绽,指出对方的论据不真实。二战中英国人民的温饱是有困难,但还是讲道德,而不是温饱了才讲道德的。这就驳斥了对方论点与事实相违背。

(2) 防守技巧

案例 4：论题为"知难行易/知易行难"的一段辩论

是认知比行动艰难，还是行动比认知艰难？这是中国传统哲学的古老命题。反方的立场是行动比认知更难，并试图用"孙行者"的名字里都有个"行"的例子来论证"行更难"。

> 反方：古人说"蜀道之难，难于上青天"，是说蜀道难走，"走"就是"行"嘛！要是行不难，孙行者为什么不叫孙知者？
>
> 正方：孙大圣的小名是叫孙行者，可对方辩友知不知道，他的法名叫孙悟空，"悟"是不是"知"？

反方的论证看似幽默，实际上牵强附会，以"孙行者为什么不叫孙知者"为驳论。正方敏锐地发现了对方论据的片面性，果断地从"孙悟空"着手，以"悟"就是"知"反驳对方，使对方提出的"孙行者"的例子为己方所用。剔除对方论据中存在的缺陷，换上有利于自己的观点、材料，往往可以起到"四两拨千斤"的奇效。

案例 5：论题为"愚公应该移山还是应该搬家"的一段辩论

正方认为应该移山，反方立场是应该搬家。

> 反方：我们要请教对方辩友，愚公搬家解决了困难，节省了人力、财力，这究竟有什么不应该？
>
> 正方：愚公搬家不失为一种解决问题的好办法，可愚公所处的地方连门都难出去，家又怎么搬？……可见，即使要搬家，也得在移完山之后再搬呀！

这段辩词中，反方就事论事，理据充分。正方先顺势肯定"搬家不失为一种解决问题的好办法"，然后从"愚公所处的地方连门都难出去"这一条件，自然而然地导出"家又怎么搬"的反问，最后顺利得出"先移山，后搬家"的结论。这种技巧，表面上认同对方观点，顺应对方的逻辑进行推导，但在推导中却根据自己的需要，设置某些符合情理的障碍，得出与对方观点截然相反的结论。

辩论的过程就是双方的攻击技巧、防守技巧交错使用、灵活运用的过程。辩论的能力是思维能力和语言表达能力的综合体现。在学习以上典型案例的时候，我们应该清醒地意识到：第一，辩论的技巧千变万化、奥妙无穷，我们对它的学习没有止境；第二，辩论赛是虚拟性的辩论游戏，其中的辩论技巧可以给我们以感性的启发，但是在现实生活中，只有怀着对真理的崇高信仰和不懈追求，辩论的技巧才可能发挥积极的作用！

> **延伸阅读**

1. 冯周卓、左高山：《批判思维与论辩》，北京大学出版社，2015。

2. 王沪宁、俞吾金:《狮城舌战——首届国际大专辩论会纪实与评析》,复旦大学出版社,1993。

问题与讨论

1. 辩论在社会生活中的价值是什么?
2. 从口语表达艺术角度看,辩论的主要特点有哪些?
3. 我们应该怎样看待辩论赛的胜负与探求真理的关系?
4. 对于个人生活里的琐事引发的辩论,我们应该持什么样的态度?
5. 如何开展批评才能有效地让对方意识到错误并不会引起反感?请结合生活中观察到的事例展开分析。

第七讲 交谈:无处不在的交际形式

一、本讲介绍

交谈是人们使用得最普遍的口语交际形式,本讲介绍交谈的种类、特点、基本要求,并结合案例具体分析一种常见的交谈行为——劝说。晓之以理、动之以情、陈说利害,是最常采用的劝说方法。

二、教学内容

交谈,是指两个或两个以上的人的谈话。交谈的范围相当广泛,例如交流思想、洽谈工作、探讨学问、调查访问、商讨方案以及聊天、谈心、座谈、讨论、拜访、问路、打电话等,都要运用交谈。可以说,交谈是最寻常、最普遍的口语交际形式,交谈的空间与人类的生存空间一样大。交谈能够互通信息、开阔视野、增长知识、增进友谊。尤其是在民主、多元、而又倡导和平、沟通的今天,交谈越来越成为一种重要的口语交际形式。学习交谈的知识和技能,有助于培养对各类交谈形式的适应性,有助于提高思维的灵活性和敏捷性,有助于培养简洁、明快、平易的口语风格。

1. 交谈的种类

交谈按其性质和目的划分,可分为聊天、谈心、问答、洽谈四种。

聊天,是一种随意的、非正式的交谈。交谈双方无须进行任何准备,话题丰富,轻松愉快,属于自由度较大的"闲谈"。

谈心,是一种互相倾诉心里话的交谈。谈话双方重在沟通感情,针对双方某一思想问题进行交流。多在亲人、朋友、师生之间进行。

问答,是一种重在提问与回答的双向性交谈。问答由于问题明确,针对性强,一问一答,配合紧密,多出现在课堂教学、请教、咨询或采访等场合。

洽谈,是一种和他人商量与彼此都相关的事情,以求达成协议的交谈。参与洽谈的双方都是"有意为之",目的明确,常常围绕一个中心话题阐明各自的观点,经过商讨和沟通,逐渐统一认识。国际政治交往和经济贸易中的谈判,就属于这种交谈。

除了面对面交谈以外,交谈还有一种特殊的形式——借助电话和互联网,双方也可以进行聊天、谈心、问答、洽谈等普通交谈。网络视频传输技术的发展,使得跨越空间的交谈既可以传送语音又可以传输图像,弥补了电话交谈无法借助体态语辅助手段的缺点,能够全方位地领会对方说话时的态度和情感,使交谈真正克服了空间阻隔的障碍。

2. 交谈的特点

无论是哪种交谈,都具有下列特点:

(1) 互动性

交谈是一种双向性的言语交际活动。交谈各方互为听众,互为发言者,在信息交换活动中,围绕共同话题,发表各自意见。在话题提出、展开和完成的过程中,双方需要互相配合、激发和补充。因此,参与交谈的双方不仅要善于说,而且要善于听;不仅要使用语言手段,而且要使用非语言手段(如身姿体态)来表达思想,交流情感。交谈从形式到内容都具有互动性、综合性。

(2) 灵活性

与一般单向式的演讲、报告相比,交谈具有更大的灵活性。交谈的双方,随时都可以提出自己感兴趣的话题。话题可以统一,也可以不统一,就算暂时统一了,也可能随着交谈的进行而自由转换。交谈的对象、场合、时间和方式等,可以根据交谈的条件或目的,灵活地安排。交谈常常受到话题、环境、方式,会话人的情绪、气质、修养等多种因素的影响。

(3) 口语化

交谈一般不需要书面准备,多是现想现说,语言信息的传递非常快,人们往往来不及对语言进行加工润色,而是用平实自然的语言讲话,不太讲究工整和华美。交谈各方处在同一个语境中,交谈的目的、内容彼此都很清楚,因而说得随意一点,说得不周全,甚至省略,也能听得懂。如果被别人打断了也没有关系,可以接着说。如果一次没有说清楚也不要紧,可以反复说。如果偶尔说错了,也可以当场纠正。因此,交谈的口语化色彩相当鲜明:句式短,话语简洁明快;带有丰富的口语词汇;连贯性差,具有较多的省略语、半截子话或者零碎的句子。

3. 交谈的基本要求

交谈有许多种类,各种交谈形式会有一些专门的要求。在这里我们把交谈的一般性要求归纳为四个"注意"。

(1) 注意倾听

倾听是起码的礼貌行为,也是交谈取得成功的基础。首先,要尊重对方,充分重视

对方的谈话。表情要自然,眼睛注视着对方,不随便打断别人的话头。其次,要主动及时地做出反馈。通过点头、微笑、手势、语言做出积极的回应。再次,要以聆听的姿态暗中察言观色,有效地驾驭和控制交谈,实现交谈的目的。最后,要用心对声音信息进行辨析,对其中的思想情感进行正确的感受和理解。特别要注意对方话语中委婉的说法,靠经验和背景材料去揣摩真意,理解"言外之意"。

(2) 注意态度

交谈时的态度直接影响到谈话的进行。首先,要表现出浓厚的交谈兴趣,这样对方才会满怀热忱参与交谈。其次,要讲究言行举止的礼貌。要善于运用相关的礼节用语,例如称呼语、迎候语、致谢语、致歉语、告别语、介绍语等;遣词造句要谦恭得体,恰如其分,多用委婉征询的语气;语态平易近人,亲切自然。再次,与人交谈,贵在真诚。只有用自己的真情,才能激起对方感情的共鸣,才能说到对方的心灵深处。

(3) 注意对象

话总是说给具体的对象听的,交谈的内容和方式,受交际对象的身份、职业、经历、文化教养、思想、性格、处境、心情等因素的制约。首先,要考虑对方的文化教养,抓住对方的职业特点,来引起话题。其次,要考虑对方的情感心境。再次,要考虑对方的性别、年龄和个性特征。一般来说,少年儿童求知欲强,喜欢故事性、知识性的交谈。年轻人往往对前途理想、婚姻恋爱、科学文化和娱乐体育等话题感兴趣。中年人多热衷于专业学术、社会新闻、家庭管理的交流。老年人则对退休生活、健身长寿、文物古迹和书法诗画感兴趣。因此,要根据不同的对象,在交谈形式、内容和用语上区别对待。

(4) 注意场合

语言交际的环境直接影响交谈者的心理状态,交谈场合的选择要视具体情况而定。一般来说,关系较密切的人之间进行谈心、劝导应选择在优美的自然环境或优雅的家庭环境中进行,这样显得轻松自如,无拘无束。重要的公务交谈,如谈判、协商等,应该选在正规的庄重的场合进行。

4. 入情入理地劝说对方

接下来我们来重点谈谈一种常见的交谈行为——劝说。

劝说是重要的口语交际能力,是人与人之间施加影响的一种语言交际行为。人们对事情的看法往往会不一致,甚至产生矛盾,这时就需要劝说。思想教育、传播知识、治疗疾病、经济谈判等,都离不开说服。即使是感情深笃的亲属、志同道合的挚友,也不可能永远见解一致。若要取得一致,就要通过劝说。无论是社会上层的政客、外交官,还是普通的教师、医生、律师、推销员等,每天都在做劝说的工作。劝说的工作处处有,时时有,它的应用范围极为广泛。

劝说人家改变、放弃原来的见解,转而同意、采纳新的主张,实际上是一场从精神上征服人心的战斗,但又不能使对方有丝毫被迫接受的感觉。一个人几十年形成的思想观点,一个民族千百年形成的风俗习惯、思维定式,不是轻易能够改变的。一种崭新的学说、理论、观点、方法,即使是正确的、科学的、合理的,但要深入人心,仍然需要经过长期的、反复的宣传和解说。劝说需要耐心。有的劝说,三言两语,就说到了对方的心坎上,矛盾迎刃而解;有的劝说,越说对方越不服,结果不欢而散。这表明劝说有一定的规律,有一定的方法,它是一门艺术。探讨和研究劝说的规律,掌握劝说的艺术,是我们的重要任务。

劝说有方法和规律可循,晓之以理,动之以情,陈说利害,是最常采用的劝说方法。

先说晓之以理。晓之以理,就是讲道理。简单的事情、小道理,通过一两个典型事例,再加上简明、扼要的分析,道理就可以讲清楚。复杂的事情、大道理,涉及多方面的因素,触动一点就牵动全局,必须全方位、多层次地进行一系列的说服工作,并以严密的逻辑推理得出结论。举一个例子:

> 1936年12月,震惊中外的"西安事变"发生以后,杨虎城部队中的一部分军官强烈要求杀掉蒋介石,周恩来同志为了实现我党"和平解决西安事变"的政治主张,到这些军官中做劝说工作。
>
> 周恩来:我党认为,这次事变存在着两种前途:一种是蒋介石接受八项主张,停止内战,一致抗日;另一种是和二位本来的愿望相反,大打内战,引狼入室。
>
> 张学良:贵党认为,怎么才能实现前一种前途呢?
>
> 周恩来:和平解决这次事变。
>
> 杨虎城:和平解决,这可能吗?
>
> 周恩来:两位将军知道,这次捉住蒋介石,既不同于十月革命捉住尼古拉,也不同于滑铁卢擒住拿破仑。前者是革命胜利的结果,后者是军事失利的必然。这次不同啊。
>
> 杨虎城:不同在什么地方?
>
> 周恩来:这次是靠二位将军的抗日热忱和牺牲精神,以武力要求的方式来捉住蒋介石的,他本人被捉了,但他的军事实力并没有受到任何损失啊!
>
> 杨虎城:是啊,他的军队已进至潼关。
>
> 周恩来:问题的严重性也就在这里。何应钦是亲日派,如果把蒋介石杀了,何应钦的阴谋正好得逞,那么我们的国家会是什么样子呢?
>
> 张学良:嗯,说得对!
>
> 杨虎城:道理很对,不过就怕事与愿违,到今天为止,老蒋还是拒而不谈。
>
> 周恩来:不要被他暂时的强硬所迷惑嘛!目前日本企图独占中国,这就和英美的在华利益发生了矛盾。蒋介石呢,一方面受到英美派的压力,另一方面他也会考虑到自身的安全,两种因素决定了他可能改变政策。否则,宋氏兄妹为什么派端纳到西安来呢?

周恩来同志分析了西安事变的性质,分析了国家的军事、外交形势,有比较,有推理,道理层层深入,充分论证了"逼蒋抗日"的可能性,使张、杨两位将军心悦诚服。周恩来同志在历史的重要关头,运用以理服人的语言艺术处理危机,使我们党牢牢把控了国家民族的政治局面。

再说动之以情。没有心理上的沟通做基础，即使有理，劝说的效果也会受到影响。唐代大诗人白居易说过："动人心者莫先于情。"举一个例子：

> 郭沫若先生有一次游普陀山，路上捡到一个笔记本，扉页上写着一副对联："年年失望年年望，处处难寻处处寻。"横批是："春在哪里。"再翻开下一页，竟然是一首绝命诗。原来笔记本的主人是一个女青年，她考大学三次落榜，生活中频频遭受挫折，悲观失望，准备来到普陀山了结生命。郭老派人找到了这个女青年，称赞她很有文学造诣，并对她说："我替你把对联改一改，你看如何？"然后深情地吟诵："年年失望年年望，事事难成事事成。"横批是："春在心中。"郭老邀请她同游普陀山，一路热情交谈。当女青年得知这位亲切的长辈就是大名鼎鼎的郭沫若的时候，惊喜万分，感谢郭老指点迷津，使她重新鼓起了生活的勇气。

这个女青年之所以绝望，就是因为感到天地间没有真情，觉得人世间没有什么可留恋的。可是郭老当场修改的对联以事比事，将心比心，让她感到了人间的温暖，重新萌生了对生活、对世界的信心。世界上没有人是完全冷血无情的，没有人是真正铁石心肠的。以情动人，是劝说的有力武器。

最后说陈说利害。陈说利害就是权衡利弊得失，讲清利害关系。设身处地考虑对方的切身利害，在这个基础上进行劝说，才称得上是真正的通情达理。也举一个例子：

> 某电脑公司和一家硬盘生产厂家签订了购货合同，约定硬盘生产厂家三个月之内交货。但一个月后，这个工厂见市场上硬盘价格上涨，就想毁约。这家电脑公司的采购人员立即派代表交涉，力争让对方履行合同。电脑公司的代表说："这次和贵厂打交道，我们是经过慎重考虑的。贵厂产品品质优良，讲究信誉。这次我方向贵厂订购的硬盘，是和另一家国际知名品牌的公司合资购买的。如果我们不能按期交货给对方，就可能闹出问题，也许到时候就要劳驾贵厂出面为我们解释。另外，我们两家将来还要合作，我们公司的产量和销量正在快速增长。目前市场有一些波动，我们是能够理解的。贵厂做事一向谨慎，若中断了我们之间的合作，其他新老客户是不是会觉得你们不讲信用，甚至与你们中断业务往来呢？那样的话，贵厂就得不偿失了……"虽然硬盘生产厂家原先已经决定撕毁合同，但是电脑公司代表的一席话却让他们最终改变了主意。

不论是个人还是单位，要获得生存和发展，必然有各种各样的利益需求，可能是精神上的、声誉上的，可能是物质上的、经济上的。如果丝毫不考虑对方的合理需要，双方交谈就没有共同语言，劝说就无从谈起了。如果看准了对方的利益需求，劝说就能有的放矢,收到实效。

5. 幽默语言的特殊效果

俄国文学家契诃夫曾说:"倘使一个人不懂得什么叫幽默,那他就不会有大的出息,纵然具备某些天然禀赋,也算不上真正的聪明。"幽默作为人类言语行为的一种表现形式,在语言交际中魅力无穷,它使言语交际更有效、更高效。我们来简要分析一下语言的幽默作用。

(1) 幽默语言可使交际气氛和谐,避免尴尬状态

抗战结束后,著名国画大师张大千和京剧大师梅兰芳等社会名流一同庆贺,酒席上,张大千对梅兰芳说:"梅先生,你是君子,我是小人,我先敬你一杯。"众人听张大千语出惊人,非常惊讶,气氛显得紧张压抑。梅兰芳不解其意,连忙笑着道:"先生此话怎讲?"张大千说:"你是君子,动口(指唱);我是小人,动手(指画)。"大千先生的幽默引得宾客哄堂大笑,现场气氛顿时欢快起来。

张大千巧妙利用了"动口"所包含的义项"说"和"唱","动手"所包含的义项"打架"和"画画",语言上产生了幽默效果。

再举个小例子:

大学校园里,一个男生和一个女生关于找对象标准的一段对话。
女生:具体的我也说不好。关键是缘分,投缘的才行。
男生:这么说,像我这样头扁的就没戏啦?

男生故意把"投缘"曲解为同音的"头圆"(与"头扁"相对),如此曲解不仅幽默有趣,而且巧妙地试探了女生对自己的看法,避免了直接表白的尴尬。

(2) 幽默语言可缓解交际矛盾,避免正面冲突

当年中国加入世贸组织的谈判中,某西方大国在一些具体问题上提出了许多过分的要求,使谈判陷入僵局。中国入世谈判首席代表龙永图镇静而风趣地奉劝对方:"从大局看,你们提的这些要求,充其量不过是一粒小小的芝麻",他边说边用手指尖比画,"公平地与中国做买卖则是个大西瓜",说完又用两手比画成西瓜状,"我们中国有句俗话'与人方便,与己方便',一味抬高要价,势必丢了西瓜捡了芝麻,再也不会有更好的出价了,这样好的条件不接受,你们会后悔的。"后来对方经过考虑,接受了中方的条件。

龙永图一番幽默的比喻,缓和了剑拔弩张的谈判气氛,避免了矛盾升级,用轻松的方式向对方陈述了利害关系,也表现了中方代表团对谈判的正确判断和自信。

(3) 幽默语言可表现交际智慧,树立自我形象

幽默不仅能给周围的人以快乐,达到交际的目的,还可以增强个人语言的魅力,为谈话本身锦上添花。有一个例子:

一次,国外有报道说中国向美国购买的飞机上被安装了窃听器。一位美国学者见到当时的中国外交部长李肇星,不停地问他对此有什么看法。李肇星回答说:"中国是一个发展中国家,我们花钱买一架飞机不容易。我希望我们花钱要求装的东西一样不能少,但是我们没有花钱的东西,就请不要'送'给我们。"这位美国学者听了如此风趣的回答非常佩服,非常诚恳地说:"您的这个回答可以编进外交学的教科书。"

李肇星机智、幽默的回答,不仅维护了国家的尊严,还使自身的语言反应能力受到了肯定和赞扬。

说话幽默和人的学识渊博密不可分。我们不可能见到一个学识浅陋、思想迟钝的人,他的语言是幽默风趣的。幽默风趣不是天生的,幽默本身是用生动形象的形式表现对客观事物的深刻认识。所以幽默感是需要培养、可以培养的。我们平时应该不断拓宽自己的知识面,对天文地理、历史典故、风土人情广泛涉猎,这样才能凭借自己敏捷的思维、丰富的想象、犀利的目光、轻松的心情去认识生活、理解生活,才能灵活地运用含蓄又幽默的话语,表达对生活、对世界的见解。

延伸阅读

1. [美]道格拉斯·斯通、布鲁斯·佩顿、希拉·汉:《高难度谈话》,王甜甜译,中国城市出版社,2011。
2. 马薇薇、黄执中、周玄毅等:《好好说话》,中信出版集团,2017。

问题与讨论

1. 在校大学生在哪些场合要用到交谈?说说这些交谈的目的和特点。
2. 对自己生活中劝说他人的一个案例做简要述评。
3. 对自己所知的一个幽默语言的成功案例做简要述评。
4. 有这样一个辩题,正方:"网络使人更亲近",反方:"网络使人更疏远"。请就其中的一个观点,选用一到两个事例展开论证。

第八讲 体态语:此时无声胜有声

一、本讲介绍

在口语交际中,体态语是有声语言的辅助工具,但它的作用不可低估。本讲重点分析了体态语在口语交际中的作用,并配合图片对口语交际中身姿、表情、手势的要求进行具体讲解。

二、教学内容

1. 体态语的作用

人们在进行口语交际的过程中,不仅需要言词声音,同时还需要辅之以动作表情。一位传播学者在经过大量的分析研究之后,得出这样一个结论:在传播过程中,有声语言所产生的冲击力仅占45%,而无声语言的冲击力占到了55%。因此,体态语虽然是有声语言的辅助工具,但它的作用同样不可低估。

(1) 体态语能起到补充、强化口语信息的作用

人们在进行口语交际时,有不少的思想、情感和信息单纯依靠声音,不能表达得非常充分,这就需要借助体态语加以补充或者强调。人们情不自禁发出赞叹的时候,会拍案叫绝;愤怒急躁时会暴跳如雷;心里非常高兴时,会喜笑颜开、双手高举(见图4-7);悲伤时会用手掌覆盖自己的额头和眼睛(见图4-8)。

图4-7　高兴时的体态语　　　　　图4-8　悲伤时的体态语

(2) 体态语能起到沟通和调控交际的作用

人们在研究人体动作时发现,任何人体特征都有一定的心理依据。例如,通过眼球转动的方向,就能推测你的心理产生了哪些变化,通过手臂的姿势,大体可以猜测你的情绪。因此,美国学者朱利·法思特在其著作《人体语言》中说:"一个懂得人体语言并善于应用人体语言的人,如果能将他所了解的姿势同周围人的感情联系起来,他将永远比对方胜过一筹,处于主动地位。"在这里,"胜过一筹"的原因,一是善于通过体态语恰当地表现自我,二是准确地理解对方,并能在这个基础上进行迅速沟通和及时调控。

体态语表达思想感情有两种情形:一是下意识的表情动作。也就是说,喜怒哀乐不仅通过口头语言,而且会通过人的肌体自然流露出来。二战期间,一张名为"愤怒的丘吉尔"的照片广为流传。据说摄影师卡什为了得到这个表情,做了一个让丘吉尔感到震惊的举动,他出其不意地拿走了丘吉尔手中的雪茄。这一举动惹怒了丘吉尔,丘吉尔下意识地瞪着眼睛,眉头紧锁,鼻翼扩张,而这正是卡什想要的愤怒的表情,用它来表现二

战期间丘吉尔作为领导人的果敢与坚毅非常合适。

二是有意识的表情动作。体态语技巧实质上就是有意识的体态动作与口头语言协调配合的技巧。王小丫主持《开心辞典》时,对答题者说"请听题"的同时会伴随一个动作:右手握拳向斜上方伸出,同时掌心打开。这个手势具有明确的指示作用,简明而有力度,成为王小丫和这个栏目的标记。在央视《开门大吉》栏目中,主持人尼格买提独创的开门手势配合"让我们期待开门大吉"这句话,为节目定下轻松活泼的基调,令观众印象深刻。

(3) 体态语还能产生动态的直观形象

口语交际的过程中,虽然有声语言也是动态的,但只作用于听觉。在此基础上辅之以体态语,就能同时作用于视觉,产生动态的直观形象。有声语言和无声语言的协调统一,所产生的冲击力远远大于单一的无声语言。

2. 体态语的具体内涵及要求

(1) 身姿体态

在体态语中,身体姿态是一个人气质与修养的体现,它存在于你的举手投足之间,是一个人在长期生活中形成的习惯性姿势。有人说:"脖颈、脊背、手臂和腿的伸展以及轻盈的步履是与美紧密相连的。"这话说得一点儿都不错。下面,我们就来省视一下自己的体态是否合乎要求。

站姿:俗话说,站要有个站相。站立时,头部端正,肩要平,两脚基本平行,或一前一后,双手自然下垂(图片),而不应该含胸驼背(见图4-9)。对于不同性别的人,站姿也有不同要求,像一只手或双手叉腰的动作女性最好不要用,因为这显示了过分泼辣的男性化作风。

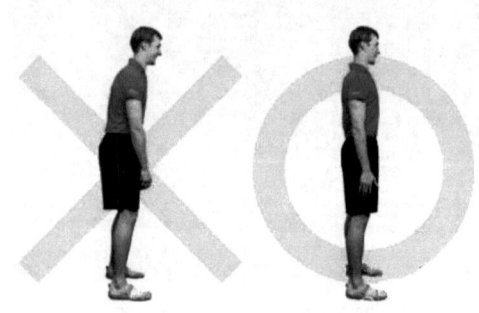

图4-9 站姿对比图

坐姿:坐的姿势分为严肃坐姿和随意坐姿两大类。严肃坐姿,落座在座位的前半部,两腿平行垂直,两脚落地,腰板挺直。女士一般脸正对谈话对象,而膝侧向一方,这样,姿势才显得优雅动人。随意坐姿的情况较为复杂。深深坐入椅内,腰板挺直,是向对方显示优越感,很有信心;坐在座位的前缘,上身前倾,身体的重心落在两个脚上,既表示谦恭,又表示一定程度上的畏惧与紧张。所以,交谈时,我们要根据双方的关系和交谈的内容调整自己上身的前倾度,上身后仰时,则要特别小心,因为这可能表示不赞成、无聊或想休息。

(2) 面部表情

眼神和微笑是体态语的重要内容,在交流中能够起到积极的调控作用。据科学家统计,利用目光,人类就能交换几千种信息,眼睛具有反映深层心理的功能。

在口语交际中,恰当地运用眼神,不仅有助于情感的表达,同时也有利于相互理解和合作。上台讲话,两眼应略向下平视,目光自然、亲切、专注。与人谈话,绝大部分时间应该看着对方,但又不能始终盯着。看与不看、什么时候该看、看多久、看什么地方,需要说话人根据内容、场合和听话人的情绪、心理等灵活掌握和运用,运用得好,常常可以获得奇特的效果。

在表情语中,微笑是最有感染力的。一个微笑往往能很快缩短你与他人之间的距离,表达出你的善意、愉悦,给人春日般的温暖。美国前劳工部部长赵小兰应邀到上海交通大学演讲,进入会场后她先是满面笑容地向全场学生挥手致意,演讲时,她时而冲左边微笑,时而冲右边点头,目光观照全场所有的听众,亲切的微笑与恰当的眼神交流使赵小兰的演讲更具有吸引力。

(3) 手势

在体态语中,手势使用频率最高,表现力最强,使用最灵活、最方便。据学者们的研究,手势与表情结合,可传输40%的信息。

手势有描摹性的象形手势,在口语表达中不好理解的事物或没有看见的东西,通过形象手势表达出来,如圆、方、长、短等,以增强直观性;有表达情感的情绪手势,如高兴时双手上举,悔恨时拍脑门;有指示性的手势,如扳指头、竖手指头等;有象征性的手势,如挥手象征号召前进,举起食指和中指象征胜利等。

手势活动范围不同,所表现的意义也不同。手势的活动范围分三个区间,肩部以上表示积极向上或激昂;肩部至腹部为中区,表示客观冷静;腹部以下则表示鄙夷厌恶。提到别人,不能用手指着,而应掌心向上,由内向外自然地张开手臂,这样显得尊敬有礼貌。

手势要自然大方,不可太多,也不可太乱,简单重复和手舞足蹈都会把对方搞得眼花缭乱,产生厌烦的情绪。

体态语作为一种无声的语言每时每刻都在传递着信息,影响着我们的交际活动。但成功的体态语又不是一朝一夕就能练就的,它需要我们勤观察、多揣摩,内外兼修,这样才能使自己的体态语更好地为口语交际服务。

延伸阅读

李娟娟:《心理学与微反应》(畅销4版),中国法制出版社,2020。

问题与讨论

1. 体态语在口语交际中能起到哪些作用?
2. 请举一例你见过的不成功的体态语案例,并对其失误之处进行评析。
3. 请为下面几句话设计恰当的手势:

(1) 什么是爱? 爱不是索取,而是奉献。

(2) 有人想这么干,不行,这是触犯法律的,是绝对不行的!

(3) 他们义无返顾地选择了用铁锤砸碎黑暗,用镰刀收割光明!

参考文献

第一部分:国学经典

[1] 钱穆. 国学概论[M]. 北京:商务印书馆,1997.
[2] 罗志田. 国家与学术:清季民初关于"国学"的思想论争[M]. 北京:生活·读书·新知三联书店,2003.
[3] 杨天宇. 礼记译注[M]. 上海:上海古籍出版社,1997.
[4] 田玉川. 礼记与百姓生活[M]. 北京:新华出版社,2008.
[5] 杨伯峻. 经子浅谈[M]. 北京:中华书局,2016.
[6] 梁启超. 要籍解题及其读法[M]. 长沙:岳麓书社,2010.
[7] 彭林. 中国古代礼仪文明[M]. 北京:中华书局,2004.
[8] 钱逊. 论语浅解[M]. 北京:北京古籍出版社,1988.
[9] 朱熹. 四书章句集注[M]. 北京:中华书局,1983.
[10] 杨伯峻. 孟子译注[M]. 北京:中华书局,2012.
[11] 曹础基. 庄子浅注:修订重排本[M]. 北京:中华书局,2007.
[12] 陈鼓应. 庄子今注今译:最新修订版[M]. 北京:商务印书馆,2016.
[13] 郭庆藩. 庄子集释[M]. 王孝鱼,点校. 北京:中华书局,2013.
[14] 余冠英. 诗经选[M]. 北京:人民文学出版社,2012.
[15] 程俊英. 诗经译注[M]. 上海:上海古籍出版社,1985.
[16] 程树德. 论语集释[M]. 程俊英,蒋见元,点校. 北京:中华书局,1990.
[17] 马茂元. 楚辞选[M]. 北京:人民文学出版社,1998.
[18] 金开诚. 楚辞选注[M]. 北京:北京出版社,1980.
[19] 熊良智. 楚辞的艺术形态及其传播研究[M]. 北京:商务印书馆,2016.
[20] 白寿彝. 中国史学史[M]. 北京:北京师范大学出版社,2011.
[21] 徐兴海. 司马迁的创造思维[M]. 西安:陕西人民教育出版社,1995.
[22] 司马迁. 史记[M]. 韩兆琦,评注. 长沙:岳麓书社,2004.
[23] 袁行霈. 陶渊明集笺注[M]. 北京:中华书局,2011.
[24] 袁行霈. 陶渊明研究[M]. 北京:北京大学出版社,1997.
[25] 叶嘉莹. 叶嘉莹说陶渊明饮酒及拟古诗[M]. 北京:中华书局,2007.
[26] 入谷仙介. 王维研究[M]. 卢燕平,译. 北京:中华书局,2005.
[27] 陈允吉. 佛教与中国文学论稿[M]. 上海:上海古籍出版社,2010.
[28] 顾随. 顾随全集:讲录卷[M]. 石家庄:河北教育出版社,2000.
[29] 叶嘉莹. 美玉生烟——叶嘉莹细讲李商隐[M]. 北京:北京大学出版社,2018.

[30] 川合康三. 中国的恋歌:从《诗经》到李商隐[M]. 郭晏如,译. 上海:复旦大学出版社,2017.
[31] 叶嘉莹. 唐五代名家词选讲[M]. 北京:北京大学出版社,2007.
[32] 王国维. 人间词话[M]. 上海:上海古籍出版社,1998.
[33] 靳极苍. 李煜李清照词详解[M]. 成都:四川文艺出版社,1985.
[34] 陈葆真. 李后主和他的时代:南唐艺术与历史[M]. 北京:北京大学出版社,2009.
[35] 王水照,崔铭. 苏轼传[M]. 天津:天津人民出版社,2013.
[36] 钱钟书. 宋诗选注[M]. 北京:生活·读书·新知三联书店,2002.
[37] 林语堂. 苏东坡传[M]. 长沙:湖南文艺出版社,2016.
[38] 金人瑞. 金圣叹批评《水浒传》[M]. 刘一舟,校点. 济南:齐鲁书社,1991.
[39] 施耐庵,罗贯中. 水浒全传[M]. 上海:上海人民出版社,1975.
[40] 曹雪芹,高鹗. 红楼梦:三家评本[M] 护花主人,等评. 上海:上海古籍出版社,1988.
[41] 冯其庸. 八家评批红楼梦[M]. 北京:文化艺术出版社,1991.

第二部分:应用文写作

[1] 徐中玉. 应用文写作[M]. 北京:高等教育出版社,2000.
[2] 白延庆. 公文写作[M]. 北京:对外经济贸易大学出版社,2004.
[3] 夏晓鸣. 应用文写作[M]. 上海:复旦大学出版社,2007.
[4] 邹家梅. 新编应用写作:第三版[M]. 广州:暨南大学出版社,2010.
[5] 刘海涛,金长民. 写作学新教程:第二版[M]. 南京:南京大学出版社,2013.

第三部分:创意写作

[1] 杰里·克利弗. 小说写作教程:虚构文学速成全攻略[M]. 王著定,译. 北京:中国人民大学出版社,2011.
[2] 多萝西娅·布兰德. 成为作家[M]. 刁克利,译注. 北京:中国人民大学出版社,2011.
[3] 于尔根·沃尔夫. 创意写作大师课[M]. 史凤晓,刁克利,译. 北京:中国人民大学出版社,2013.
[4] 刁克利. 诗性的寻找:文学作品的创作与欣赏[M]. 北京:中国人民大学出版社,2013.
[5] 伊莱恩·沃尔克. 创意写作教学:实用方法50例[M]. 吕永林,杨松涛,译. 北京:中国人民大学出版社,2014.
[6] 杰克·赫弗伦. 作家创意手册[M]. 雷勇,谢彩,译. 北京:中国人民大学出版社,2015.
[7] 葛红兵,许道军. 大学创意写作·应用写作篇[M]. 北京:中国人民大学出版社,2017.

[8] 葛红兵,许道军.大学创意写作·文学写作篇[M].北京:中国人民大学出版社,2017.

[9] 纳塔莉·戈德堡.心灵旷野:活出作家人生[M].孙玉婷,译.北京:中国人民大学出版社,2018.

[10] 刘卫东.创意写作基本理论问题[M].上海:上海大学出版社,2019.

第四部分:口语交际

[1] 李行健.普通话和方言[M].上海:上海教育出版社,1985.

[2] 黄伯荣,廖序东.现代汉语:增订六版[M].北京:高等教育出版社,2017.

[3] 詹伯慧.现代汉语方言[M].武汉:湖北教育出版社,1985.

[4] 李小凡,项梦冰.汉语方言学基础教程[M].北京:北京大学出版社,2009.

[5] 朱利·法思特.人体语言[M].陈钰鹏,编译.上海:上海文化出版社,1988.

[6] 张颂.朗读学:第三版[M].北京:中国传媒大学出版社,2010.

[7] 梁秋阳.深度说服[M].南京:江苏凤凰文艺出版社,2019.

后 记

记得在 2012 年,我申报的江苏省研究生教育教学改革研究与实践课题"研究生创新精神与人文精神培养研究与实践"获得立项,希望通过研究与实践,能开出一门选修课,为江南大学研究生的培养做一些工作。课题按时完成,写出课程大纲、开课计划,完成大部分教案,顺利结项,但终因诸多原因,没能开出课程,多了几分遗憾。这次有机会组织编写《写作与交流》教材,也算是一种弥补吧!

我所在的江南大学是教育部直属、国家"211 工程"重点建设高校和一流学科建设高校。学校领导高度重视学生综合素质的培养,以教学改革的精神,为制订 2016 版人才培养方案,开展了广泛的讨论,决定要打造一门供各专业大类学生选修的通识课程。经多方调研与讨论,学校最后确定以慕课的教学形式建立"写作与交流"课程。在教材的编写过程中,我们特别注意教材供用的广泛性,以适应不同层次高校学生的需求。

慕课(英文名 Massive Open Online Course,简称 MOOC)最早是由 Dave Cormier 与 Bryan Alexander 教授于 2008 年提出的概念,其主要特点是大规模、在线和开放。2012 年,它作为一种新型在线教学模式闯入人们的视野,给互联网产业及在线学习、高等教育带来巨大影响,中国也积极响应。清华大学打造的首个中文版慕课平台——"学堂在线",于 2013 年 10 月正式推出。这一年被称为"中国慕课元年"。由此,"写作与交流"课程建设将面临两个问题:一是面对人才培养新的需求,要适合不同专业大类的学生,我们应该如何架构课程框架;二是面对新的教学模式,如何更好地借助慕课平台来实施教学,做到教学内容与形式的统一。

就第一个问题,我们广泛征求各方专家的意见和建议,分析传统大学语文教学中的经验与不足,也根据当下人才培养的需要,最终选择了由四个模块组成的课程框架,决定以"国学经典"为基础,过渡到"应用文写作""创意写作""口语交际",设计出从素质培养到人际沟通技巧教授的实践过程,将重点放在"问题意识"与"动手能力"的培养上。

就第二个问题,以慕课的教学形式,依托网络辅助教学平台,构建自主开放的数字化学习环境,完成教学内容,达到教学的目的。慕课的主要特点是大规模、在线和开放。它不同于传统的视频课程,仅采用视频的教学方式,而是将学习的知识内容分割成无数的知识点,大致要求在 12~14 分钟的时间内完成一个知识点的讲解,再借用网络平台,实现教师与学生、学生与学生之间的互动,强调过程学习。而每一个知识点讲解的时间限制就决定了与传统教学的不同形式,为此,我们以讲授知识点的方式架构教学内容,以引导学习者课后能继续进行有效的探索性学习。

大体算来,从 2017 年底计划编写教材开始,到现在最终完稿,已经整整两年。因为有前期慕课基础,算来历时不短了。在"写作与交流"课程建设中,我们聘请了一直坚持在教学一线的教学经验丰富的教师参与,他们是徐兴海教授(《史记》)、孙虹教授(《水浒

传〈红楼梦〉)、刘桂秋副教授(《礼记》《诗经》《楚辞》)、史应勇副教授(《论语》《孟子》《庄子》)、黄晓丹副教授(陶渊明、王维、李商隐、苏轼、李煜);张国军副教授(应用写作、求职信、调查报告、计划、总结、新闻)、陈平副教授(会议纪要)、高侠副教授(毕业论文的写作)、王靖副教授(PPT演示文稿);陈佳冀副教授(创意写作)、黄明明副教授(演讲、交谈、辩论、口才)、胡智丹副教授(方言、普通话、朗读、体态语)。我们特别邀请了上海大学中国创意写作中心主任、世界华文创意写作协会会长、博士生导师葛红兵教授,上海大学中文系副主任、世界华文创意写作协会秘书长许道军副教授给予指导。感谢他们的积极参与,给我们的课程增添光彩。我们还要感谢《史记》研究的著名学者徐兴海教授,在退休后仍积极支持,并参与具体工作,他讲解《史记》的视频是慕课视频制作的样板;感谢现就职于上海大学的尹楚兵教授,"写作与交流"慕课建设最初是由他和我一起主持的项目,课程的设计与制作都凝聚着他的心血。

全部书稿汇聚到我手上,我和四个模块的负责人黄晓丹、张国军、陈佳冀、胡智丹一起,尽力去统稿、校对、增删。不过由于涉及的知识面较宽,四个模块教学内容各有特色,参与写作的教师表达风格与行文习惯也不尽相同,再加上我们自己的理解有限,全书仍然留有不少瑕疵,希望得到广大师生的批评指正,等到有机会时做修改。

最后,感谢江南大学领导的关心与支持,感谢教务处领导对"写作与交流"课程建设与教材编写的指导,感谢参加本教材撰写的各位老师和参与编务工作的罗兴萍教授,感谢南京大学出版社领导的大力支持。在此,还要特别感谢南京大学出版社的吴志强、高军两位先生的付出。高军先生作为教材的编辑,为我们提供了很好的修改意见。

杨　晖

2022年11月10日于无锡江南大学